高职高专经管类专业系列教材
GAOZHI GAOZHUAN JINGGUAN LEI ZHUANYE XILIE JIAOCAI

JINGJIXUE YUANLI

经济学原理

主　编　王素玲　欧阳宏虹　熊升银
副主编　李祖春　王　欣　许达丽　叶笑宇

内容提要

本书是泸州职业技术学院财经商贸类专业新商科人才培养模式改革的教材建设成果。本书结合全国经济专业技术资格考试《经济基础知识》(中级)的考核标准,体现课证融合、产教融合、创教融合、思政融合的改革要求,在教材结构和内容设计中有机融入经济师职业资格考试、企业经营管理实践、大学生创新创业教育和课程思政,培养学生基本的经济思维和实践应用能力。

本书内容贴合高职教育突出应用性的特点和技能型人才培养的要求,并兼顾经济理论内在的逻辑性、系统性。本书一共8章:第1章为导论,走进经济学;第2—6章为微观经济理论;第7章为市场失灵与政府的干预;第8章为宏观经济理论与政策。本书内容简明、通俗易懂、鲜活有趣,体现时代性、思想性和可读性。

本书可作为高职高专院校经济管理类专业学生的教材。

图书在版编目(CIP)数据

经济学原理 / 王素玲, 欧阳宏虹, 熊升银主编. --
重庆:重庆大学出版社, 2022.8
高职高专经管类专业系列教材
ISBN 978-7-5689-3240-0

Ⅰ. ①经… Ⅱ. ①王… ②欧… ③熊… Ⅲ. ①经济学—高等职业教育—教材 Ⅳ. ①F0

中国版本图书馆 CIP 数据核字(2022)第 066175 号

经济学原理

主　编　王素玲　欧阳宏虹　熊升银
副主编　李祖春　王　欣　许达丽　叶笑宇
策划编辑:顾丽萍
责任编辑:杨育彪　　版式设计:顾丽萍
责任校对:邹　忌　　责任印制:张　策

*

重庆大学出版社出版发行
出版人:饶帮华
社址:重庆市沙坪坝区大学城西路21号
邮编:401331
电话:(023) 88617190　88617185(中小学)
传真:(023) 88617186　88617166
网址:http://www.cqup.com.cn
邮箱:fxk@cqup.com.cn(营销中心)
全国新华书店经销
重庆俊蒲印务有限公司印刷

*

开本:787mm×1092mm　1/16　印张:13　字数:311千
2022年8月第1版　2022年8月第1次印刷
印数:1—3 000
ISBN 978-7-5689-3240-0　定价:37.00元

前 言

经济学是一门关于选择的学问，既古老又新颖。经世致用的经济学，既关乎“治国平天下”，也可以“修身齐家”。无论政府、个人、厂商或其他组织，其决策的过程实质上就是资源的选择过程。学习经济学有助于人们更客观、深入地认识现实生活世界，在选择时做到更加理性。

经济学内在的逻辑性、系统性，使其理论体系非常严密，丝丝入扣，像一架极其精巧的机器。然而，越是精巧的机器操作起来越枯燥乏味。经济学晦涩的概念、深奥的定律、抽象的模型、烦琐的推理，要求学生具有一定的数理基础和较强的逻辑思维能力。高职教育的类型特征遵循“理论必需、够用”的原则，专业基础理论课的课时被大幅缩减。如何在非常有限的课时内培养学生掌握经济学的核心要义，体验经济学的乐趣，形成基本的经济思维和实践应用能力，为后续专业课程学习奠定良好基础，成为高职院校经济学课程教师必须突破的重大课题。

本书立足高职财经商贸类专业的学情基础和人才培养需要，结合专业建设和课程改革的基本要求，在总结第一版的基础上进行了全面修订，力求做到有用、有趣、简明、易学。本书具有以下突出特点。

第一，课证融合，突出基础性。结合全国经济专业技术资格（中级）对经济基础知识的考核标准，以培养学生基本的经济学思维和实践应用能力为主旨，精心设计教材结构，精选教学内容。全书共有 8 章：第 1 章为走进经济学；第 2 章为价格理论：需求与供给；第 3 章为消费者行为理论；第 4 章为生产与成本理论；第 5 章为市场结构理论；第 6 章为收入分配理论；第 7 章为市场失灵与政府干预；第 8 章为宏观经济理论与政策。本书既简约又清晰地呈现了经济学内在的逻辑体系、基本原理和技能方法。

第二，以学生为本，突出适用性。针对高职财经学生的知识基础、学习习惯、认知偏好和职业岗位需求，采用经典案例导入新课，适当补充融知识性与趣味性为一体的拓展阅读材料和相关链接资源，删除了大量烦琐的推导和计算，力求使本书内容轻松有趣，文字表述浅显易懂，体现了时代性、鲜活性、可读性。

第三，理实一体，突出可操作性。基于“培养经济学思维与技能方法训练并重”的改革思路，各章设计了问题讨论与分享、自学自测、技能操练、小组实训项目，打造理实一体化课程，用以致学、学以致用、学用结合。相应改革课程考核模式，平时的过程性考核与期末考试相结合，平时个人学习成绩20% + 小组实训项目成绩30% + 期末考试成绩50%。

第四，产教融合，突出创新创业教育。本书编写引入了一线企业人员，将企业经营管理实践和大学生创新创业教育融入课程内容，帮助学生树立市场经济观念，了解企业经营管理中的经济问题，形成决策制订过程中的经济思维。

参加本书编写的是长期处于教学一线的经济学专业教师，全书由王素玲拟订大纲和总纂设计。本书由王素玲、欧阳宏虹、熊升银担任主编，李祖春、王欣、许达丽、叶笑宇担任副主编。具体编写分工如下：泸州职业技术学院王素玲编写第1章、第2章，欧阳宏虹编写第3章、第5章，许达丽编写第4章，王欣编写第6章，李祖春编写第7章并负责全书的图形绘制，叶笑宇编写第8章，西南医科大学副教授熊升银负责全书的审稿校正。四川经纬教育管理集团有限公司财务总监李兰对本书进行了审读并提供了宝贵意见。本书在编写过程中参考、借鉴了大量的相关文献和教材资源，在此表示衷心的感谢！

受作者知识水平和实践经验所限，书中难免有不妥之处，恳请读者批评指正。

编　者

2022年1月

目录

第 1 章　走进经济学

【知识目标】理解稀缺性、选择与机会成本的含义；知道经济学研究的基本问题、基本内容与基本方法；掌握经济学实证分析方法与规范分析方法的主要特点；了解经济学产生与发展的简要历程；明确学习经济学的意义。

【技能目标】尝试运用经济学的视角和方法看待现实经济问题，能够运用机会成本的理念分析生活中的经济决策行为。

【课程思政目标】了解马克思主义政治经济学与西方经济学的互补推进及中国特色社会主义市场经济体制的优越性，增强“四个自信”和经邦济世的家国情怀，树立面向未来的经济学思维和积极乐观的人生态度，做好时间管理，理性规划自己的大学生涯。

【思维导图】

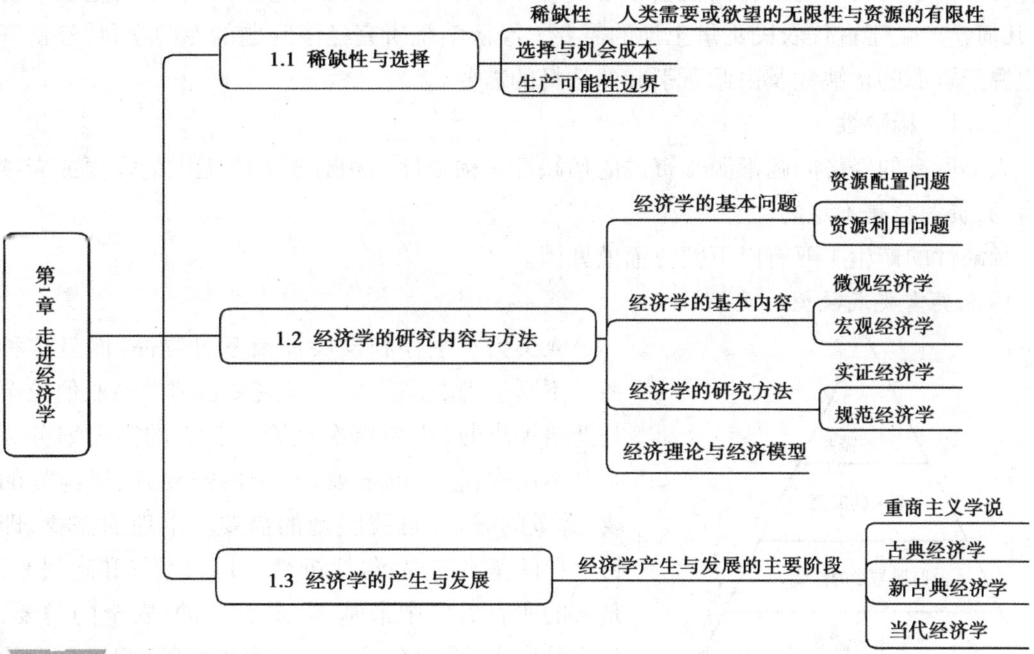

【课程导入】

你能喝到几罐可乐

记者采访一位企业家成功的秘诀。企业家没有直接回答,而是给出了一道游戏题:假设可乐卖两元钱1罐,用两个空罐可以兑换1罐,如果给你6元钱,你最多能喝到几罐可乐?

记者在心里推算:6元可以买3罐可乐,先喝两罐,用两个空罐换回第4罐可乐,再喝剩下的两罐又用空罐换回1罐可乐,于是回答说"最多可以喝到5罐"。

企业家说:"我可以喝到6罐可乐。"

"这怎么可能呢?"

"怎么不可能?喝下第5罐后,你还有1个空罐,手里还有资源。"

"但1个空罐并不能换来1罐可乐呀!"

"世上哪有没用的资源呢?你有1个空罐,别人也可能有暂时闲置的空罐,你可以先借别人1个空罐,用两个空罐换回第6罐可乐,喝完以后再把空罐还给别人。这样,你不就可以成功地喝到6罐可乐了吗?"

记者恍然大悟:一个善于利用自身资源,又能够充分借助外力的人,怎么可能不成功呢!

1.1 稀缺性与选择

每一门学科的产生都有其社会根源。例如,天文学产生于游牧民族早年确定季节的需要,几何学产生于古代农民丈量土地的需要。经济学是研究经济问题的专门学科,经济学的产生源于资源的稀缺性及由此所引起的选择的需要。

1.1.1 稀缺性

人类所有的经济问题都源于资源的稀缺性。稀缺性是相对于人类无限的需要或者欲望而言的,资源总是不足的。

稀缺性的产生主要有以下两方面的原因。

1)人类需要或欲望的无限性

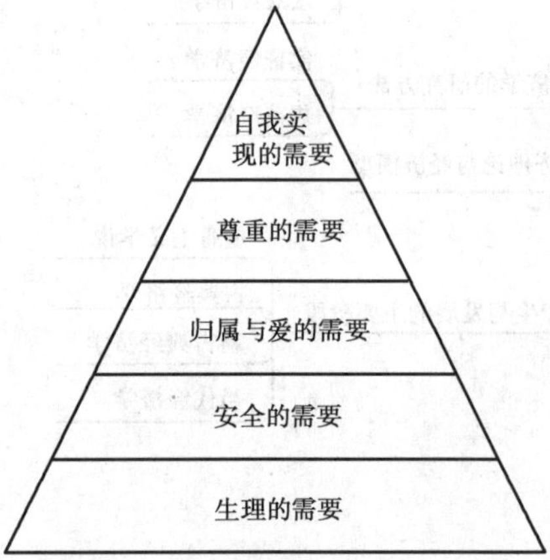

图1.1 马斯洛的需要层次

人类为了生存和发展需要各种物品,而且这种需要是不断递进的。美国人本主义心理学家亚伯拉罕·马斯洛提出的"需要层次理论",将人的需要划分为五个基本层次:生理的需要、安全的需要、归属与爱的需要、尊重的需要、自我实现的需要。生理的需要,即维持生存的基本需要,包括饥饿、口渴、空气和睡眠等,它是人的所有需要中最基本、最重要的;安全的需要,即免于受伤害、受剥夺、失业,远离恐惧等;归属与爱的需要,即情感的需要、社会交往的需要等;尊重的需要,即自尊的需要和被别人尊重的需要;自我实现的需要,即出于对人生的看法,实现自己的人生价值和理想的需要。这些需要由低到高排列成金字塔形,如图1.1所示。

其中,处于底部的生理的需要、安全的需要、归属与爱的需要可称为缺乏型需要,只有满足了这些需要,人们才能感到基本的舒适。一般情况下,人们各个层次的需要是依次产生的,当低层次的需要得到满足后,又会产生新的更高层次的需要。

人类的需要或欲望永无止境,但永远得不到满足。食物不仅为了充饥,如从野果、米饭到山珍海味;衣服不仅为了御寒,如从树叶、麻布到绫罗绸缎;房子不仅为了遮风避雨,如从茅棚、瓦屋到楼房。生,容易;活,容易;生活却不容易。相比于生存的状态,生活的内涵无穷无尽。

清代有一本深具教育意义的书叫《解人颐》,以"解颐"为宗旨,集诗文辞赋、俚语俗谚于一书,其精妙之处,常能令人捧腹或会心一笑。书中收录了一首《不知足诗》,将人"不知足"的本性刻画得淋漓尽致。

【相关链接1.1】

不知足诗

终日奔波只为饥,方才一饱便思衣。
衣食两般皆具足,又想娇容美貌妻。
娶得美妻生下子,恨无田地少根基。
买得田园多广阔,出入无船少马骑。
槽头拴了骡和马,叹无官职被人欺。
县丞主簿还嫌小,又要朝中挂紫衣。
若要世人心里足,除是南柯一梦西。

2)资源的有限性

资源是指能满足人类需要或欲望的一切物品。按照使用时是否需要付出代价,地球上的资源可以分为两类:一类是自由取用资源,也称为自由物品,人类无须支付代价就能自然得到,如空气、阳光等;一类是经济资源,也称为经济物品,人类必须付出代价才可获得。

经济学所说的资源指的是经济资源,是在一定时间条件下,能够产生经济价值以提高人类当前和未来福利的手段。经济资源投入使用,则被称为生产要素。

随着人类认识能力的不断提高和科学技术的发展,资源的利用程度会越来越高,可直接或间接用于满足人们需要的资源种类会更加丰富,资源的品质、性能会更好,产出必然随之相应增加。但是,在一定时期和一定的技术条件下,可供利用的资源总是有限的。这种资源的相对有限性就是稀缺性。

稀缺性是经济物品的显著特征。正确理解稀缺性,注意把握以下两点。

①稀缺性是相对的。稀缺性不同于稀少、短缺,它不是指资源数量上的多寡,而是表明欲望无限与资源有限的矛盾。相对于人类无穷的欲望而言,再多的资源也是不足的,人的欲望总是比满足欲望的手段增长得更快。

②稀缺性也是绝对的。稀缺性是与贫穷或富裕无关的概念,只要有人类社会,就会面临

稀缺。无论古代还是现代，无论中国还是外国，无论穷人还是富人，欲望无限与资源有限的矛盾永远不可能得到彻底解决，它广泛存在于人类社会的任何时期，只是稀缺的内容不同。因此，稀缺性是人类社会永恒的问题。

稀缺性是经济学产生的根源。由于资源的稀缺性，人们必须考虑如何使用相对有限的资源来满足无限多样的需要，这就是所谓的“经济问题”。经济学正是为研究解决这些经济问题而产生的。

不妨考虑一个不存在稀缺性的社会：如果世界上的资源取之不尽、用之不竭，能无限量地生产出各种物品，或者如果人类的欲望能够完全得到满足，那会产生什么样的后果呢？既然人们拥有了自己想要拥有的一切东西，当然也就不必再担心耗光其目前有限的收入；而企业也不必为劳动成本和医疗保健问题犯愁；政府则不用再为税收、支出和环境污染等问题而大伤脑筋。此外，既然所有人都能够随心所欲地得到自己想要的东西，也就没有人会去关心不同的人或不同阶层之间的收入分配问题，经济学研究也就失去了意义。事实上，人类可以自由获取的“免费物品”是很少的，而且一天比一天少。现代生活中的阳光、空气，在一些场合也由于稀缺而成为“经济物品”。

【**相关链接** 1.2】

还有什么东西可卖

2012 年 9 月 17 日，有着“首善”之称的中国企业家陈光标携带 10 万罐空气罐头在北京开卖。这些罐头中分别装着采自井冈山、玉树、五河、新疆、西藏以及康定等地的新鲜空气。空气也可以做成罐头出售？真是匪夷所思。不过这也只能算是一个“旧闻”了，据说美国、日本、韩国等国家早在多年前就有空气罐头出售，而且被摆进了超市。新鲜空气因何成为商品？原因是确实有需求，有人买就有市场，其机缘就是日益严重的空气污染。

其实不仅是新鲜空气，还有许多人们不以为然的东西都成了商品：如太平洋上的岛国瑙鲁素有“天堂岛”之称，矿产资源十分丰富，但岛上没有供农作物生长的泥土，于是只好从国外进口；美国商人费涅克周游世界，用立体声录音机录下了千万条小溪流、小瀑布、小河的“潺潺水声”，然后高价出售，居然也生意兴隆，购买者络绎不绝；雨水在阿拉伯国家很是珍稀，日本人发现商机后便着手向阿拉伯国家出口雨水，第一个输入这种商品的阿拉伯联合酋长国每年进口大约 2 000 万 t；丹麦格陵兰岛则出口冰山，这是 10 万年前的冰，被认为是纯净的，没有污染，杂质甚少，堪称世界上最奇特的商品。

清洁新鲜的空气可以成为商品，将来会不会也成为奢侈品呢？

（资料来源：史忠健，韩伟东. 经济学基础[M]. 4 版. 北京：高等教育出版社，2014.）

1.1.2 选择与机会成本

欲望无限，资源稀缺，如何用有限的资源满足无限的欲望，这是古往今来一道难解的“算术题”，人们常常面临“权衡取舍”。经济学意义上的选择，就是用有限的资源去满足不同欲望的决策，即如何配置和利用资源。

如果资源有多种用途，选择了一种机会就是放弃了另一种机会。俗话说，有得必有失，鱼和熊掌不可兼得，任何选择都有代价。机会成本，就是直接由选择问题引申出来的经济学特有的概念。

机会成本是指一种资源投入特定用途之后所放弃的它在其他用途上可能获得的最大收益。

例如，一块土地可以用来种植水稻，获得收益 1 000 元；可以用来种植蔬菜，获得收益 2 000元；可以用来种植花木，获得收益 3 500 元。显然，这块土地的最佳选择是用来种植花木。如果种植花木，机会成本是价值 2 000 元的蔬菜；而如果种植水稻，机会成本则是价值 3 500元的花木。

正确理解机会成本的概念，注意把握以下几个要点。

①机会成本是选择的代价。机会成本并不是实际花费，而是放弃的潜在收益。

②机会成本是相对于特定的选择而言的，只有当资源存在多种用途时，才需要考虑机会成本。

③机会成本是资源放弃的其他各种用途中最大的那一项收益。

④机会成本只与资源的现在价值有关。例如，某热电厂上月购入价值 120 万元的煤炭，由于煤炭价格不断上涨，这批煤炭现在价值为 150 万元，则热电厂将这批煤炭用于发电的机会成本是 150 万元，而不是当初的购入价 120 万元。假设你获得一张赠送的演唱会门票，如果演出开始前可以按照 100 元的价格转卖出去，则你选择去观看演唱会的机会成本就不仅包括时间成本，还包括放弃的 100 元收益；如果是实名制的赠送票，只限于本人使用，则你选择去观看演唱会的机会成本就只有时间成本，不包括门票价格。

正确理解和把握机会成本的概念，树立机会成本思维，对决策选择非常重要。一般来说，机会成本越大，说明代价也越大，越不合算。选择就是要比较各种可供选择方案的预期收益与机会成本。理性、明智的选择，应该遵循机会成本最小的原则。

生活中充满着机会成本的例子。1973 年，比尔·盖茨进入哈佛大学法律系学习，可是他对法律一直没有兴趣，反而对计算机技术情有独钟。19 岁时他有了创办软件公司的想法，随之而来的就是，他要面临一个选择：是继续读书直到拿到很多人梦寐以求的哈佛大学学位证书，还是辍学开办自己的软件公司？经过一番思考后，他毅然决定放弃学业，开办软件公司。事实证明他的选择是明智的。1999 年，美国《福布斯》杂志的世界富豪评选中，比尔·盖茨以净资产 850 亿美元理所当然地位居榜首。1999 年 3 月 27 日，比尔·盖茨回到母校参加募捐活动，有记者问他是否愿意继续回哈佛上学弥补曾经的遗憾，比尔·盖茨微微一笑，没有做出任何回答。不难看出，他也不愿为了哈佛的学位证书而放弃自己已有的事业。按照常理，在实现了创办软件公司的愿望后，他完全可以静下心来继续学习，实现他的哈佛梦想，可他为什么又选择放弃呢？如果从经济学角度看，就不难理解。因为对当时的比尔·盖茨来说，上学获得的收益不可能超过他经营公司获得的收益，他当然不会选择预期收益较小而机会成本较大的方案。

俗话说得好，好钢要用在刀刃上。如果一个人有许多事情可做，则应集中精力在能够获得最大回报的事情上，遵循机会成本最小的原则做好时间管理，从而获取最大的收益。

同样，要考虑劳动分工问题。如果一件事情有许多人都可以做，应尽可能地选择机会成本最小的人去做,这样的分工可以提高整个社会的效率。例如:甲拥有一块草坪,他自己修剪草坪要花 2 小时;如果让乙来修剪要花 4 小时。是甲自己修剪好呢,还是雇用乙来修剪好?也许你会不假思索地说,当然是甲自己来修剪好,因为甲的效率更高。其实如果考虑机会成本,答案就大不相同。假定甲是一名运动员,他用于修剪草坪的时间可以用来拍一则运动鞋的广告并赚到 1 万美元;乙只是一位普通的体力劳动者,他用 4 小时的时间去干别的工作能赚到 20 美元。这就意味着,甲修剪草坪的机会成本是 1 万美元,乙修剪草坪的机会成本是 20 美元。如果甲雇用乙来修剪草坪,只要支付的工资小于 1 万美元而高于 20 美元,则双方都可以得到好处。

机会成本在决策分析中具有重要的指导意义。树立机会成本的理念,有助于个人、厂商和政府做出正确选择。但是在许多情况下,某种行动的成本并不像看上去那么明显,人们常常忽略了机会成本。

【相关链接 1.3】

会议的机会成本

企业老总经常忽略考虑的最重要的一个机会成本就是他们的高级雇员的时间。根据一家私营机构对美国最大的 1 000 家企业的 200 名老总所做的调查,老总们在他们每天的工作时间中,15 分钟用于打电话,32 分钟用于阅读或抄写不必要的备忘录,72 分钟用于不必要的会议。假设这些老总每年的平均工作时间是 48 周(休假 4 周),每周工作 5 天,那么他们用于打电话的时间就是 60 小时,读备忘录的时间就是 128 小时,而不必要的会议占用 288 小时。

也许读者会觉得,这些数字算是某种有趣的描述,并不是精确的计算,试问有谁能预言即将召开的会议纯属浪费时间?不可否认,每个会议都具有一定的目的性,通常人们只能在会议后对会议的必要性作评论。要命的是,企业在安排会议时,常常因为不必为参加会议的人额外付费,便相信会议的成本为零。他们忘了,如果不开会,这些薪水很高的老总会去做别的有用的事情。

如何纠正人们对会议成本的认识,加强与会者的紧迫感,进而提高会议的效率呢?

有人提出了一种简单易行的方法,就是在会议室的显眼处设置一块计时牌,预先录入每个与会者的薪金数额,从他们到达会议室的时间开始计时,累计显示全体与会者的薪金消耗数额,直到会议结束。例如,20 个时薪平均为 45 美元的行政人员参加的会议,每个小时的成本就是 900 美元。此外,我们还可以加上诸如会议室的使用成本和传达开会通知的费用等项目。有了这块分秒必争的计时牌,"时间就是金钱"便真正成为一种压力。试想,当薪水数字跳到四位数时,还有哪个大老板愿意继续付钱让一群职员毫无成效地空坐下去?还是长话短说为妙,趁早结束会议,把职员送回各自的工作岗位上为公司多干活吧!

(资料来源:斯蒂格利茨.《经济学》小品和案例[M].王尔山,肖倩,等译.北京:中国人民大学出版社,1998.)

1.1.3 生产可能性边界

稀缺性、选择与机会成本,可以借助一个简单的经济模型进行说明,这个模型称为生产可能性边界。

为简化分析,通常假定资源是既定的,技术是既定的,一个社会投入全部经济资源需要生产的仅有两种物品或两类物品,它们可以是大炮与黄油,或者是消费品与投资品。经济学家们经常爱谈论“大炮与黄油”问题。大炮代表军用品,黄油代表民用品,“大炮与黄油”的问题也就是一个社会如何配置稀缺资源的问题。

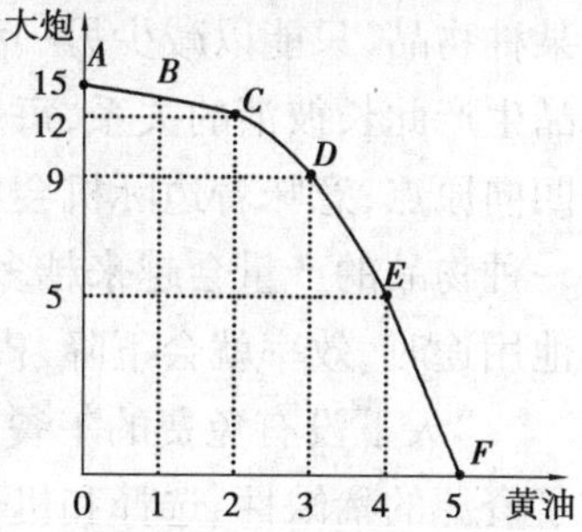

图1.2 生产可能性边界

生产可能性边界(Production-Possibility Frontier),也称为生产可能性曲线,是指在既定的资源和既定的技术条件下,能够生产出来的各种物品的最大数量组合,如图1.2所示。

在图1.2中,用横坐标代表黄油(民用品),用纵坐标代表大炮(军用品)。其中,A点表示一定时期内(如一年)一个国家的劳动、土地和资本等生产资源,在既定的技术条件下,全部只用于生产军用品所能生产出来的最大数量;F点则表示另一个极端,是所有生产资源只用于生产民用品所能生产出来的最大数量;B、C、D、E各点则表示军用品的生产数量逐渐减少,以换取生产更多的民用品。A、B、C、D、E、F每一点都代表在既定的资源和技术条件下,一个国家能够生产的最大数量组合,将各点连接起来所得到的一条曲线就是生产可能性边界。

生产可能性边界对理解许多经济问题是非常重要的。借助生产可能性边界,可以用来分析和解释许多经济现象。

(1)稀缺性

生产可能性边界是稀缺性的具体化。生产可能性边界表明资源的稀缺性约束了人类社会不可能无限量地生产,一个经济体只能选择生产可能性边界上的点或其内部的点,任何位于生产可能性边界之外的点都是难以达到的。

(2)效率

生产可能性边界可以用来说明生产有无效率。效率是指经济资源的使用达到了最优状态。如果一个经济体的产出刚好处在生产可能性边界上,则表明其资源得到了充分利用,资源配置具有高效率;反之,如果一个经济体的产出位于生产可能性边界内,则表明资源没有得到充分利用,资源配置是缺乏效率的。

(3)权衡取舍

生产可能性边界表明了人们所面临的权衡取舍。资源配置就是在生产可能性边界上选择某一点的产量组合,然后依据这种选择来配置资源。在生产可能性边界上具体选择哪一点,取决于个人或社会的偏好。一个人口众多的发展中国家,为了人民能填饱肚子,在不存在外部军事威胁的情况下,很可能会选择E点组合生产;反之,如果一个身处战乱的国家,为了保卫国家安全,则很可能会选择C点组合生产。

(4)机会成本

生产可能性边界有助于理解机会成本及其递增规律。生产可能性边界由所有有效率的产出组合构成,在生产可能性边界上有效率的两点间的任何移动都意味着为了生产更多的某种物品,只能以减少另一种物品的生产为代价。生产可能性边界的负斜率,直观反映了物品生产此长彼消的关系,每一项决策都会牺牲另一项被放弃的选项。同时,生产可能性边界凹向原点,意味着边际机会成本是递增的,为了增加1单位某种物品的生产,所需放弃的另一种物品的产量会越来越多。究其原因在于,每一种资源都有其最适宜的用途,当它用于其他用途时,效率就会下降,机会成本就会增加。

"天下没有免费的午餐"——诺贝尔经济学奖得主米尔顿·弗里德曼的名言,充分表达了资源的稀缺性、选择和机会成本之间的关系。

【知识拓展1.1】

从短期来看,生产可能性边界是既定的,但从长期来看,生产可能性边界是可变的。战争、自然灾害、经济危机等都会引起生产可能性边界内移,而经济增长的结果则是可以生产比以前更多的物品,使生产可能性边界不断外移。推动经济增长的两个关键因素是资本积累和技术进步。许多事实表明,长期单纯依靠资本积累来推动经济增长,会造成环境与生态的逐渐失衡,使生产可能性边界的外移减弱甚至逆转。只有建立在技术进步基础上的经济增长,才能持久地推动生产可能性边界不断外移。

生产可能性边界简化了复杂的经济,以便强调并澄清一些基本的思想。我们可以用它来说明一些简单提到过的概念,如稀缺性、效率、权衡取舍、机会成本、经济增长。当你学习经济学时,这些思想将以不同的形式不断出现。生产可能性边界为思考这些问题提供了一个简单的方法。

1.2 经济学的研究内容与方法

稀缺性是经济学研究的出发点,满足需要或欲望是经济学研究的目的和归宿,资源的合理配置与充分利用是经济学研究要解决的基本问题。

1.2.1 经济学的基本问题

1)资源配置问题

资源配置就是微观经济主体如何把资源分配到各种可供选择的用途中,以生产能够满足人们不同需要的不同物品。它主要包括以下三个方面。

(1)生产什么,生产多少

如前所述,由于资源有限,对资源的任何配置,都存在机会成本的问题,因此,人们必须在各种需要之间权衡比较,在可供选择的物品和劳务中有所取舍,决定到底生产什么,生产多少。生产可能性边界上的每一点都代表了这个问题的各种可能答案。到底哪一点是最优的,这要根据生产者的现实需要来决定。

(2)如何生产

生产同一种产品,既可采用多用劳动、少用资本的方式,也可采用多用资本、少用劳动的方式。稀缺性决定了生产方式的选择必须遵循资源配置最优的原则:从技术效率上看,是指以既定的资源获得的各种产品的数量达到最大,或者说在各种产品数量既定的条件下,尽可能少地消耗所用资源;从经济效益上看,是指将等量资源所得到的收益和支出相比,选择净收益最大的方案。在现实生活中,技术上有效率并不一定经济上也有效率,当二者发生冲突时,应首选经济效益高的方案。

(3)为谁生产

经济学所说的收入分配问题,也就是为谁生产的问题。由于资源有限,因此不可能使每个人的欲望同时获得满足,为谁生产,涉及对效率与公平的选择。很显然,收入分配的方式和数量界限直接关系到人们的生产积极性。

2)资源利用问题

现实社会往往面临这样一种矛盾:一方面资源稀缺,另一方面稀缺的资源却得不到充分利用,劳动者失业、生产设备和自然资源闲置等又是经常存在的情况。这说明,生产可能性边界所标定的产量只是充分就业或潜在的国民收入,而实际的国民收入往往小于它。造成这种状况的原因是什么?用什么方法来改变这种状况?这就要研究资源的利用问题。所谓资源的利用问题,是指一个国家如何充分利用现有的社会资源以生产出更多的物品来满足人们的需要,它主要包括以下三个方面。

(1)如何达到充分就业

一国的资源是否得到了充分利用,关键是是否有资源闲置和浪费的现象。各种资源中最重要的是劳动力,资源得不到充分利用在现实中最典型的表现就是大量失业,经济学要研究这种现象出现的原因及其对策,即一般所说的“充分就业”问题。

(2)如何保持物价稳定

现代社会是以货币为交换媒介的商品社会,货币购买力的变动对各种经济问题的解决影响都很大。资源利用不足,比如存在失业时,就会出现通货紧缩现象;资源利用过度,则可能造成通货膨胀。这两种情况都会破坏市场经济的价格机制,影响经济运行的稳定性。经济学研究如何使资源充分利用,就要研究如何保持物价的稳定。

(3)如何实现经济持续稳定增长

在资源既定的情况下,为什么产量有时高有时低?为什么不能始终保持在生产可能性边界上?经济运行中为什么会有周期性波动?经济学研究如何使资源充分利用,就要研究经济波动与经济增长问题。

综上所述,经济学的产生源于资源的稀缺性,稀缺性不仅引起人们的选择即资源配置问题,而且涉及宏观上资源的充分利用问题。因此,如果要对经济学进行简短的定义,则我们可以说,经济学是一门研究由资源的稀缺性引起的关于各种选择问题的学说,或者更加明确地定义为:经济学是一门研究资源配置和利用问题的专门学科。

【知识拓展1.2】

所谓经济体制,就是指一个国家经济资源配置和利用的方式。一个国家资源配置和利用的方式是在一定的经济制度下进行的,不同的经济制度,其经济体制必然各不相同,由此所选定的社会经济目标及其决策方式也就千差万别。不同的经济体制，由于本身的机制不同，其经济效率也有差异。

当今世界，解决资源配置和利用问题的经济体制大致可以分为两种基本类型：一种是市场经济体制，即通过市场上价格的调节来决定生产什么，如何生产与为谁生产，资源的优化配置和充分利用，主要依靠价格的调节与刺激来实现；另一种是计划经济体制，即通过政府部门的计划来决定生产什么，如何生产与为谁生产，资源的优化配置和利用依靠自上而下的计划来实现。当然，在现实中许多国家的经济体制都是市场经济与计划经济不同程度的结合，但这种结合并不是对等的，而是以其中一种为主，以另一种为辅的。现在越来越多的人认识到，市场机制是迄今为止人类解决经济问题的最成功的手段之一，市场经济体制从总体上看比计划经济体制的效率更高，更有利于经济的发展。使市场在资源配置中起决定性作用和更好发挥政府作用，是党的十八大以来对社会主义市场经济规律认识的一个重大理论观点，也是中国特色社会主义经济发展的宝贵经验。

1.2.2 微观经济学与宏观经济学

经济学的基本内容按照研究的具体领域、对象及角度不同，可以划分为两大分支：微观经济学与宏观经济学。微观经济学要解决的问题是资源的最优配置，宏观经济学要解决的问题是资源的充分利用。

1）微观经济学

微观经济学是以单个经济主体的经济行为为研究对象，通过研究单个经济主体的最大化行为及各有关经济变量单项数值的决定，来说明价格机制如何解决资源的优化配置问题。

理解微观经济学的定义，注意把握以下几个方面。

（1）微观经济学研究的对象是单个经济主体的经济行为

单个经济主体是指组成经济的最基本的单位，包括个人、家庭、企业。其中，个人和家庭又称居民户，是经济中的消费者；企业又称厂商，是经济中的生产者。在微观经济学的研究中，假设居民户和厂商经济行为的目的是实现最大化，研究消费者如何把有限的收入分配于各种物品的消费，以实现效用的最大化；厂商如何把有限的资源用于各种物品的生产，以实现利润的最大化。

（2）微观经济学研究的方法是个量分析法

微观经济学又称为“个量经济学”。美国著名经济学家萨缪尔森强调了微观经济学个量分析的特征，即微观经济学是关于经济中单个因素（如一种产品价格的决定或单个消费者或企业的行为）的分析。微观经济学研究的主要经济变量是：①效用、成本、价格、产量、收益等，这些是与价格理论相联系的变量；②工资、利润、利率、地租等，这些是与分配理论相联系的变量。

（3）微观经济学所要解决的问题是资源配置

解决资源配置问题，就是研究如何使资源配置达到最优化。微观经济学从研究单个经济单位的最大化行为入手，来解决社会资源的最优化配置问题。因为每个经济单位都实现了最大化，整个社会的资源配置也就实现了最优化。

(4)微观经济学的中心理论是价格理论

在市场经济中,消费者和厂商的行为都要受价格的支配,生产什么、生产多少、如何生产以及为谁生产均由价格决定。市场价格就像一只"看不见的手",调节着各经济主体的经济行为。通过价格的调节,社会资源的配置实现了最优化。微观经济学要说明的正是这一经济运行的全过程。因此,从这一意义上说,微观经济学的中心是价格理论,其他内容都是围绕这一中心问题展开的。

微观经济学的主要内容包括价格理论、消费者行为理论、生产者行为理论、收入分配理论、市场失灵与政府的微观经济政策。

【知识拓展 1.3】

经济学研究以一定的假设条件为前提。根据研究的问题和所要建立的理论的不同,假设条件存在着差异。就微观经济学而言,有以下三个基本假设。

① 理性经济人假设。理性经济人假设是指所有消费者和企业都是理性的经济人。亚当·斯密在《国富论》(全名为《国民财富的性质和原因的研究》)中指出,"我们每天所需要的食物和饮料,不是出自屠户、酿酒家和面包师的恩惠,而是出于他们自利的打算","我们不说唤起他们利他心的话,而说唤起他们利己心的话;我们不说我们自己需要,而说对他们有好处"。理性经济人以自身利益最大化作为自己的追求,只有在这一假设的前提下,价格调节实现资源配置的最优化才是可能的。

当然,经济人的自利并不完全等同于自私。例如,一个虔诚的基督教徒由于相信上帝充满了行善的愿望,他人得到幸福时,他会觉得自己也很幸福。虽然他是自利的,但是并不自私。

②完全信息假设。这一假设是指市场上每一个从事经济活动的主体都对有关的经济情况具有完全的信息,并具有对信息进行处理的能力,从而能够及时对市场信号做出反应,实现其行为的最优化。

③市场出清假设。这一假设是指产品市场、劳动市场、金融市场在市场机制的作用下能够自发地达到供需均衡的状态。在这种均衡状态下,产品既无过剩,又无不足,资源可以得到充分利用,不存在资源闲置或浪费问题。因此,微观经济学是在假设资源充分利用的情况下,研究资源的配置问题。

2)宏观经济学

宏观经济学是以整个国民经济为研究对象,利用总量分析方法研究国民经济中各有关总量的决定及其变化,来说明资源如何才能得到充分利用。

理解宏观经济学的定义,注意把握以下几点。

(1)宏观经济学研究的对象是整个国民经济

宏观经济学研究的不是经济中的单个经济单位的经济行为,而是从总体上分析由这些单位所组成的整个国民经济的运行方式与规律。

(2)宏观经济学的研究方法是总量分析法

总量是指能反映整个经济运行情况的经济变量。该总量有两类:一类是个量的总和,把各个经济单位的单项数值加总求和,如国民收入、总投资、总消费等;另一类是平均量,如各种商品的价格水平。总量分析就是分析这些总量的决定、变动及相互关系,并通过这种分析说明经济的运行状况,制定经济政策。

(3)宏观经济学所要解决的问题是资源利用

宏观经济学把资源配置作为既定前提,研究现有资源未能得到充分利用的原因、达到充分利用的途径以及经济如何增长。

(4)宏观经济学的中心理论是国民收入决定理论

在宏观经济领域中,国民收入是一个最基本的经济总量,综合反映了其他的经济总量以及变动状况。宏观经济学以国民收入的决定为中心来研究社会资源的充分利用问题,分析整个国家经济的运行,其他理论都是围绕着这一理论展开的。

宏观经济学的主要内容包括以下 5 个方面。

①国民收入决定理论。这一理论从社会总需求与总供给的相互关系出发,分析国民收入的决定及其变动规律。通过对国民收入的决定及其变动的分析,说明国家经济资源的利用情况和整个国家经济运行的状况。

②失业与通货膨胀理论。失业和通货膨胀是各国经济中最主要的问题。宏观经济学把失业与通货膨胀和国民收入联系起来,从分析其原因及其相互关系中找出解决这两个问题的途径。

③经济周期与经济增长理论。这一理论把经济波动和增长结合起来,分析国民经济短期波动的原因、长期增长的源泉等问题,以期实现经济长期稳定发展。

④开放经济理论。这一理论分析本国国民收入的决定和变动如何影响别国,以及如何受别国的影响,同时,也考察在开放经济条件下,一国经济的运行和调节问题。

⑤宏观经济政策。宏观经济学为国家干预经济提供理论依据,宏观经济政策则为这种干预提供具体的措施。

【知识拓展 1.4】

宏观经济学是基于市场失灵的假设建立起来的,即市场机制是不完善的,政府有能力调节经济、弥补市场机制的缺陷。自从市场经济产生以来,市场经济各国就在繁荣与萧条的交替中发展,每隔一定时期爆发一次经济危机成为市场经济的必然产物。尤其是 20 世纪 30 年代资本主义历史上空前严重的大危机,使经济学家认识到,如果只靠市场机制的自发调节,就无法克服经济危机与失业;就会在资源稀缺的同时,又产生资源的浪费。要使资源在合理配置的同时又实现充分利用,只依靠市场机制是不够的,政府可以通过观察与研究认识经济运行的规律,并采取适当的手段对经济进行调控。整个宏观经济学正是建立在对政府调节经济能力信任的基础上的。

需要强调的是,微观经济学与宏观经济学的区分是相对的。宏观与微观、总量与个量,两者之间既相互区别又相互依存。尽管微观经济学与宏观经济学的划分有助于说明两个学科的性质不同,但严格地说,只有一个经济学。在实际经济生活中,经济分析往往同时涉及宏观与微观两个方面。

1.2.3　实证经济学与规范经济学

人们经常要求经济学家解释一些经济事件的原因,有时也要求经济学家提出改善经济结果的政策建议。当经济学家努力去解释世界时,他们是科学家;当经济学家想要改善世界时,他们是政策顾问。为了发挥这两种作用,经济学家采用的方法主要有实证分析和规范分析。与之相应的,可以把经济学划分为实证经济学与规范经济学。

1)实证经济学

实证经济学是采用实证分析方法研究经济问题。实证分析方法(Positive Analyses),即对经济现象、经济行为或经济活动及其发展趋势只做客观的陈述和分析,通过揭示经济变量之间稳定的函数关系或因果关系,提出用于解释经济现象的假说或理论,再用经验事实来加以验证,并根据理论做出预测。

实证经济学具有两个特点:①它力求说明“是什么”“是怎样”的问题,不涉及对社会经济问题的价值判断;②它所研究的内容具有客观性,研究结论的正确与否可以通过实验事实进行检验。比如“最低工资立法引起了失业”“通货膨胀与失业具有替代关系”“扩大政府开支和减免税收会造成财政赤字”都是实证经济学命题。

2)规范经济学

规范经济学是采用规范分析方法研究经济问题。规范分析方法(Normative Analyses),是以一定的价值判断为基础,提出经济行为的标准,并以此作为处理经济问题和制定经济政策的依据,探讨经济应该如何运行才能给社会带来最大福利。

规范经济学也具有两个特点:①它力求回答“应该是什么”“应该怎样办”的问题;②它所研究的内容具有主观性,研究结论的正确与否无法通过经验事实进行检验。比如,“失业问题远比通货膨胀问题重要,政府应该实行就业优先发展战略”就是一个典型的规范经济学命题。当经济学家做出规范表述时,意味着他们已经跨过界线,从科学家变成了政策顾问。

【相关链接1.4】

实证表述与规范表述

为了说明经济学怎样反映世界,区别实证与规范,我们从考察语言的使用开始。假设有两个人正在讨论政府关于货币发行量的规定。

甲:货币发行过量引起了通货膨胀。

乙:政府应该缩减货币发行量。

现在不管你是否同意这两种表述,应该注意的是,这二位想要做的事情是不同的。甲的说法像一个科学家:他做出了一种关于世界如何运行的表述;乙的说法像一个决策者:他做出了他想如何改变世界的表述。一般来说,关于世界的表述有两种类型。一种类型,例如甲的表述,是实证的。实证表述是描述性的,它们做出关于世界是什么的表述。第二种类型的表述,例如乙的表述,是规范的。规范表述是命令性的,它们做出关于世界应该是什么的表述。

实证表述和规范表述之间的主要差别是如何判断它们的正确性。从原则上说,人们可以通过检验证据来确认或否定实证表述。经济学家可以通过分析某一时期内货币流通量和物价指数的数据来评价甲的表述。与此相比，评价规范表述涉及价值观和事实。只依靠数据不能判断乙的表述。确定什么是好政策或什么是坏政策，不仅是一个科学问题，它还涉及人们对伦理、宗教和政治哲学的看法。

当然，实证表述与规范表述也是相关的。人们关于世界如何运行的实证观点影响其关于什么政策合意的规范观点。如果甲关于货币发行过量引起通货膨胀的说法是正确的，这就会使人们肯定乙关于政府应缩减货币发行量的结论。但规范结论并不能仅仅根据实证分析得出。相反，这种结论既需要实证分析，也需要价值判断。

（资料来源：张晓华，王秀繁. 经济学基础[M]. 北京：机械工业出版社，2006.）

实证经济学与规范经济学采用不同的方法来研究经济问题。实证经济学讨论的是经济社会的事实，而规范经济学则是提出价值判断。由于人们的立场和价值观念不同，对于应该做什么，应该怎么办的问题，不同的经济学家可能会有截然不同的结论。在西方经济学的发展中，早期强调规范分析，19 世纪中期以后则逐渐强调实证分析。许多经济学家认为，经济学的实证化是经济学科学化的唯一途径，只有实证化，才能使之成为像物理学、化学一样的真正科学。到目前为止，实证经济学仍然是西方经济学（尤其是微观经济学）的主流。但也有许多经济学家认识到，经济学并不能完全等同于自然科学，也无法完全摆脱规范问题，即无法回避价值判断。

学习经济学，要注意实证表述与规范表述的区别。许多经济学家只是努力解释世界的运行，但经济学的目标往往是改善世界的运行。因此，应该把实证分析的方法与规范分析的方法结合起来。一般来说，越是具体的问题，实证的成分越多；而越是高层次的、带有决策性的问题，越具有规范性。

1.2.4 经济理论与经济模型

经济学所研究的经济现象必须是可以观察并能度量的。各类机构每天都提供大量的经济信息，这些信息就是对各种经济现象的观察与度量的结果。但是，经济学的任务并不只是描述经济现象，或对这些现象进行分类度量，而是要对这些现象做出解释并发现规律。为了完成这些任务，需要借助经济理论与经济模型。

经济理论（Economic Theory），是可以解释并预测人们经济选择行为的一般规律或原理。经济理论是对经济实践的高度概括。经济现象错综复杂、变化不定，为了把握经济规律，必须从实际出发，对纷繁复杂的经济现象进行科学的抽象，舍去那些次要的、个别的、偶然的因素，专门研究具有普遍性、必然性、决定性的因素之间的关系，从而形成系统的经济理论。提出经济理论，往往需要通过建立和检验经济模型。经济理论是在建立与检验经济模型的过程中发展形成的。

经济模型（Economic Model），是进行经济分析的基本工具。它通常是用较为简明的图形、数学公式等，描述和解释经济变量之间的关系，帮助人们深入分析纷繁复杂的经济现象和经济行为。

模型有两种类型：一种模型是具体的，是可以看到的真实事物，可使人们对真实的事物有直观的认识；另一种模型是抽象的，是无法看到的真实事物，但可以根据模型来判断它所代表的真实事物的基本特征。经济模型属于后一种类型。

模型并不是详尽地描述真实世界所发生的一切,而是对真实世界的高度简化。例如,一个大气物理的模型:把一个水盆放在缓慢旋转的转台上(模拟地球自转),盆的外侧环绕一个弯曲的电子加热器(模拟赤道和两极),可以看到盆的外缘出现稳定的水流(热带信风),盆中还有巨大的涡流(热带风暴),这是对大气系统高度简化的模拟。生物学教师用塑料人体模型来讲授基础解剖学,这种模型有人体所有的主要器官,省略了许多细节,缺少真实性,没有人会把模型当成真人——但实际上,正是由于缺乏真实性,这些模型对了解人体如何活动是有帮助的,教师可以用一种简单的方式向学生说明人体的这些重要器官如何结合在一起,如何发挥作用。因此,将复杂的系统简化为模型,可以帮助人们了解真实的世界,可以帮助人们更深刻地认识复杂系统的本质。经济学家也用模型来了解世界。

经济模型是对现实经济社会的高度简化。与生物学的人体模型一样,经济模型也忽略了许多细节,以便人们能说明什么是真正重要的。正如人体模型并不包括人体所有的肌肉和微血管一样,经济模型也不包括经济的每一个特征。在研究各种经济问题时,经济模型都建立在一些假设上,为了增进人们对现实的理解而简化了现实。因此,任何经济理论都有前提。经济理论要舍弃一些不重要的东西,至于什么重要,什么不重要,取决于经济学家的假设。

1.2.5 边际决策分析法

"理性人考虑边际量",这是经济学的十大原理之一。微观经济学中的边际效用、边际产量、边际成本、边际收益,宏观经济学中的边际消费倾向、边际储蓄倾向等,都属于边际分析。所谓边际量,是指自变量额外增加一单位所带来的因变量的增量,即总量的边际变化。例如,某企业本月生产机床100台,下月拟增加到110台,预计总收入从100万元增加到120万元,则企业的增量收入总计20万元,而额外增加一台机床所增加的总收入的增量是2万元,即边际收入2万元。

边际决策分析法,就是利用边际量作为决策参考依据的一种分析方法。经济主体(如消费者、生产者)对各种经济变量的变动所做出的反应,不是取决于有关经济变量的总量,而是取决于这些经济变量的最后一单位增量,即边际量。人们在决策时主要应考虑由决策引起的投入量新变动的边际效果,一个理性的决策者只有在边际利益超过边际成本时才会采取这项行动。

传统的分析方法一般采用均量分析,它是根据业已发生的事实,计算自变量与因变量之间联系的平均值,然后以这种反映过去的平均值来推断将来出现的情况。只有当因变量与自变量成正比例变化时,这种分析方法才是有效的。但事实上,经济现象中因变量与自变量之间的变化很多都是非正比的。因此,用过去的平均值来分析和决定现实问题,造成失误的可能性很大。

边际分析方法采用的是增量分析,它是利用边际量对当前状况的增加或减少的效应来考察细微变化对结果的影响,更能反映出决策的直接后果,从而有助于准确把握经济事务变化的趋势。

1.3 经济学的产生与发展

1.3.1 经济学名称的由来

经济学被称为“社会科学的皇后,最古老的艺术,最新颖的科学”。现代意义的市场经济是伴随资本主义经济关系产生和发展起来的,因此,作为对市场经济规律认识的经济学,至今不过200多年的历史,但市场交易形式的经济活动早在古代就已产生,古代和中世纪一些思想家对市场交易中的经济现象及其规律的认识和论述,在某种意义上构成了经济学产生的最初出发点。

公元前4世纪,古希腊著名思想家色诺芬结合自己管理庄园事务的经验完成了著述《经济论》,研究奴隶主庄园主人如何管理好家庭的财产实现财富的不断增加。在希腊文中,《经济论》的希腊原文“oikououikos”,原意是“家庭管理”,研究家庭经济问题。《经济论》又被译作《家政学》。作为自然经济的拥护者,色诺芬十分重视农业,认为“对一个高尚的人来说,最好的职业和最好的学问就是人们从中取得生活必需品的农业”。

15世纪末,处于封建制晚期的西欧各国,商品货币关系迅速发展,商业资本的势力开始强盛起来,商业实践成为人们注意的中心,赚钱成了人们合理的要求。1615年,法国早期重商主义的代表人物孟克列钦(又译蒙克莱田),发表了《献给国王和王太后的政治经济学》,他在书中首次使用“政治经济学”一词,表明他所研究的不是“家庭管理”的经济学,而是涉及整个国家的社会经济问题,包括商业、手工业、航海业、国家政策等。

在我国,古文献中虽早有“经济”一词,但其含义是指经邦济世、经国济民,比较接近现代汉语“政治”的含义。譬如,唐代诗人杜甫《上水遣怀》诗云“古来经济才,何事独罕有”;晚清重臣左宗棠自题书斋对联“文章西汉两司马,经济南阳一卧龙”。19世纪末,日本学者首先用汉语“经济”对译英文“economy”。清末民初,随着日本经济论著尤其是教科书大量流入我国,“经济”一词的新义在中国得以流行开来。

1.3.2 经济学产生与发展的主要阶段

经济学作为一门独立的学科,是和资本主义生产方式同时产生并逐渐发展起来的。截至目前,经济学的产生和发展大致经历了以下四个重要的发展阶段。

1)重商主义学说:经济学的萌芽

重商主义产生于15世纪,全盛于16世纪和17世纪,最初出现于意大利,英国是重商主义尤其是晚期重商主义发展较为典型的国家。

重商主义认为,财富就是货币,就是金银,商业是致富之源。为了增加一国的财富,除了开采金银矿藏,有效的办法就是通过对外贸易,实现贸易顺差,从逆差国取得金银。在重商主义看来,为了国家致富,保证金银流回国内,必须实行有利的贸易差额原则,即多卖少买,保持顺差,因此主张积极的国家干预,如奖励国内工业,实施促进对外贸易的保护主义政策。

重商主义是西欧封建制度瓦解和资本主义萌芽时期产生的一种经济思想,代表商业资本的利益,反映了资本原始积累时期资本主义经济发展的基本要求。但仅限于对流通领域的探索,其内容也只是一些政策主张,并未形成一套完整的理论体系。因此,重商主义只能说是经济学的萌芽。从当下的眼光看,重商主义一些观点和主张的错误是显而易见的。

2)古典经济学:经济学的产生

古典经济学产生于17世纪中叶,在英国发韧,大致从威廉·配第开始,经亚当·斯密发展为完整的体系,最后由大卫·李嘉图推向最高峰。

1776年,世界发生的两件大事,影响了后来200多年的历史:一个是乔治·华盛顿发表了《独立宣言》,成为一个新国家(美国)的国父;另一个是亚当·斯密出版了里程碑式的著作《国富论》,开创古典经济学的理论体系,成为现代经济学之父。亚当·斯密是经济学历史上的一座灯塔,《国富论》对市场经济的根源、基础、实质、功能和运行机制所做的透彻分析,几百年来一直是经济学家研究市场经济的思想指针。《国富论》的问世,标志着政治经济学作为一门独立学科的诞生。

古典经济学将研究的中心从流通领域转向了生产领域,从生产成本的角度说明商品的价值并主张经济自由竞争。古典经济学派的主要观点是:财富应是物质产品,要增加财富必须增加物质产品。国家(政府)应实行自由放任主义,让价格机制和市场机制这只"看不见的手"来调节经济,通过资本积累和发展生产来实现物质产品的增加。古典经济学研究的内容较广,既涉及了国民收入决定、经济增长等宏观经济问题,又涉及了价格、分配等微观经济问题,但是并没有把两者明确区分开来。古典经济学时期研究经济问题的著作大多冠名为"政治经济学"。如大卫·李嘉图的《政治经济学及赋税原理》、马尔萨斯的《政治经济学原理》、萨伊的《政治经济学概论》、穆勒的《政治经济学原理》等。

古典经济学反映了自由竞争资本主义时期资本主义经济发展的基本要求。因为这一时期资本主义经济可以依靠自身力量来求得发展,而重商主义推崇的国家干预已经成为经济发展的障碍。

3)新古典经济学:微观经济学的建立

1871年,三位经济学家,英国的杰文斯、法国的瓦尔拉斯、奥地利的门格尔,各自独立而又几乎同时提出了边际效用价值论。他们从物品的边际效用说明价值,提出了"主观价值""个人效用"和消费者在经济活动中的重要性,领导了新古典主义的"边际革命",开创了经济学的一个新时期,使新古典经济学在19世纪末成为经济学中的新主流。

德国经济学家赫尔曼·戈森是边际效用论的直接先驱,他在《人类交换规律与人类行为准则的发展》一书中,建立了一个相当完整的主观主义经济理论体系。他认为,效用大小可用物品给人们提供的满足的大小来衡量,为后来以边际效用论为核心的边际主义经济学的产生奠定了理论基础。

英国经济学家,"剑桥学派"的创始人,毕业于剑桥大学数学系的阿尔弗雷德·马歇尔,彻底完成了让古典经济学成为新古典经济学的历史使命。马歇尔不仅对过去和当时的各种经济学说兼收并蓄、综合调和,构建了一个微观经济学理论体系的基本框架,而且他本人在经济学的几个领域中提出了许多创造性见解,有力地推动了经济学的发展。

1890年,马歇尔出版了被称为具有划时代意义的代表著作《经济学原理》。全书分上、下两卷,共6篇55章,后面还有大量附录。马歇尔认为影响经济的是自然规律而非国家政策,他开创性地引入了需求曲线、弹性、均衡等概念,推进了斯密模型数量化,建立了一个以"均衡价格"为核心的经济学体系。马歇尔也是历史上第一位将"政治经济学"名称改成"经济学”的学者，从此，“政治经济学”这一名称在西方国家被“经济学”所取代。《经济学原理》作为教科书支配英、美经济论坛达40年之久，并且对以后的经济学发展产生了深刻的影响，尤其是他对微观经济的分析，至今仍是现代西方微观经济学的基础。

新古典经济学不像古典经济学那样强调对生产、供给和成本的研究，而是转向了消费、需求和效用。他们将亚当·斯密的理论和边际分析的方法结合起来，解决了经济学的“价值悖论”。新古典经济学所信奉的仍然是自由竞争的思想，主张国家采取自由放任主义，让价格来实现社会资源的最优化配置，从这个意义上来说，它是古典经济学的延续，因此被称为新古典经济学。

【相关链接 1.5】

回望马克思　重温《资本论》

马克思的《资本论》德文版第一卷于1867年9月14日在汉堡出版。这部倾其40年心血写就的著作，其影响力历经150年风雨而不衰。当然，对马克思及其思想的攻击自马克思的思想开始显露时起就没有停止过，对马克思及其思想的怀疑、背离甚至放弃——即使是在曾经将马克思奉为导师和领袖、将他的思想奉为精神支柱的国家和社会里——也没有停止过。

过时论是一个伪命题

很多人攻击《资本论》的重要理由之一就是它过时了。如果单从时间的角度来说，前一秒就是现一秒的历史，过去了就过时了。或者按照西方流行的说法是：“马克思的时代过去了。”因为《资本论》产生在19世纪的欧洲，当下已经是21世纪了，《资本论》德文版第一卷出版至今已经150周年，难道不是“过时”了吗？这种简单粗暴的反对，连西方的资产阶级学者都不认可。美国经济学家熊彼特认为，绝大部分人类智慧或想象的作品，经过一定的时间之后就永远过时了，但有些作品却不是这样，如马克思的作品，“它们有时会黯然失色，但是它们会以各自的形式，带着人们能目睹手触的各自的痕迹，作为文化遗产中可以辨识的成分而恢复其光辉。这些作品我们可以恰当地称为伟大的作品——这一定义把伟大和生命力联系起来并无不利之处。按照这种意义说，伟大一词毫无疑问是适用于马克思的启示的”。熊彼特还指出：“对马克思的理论来说，任何非难或精确的反驳，由于不能致命地摧毁它，只起到了显示这个理论力量的作用。”

《资本论》不是提供给人们一个一成不变的结论，而是通过对资本主义经济关系的分析，得出了认识人类社会发展路径的根据和方法。我们已经进入了21世纪，可是制约我们的那些因素，依然是19世纪的，依然是资本主义的。马克思在《资本论》中指出，“我要在本书研究的，是资本主义生产方式以及和它相适应的生产关系和交换关系”，而最终目的“是揭示现代社会经济运动的规律”。遗憾的是，马克思以后的经济学家们、社会学家们，所有的研究都未能超过马克思所做出的贡献。

资本主义经济危机仍然在周期性地爆发，并且伴随着信息技术的进步，危机爆发更加密集。财富的分配仍然向资本所有者倾斜，劳动收入的比例在下降，社会贫富差距不断加大。

而且,资本早已不能满足本国内的剥削,已经扩张到全世界,资本成为操纵世界的力量,谁影响了资本的增值,战争或动荡就会到那里。看看伊拉克、利比亚、叙利亚近些年的状况就清清楚楚了。

《资本论》所揭示的资本增值的逻辑,其实说出了资本的一个大秘密:劳动创造的财富到底到哪里去了?为什么创造财富的劳动者却没有得到富裕的生活?而这个秘密是资本绝对不允许说出去的。当今的世界,仍然是资本肆虐的场所。不断强调《资本论》过时论,才能愚弄民众、持续剥夺劳动者。这是《资本论》过时论者的重要意图。附着在资本身上的个别学者,则成了资本的帮凶。

《资本论》被称作"工人阶级的圣经"。这种带有宗教色彩的评价,至少从一个侧面证明了《资本论》的经典地位。《资本论》中,马克思从资本主义财富"表现为庞大的商品堆积"出发,研究这一财富产生的原因和分配的去向。马克思继承了前人关于劳动创造财富的观点,发现不同商品之间可以交换的秘密是劳动的不同性质,即劳动的二重性。马克思发现了劳动本身的特殊性:劳动一方面是具体的劳动,通过劳动生产出不同的商品;另一方面劳动又有同一的抽象性,都是体力和智力的付出。不同种商品是无法比较的,因此也就无法交换,能比较的正是劳动的抽象性,这是商品交换的基础。马克思自豪地说:"商品中包含的劳动的这种二重性,是首先由我批判地证明了的,这一点是理解政治经济学的枢纽。"在劳动过程中,劳动者付出的体力和智力是可以比较的,因此抽象劳动形成商品的价值,这是不同种类商品可以交换和衡量的基础。在此基础上,才能产生出一般等价物——货币。但是,劳动者的智力和体力只有在劳动过程中才能伴随具体劳动发挥出来,劳动者付出的劳动力和获得的生活资料之间有差额。由于资本家掌握生产资料,他就可以利用这种关系,将劳动者付出的一部分劳动力据为己有——这就是劳动者创造的被资本家无偿占有的剩余价值:资本剥削的秘密被揭开了。消除资本对劳动的剥夺,唯一的方式是使全部生产资料由全体社会成员共同拥有,通过联合劳动共同创造财富,走向共同富裕。当然,马克思同时也强调,这个过程是长期的,既需要财富的积累、生产力的提高,也需要全社会成员认识能力的提高。

它比过去更受欢迎

位于英国伦敦北郊的海格特公墓,长眠着马克思及其家人。斯人已去,思想长存。如果说马克思的思想体系是人类思想史上的喜马拉雅山脉,那么《资本论》就是珠穆朗玛峰。纵观当今世界,资本以及资本主义意识已经扩展到几乎所有领域。资本唯一的目的是赚钱。2008年的世界金融危机,是资本发明的信用制度的产物,成为投机的巨大杠杆;信用制度把通过压榨别人的劳动成果来致富发展成为最纯粹且规模最大的赌博和欺诈制度。过度的生产和消费,一方面破坏着环境,另一方面贫困人口不断增加。我们的生产是为了什么呢?是为了更幸福还是为资本创造更多的剩余价值?拜金主义盛行、信仰缺失的本质又是什么……这是我们需要重新思考的问题,而思考的前提,就需要回望马克思,重读《资本论》。

马克思思想是学术思想史上的丰碑。任何谈论19世纪以来学术思想史的人,赞成或反对均可,但要不表示对马克思思想的态度是不可想象的,就像谈论中国传统文化而无视孔夫子和儒家学说的客观存在一样不可思议。

1999年,英国剑桥大学文理学院教授评选"千年第一思想家",马克思位居第一,爱因斯坦位居第二。2002 年,英国路透社邀请政界名人评选千年伟人,马克思位居第二,爱因斯坦位居第一。2005 年,英国广播公司(BBC)第四频道调查 3 万听众,征询"古今最伟大哲学家",马克思位居第一,第二名休谟的得票不及马克思的一半。同一年德国第四次评选最伟大人物,在德国《图片报》和国家第二电视台携手主办的评选中,马克思被评为"德国最伟大人物"。2008 年全球金融危机以来,《资本论》重新成为读者尤其是青年学者的宠儿。众多国家的总统和财长成为马克思的粉丝,许多银行家和经理们开始读《资本论》,就是许多西方普通民众也开始青睐《资本论》,他们试图从中弄懂自己多年来所作所为的真实意义。英国媒体开玩笑称,如果马克思还在世的话,《资本论》的巨额版税会让他轻松进入福布斯富豪榜。2014 年,法国青年经济学家托马斯·皮凯蒂借马克思《资本论》的影响,出版了《21 世纪资本》,一时洛阳纸贵。

150 年过去了,一种预言资本主义必将灭亡的学说,却得到资本主义国家如此广泛的认可;一种被它的敌人攻击、挖苦甚至宣告灭亡的学说,依然深刻、长久、生动地影响着人们的思想和社会的发展进程……

(资料来源:张旭. 回望马克思　重温《资本论》[N]. 人民日报,2017-07-19(24).)

4)当代经济学:宏观经济学的形成与发展

当代经济学是以 20 世纪 30 年代凯恩斯主义的出现为标志。这一时期的中心是宏观经济学的形成与发展。这一阶段可以大致划分为以下三个时期。

(1)凯恩斯革命时期

1929—1933 年,空前严重的世界经济大危机宣告了新古典经济学关于资本主义是一台能自行调节的机器,不会出现严重失业的神话的破灭。这场大危机后,西方国家的政府为了解决失业问题,日益加紧了对经济生活的干预。1936 年,英国经济学家约翰·梅纳德·凯恩斯出版了其著名的代表作《就业、利息和货币通论》,标志着现代宏观经济体系的形成。因此,凯恩斯被称为宏观经济学之父。

凯恩斯认为,社会总需求并不是经常与社会总供给相等的,总需求不足是资本主义经济时常存在的现象。而总需求不足就会导致失业,因此,要放弃自由放任原则,实行国家对经济生活的干预和调节。政府应当担任起调节社会总需求的责任,运用财务政策和货币政策刺激消费,增加投资,以保证社会有足够的有效需求,实现充分就业。

(2)凯恩斯主义发展时期

第二次世界大战以后,西方各国加强了国家对经济生活的全面干预,凯恩斯主义得到了大力的推广。20 世纪 50 年代,在美国,以保罗·安东尼·萨缪尔森为首的一些经济学家,将凯恩斯主义的宏观经济学与新古典经济学的微观经济学"综合"在一起,形成了所谓的"后凯恩斯主流学派",这一学派的理论在相当长时期内构成了经济学教科书的主要内容,在西方经济学界占据主导地位。

(3)自由放任思想复兴时期

20 世纪 70 年代,西方各国出现"滞胀",使认为经济停滞和严重通货膨胀不会同时出现的凯恩斯主义陷入窘境,新自由主义经济思潮便开始复兴,相继出现了以美国经济学家米尔顿·弗里德曼为首的货币主义学派、以美国经济学家罗伯特·卢卡斯为首的理性预期学派、以美国经济学家拉斐尔为首的供给学派。他们认为，凯恩斯主义的国家干预是形成西方国家经济滞胀的根源，因此从不同的角度论述了市场机制的作用，提出了减少政府干预。20世纪80年代末，以科斯为代表的新制度经济学又时兴起来。新制度经济学包括企业理论、产权理论、经济增长理论、制度变迁理论等，其理论核心在于证明资本主义的种种制度都是“看不见的手”的不同形式，而且这些制度本身也是由“看不见的手”缔造的，强调制度对社会经济生活的决定作用。

综上所述可以看出，每一时期的经济理论都是当时现实经济发展的要求在理论上的反映。由此也充分地体现了经济学是一门致用的科学，具有服务于现实的特点和突出的学科价值。

【课后阅读】

你应该学点经济学

经济学是经济学家提供给社会大众的一种改进生活、认识世界的武器。或许你并不想做一名经济学家，但即使如此，你仍然应该学点经济学。

首先，学习经济学有助于你做出更好的个人决策。在你的一生中，你需要做出各种各样的经济决策。比如说，在即将完成高中学业时，你需要决定是否上大学。在大学毕业时，你需要决定是继续在国内读研究生，还是出国留学，或者去工作。在工作之后，你要决定如何花费你的收入：多少用于现在的消费？多少用于储蓄？如何投资你的储蓄？是买股票还是存于银行？或许有一天你成了一名企业的老板或经理，此时，你需要决定你的企业应该生产什么产品？卖什么样的价格？在什么媒体上做广告？招聘什么样的人员？提拔谁当你的助手？如此等等，不一而足。为什么决策是重要的？因为你的资源是有限的——你的时间有限，收入也有限。如果你参加工作，就可能没时间上大学；如果你把钱用于买房子，就可能没有钱再买汽车。你必须在各种竞争性的需求之间分配你有限的资源。更麻烦的是，你的决策常常是在不确定的情况下做出的。比如，当你选择学无线电专业时，你并不知道当你毕业时这个专业的就业前景如何。为了避免决策失误，你需要一些理论指导。经济学是有关个人选择的科学，学习经济学有助于你做出更好的决策。明白了这一点，你就明白了为什么经济学是西方大学里听众最多的选修课。

其次，学习经济学有助于你理解生活的世界是如何运转的。你的生活状况不仅取决于你自己的决策，而且依赖于其他人的决策，以及周围环境的变化。理解你周围的世界如何运行，自然有助于改进你的决策。你可能为生活中的许多事情惊奇。比如，当你想买一台电视机时，只要支付必要的价格，就可以把它从商场搬回家；当你在大街上走得饥肠辘辘时，走进一家饭馆就可以指挥别人给你上菜，而无须回家自己做饭。事实上，你事前并没有告诉电视机的生产厂家为你生产一台电视机，也没有通知饭馆老板为你准备饭菜。那么，是什么因素使你得到你想要的东西？经济学是有关人们之间的决策如何相互作用的科学。学了经济学，你就可以明白市场这只“看不见的手”如何使自利的个人为大家服务。

再次，学习经济学有助于你理解政府政策的优劣。每个社会都离不开政府，学习了经济学，你会明白为什么需要政府，什么是政府应该干的，什么是政府不该干的。我们需要政府，是因为在诸如外部性、公共产品这样的场合，依靠市场不能达到资源的有效配置。比如，如果没有政府的干预，一些企业家可能会使你喝污水；如果没有政府，一些私人部门也许不会为你提供如路灯这样的公共产品。特别地，我们需要政府来提供市场交易所需要的规则和秩序这样一类公共产品，需要政府保护个人财产和人身安全。但政府对市场的过多干预常常导致供给不足、价格不合理、资源浪费、垄断横行。政府的政策选择不仅影响整个社会的资源配置效率，而且影响每个公民的福利。当你希望政府制定某种政策时，你必须谨慎考虑这种政策的不利后果。经济学常识有助于你思考这样的问题。比如，如果你是一个打工仔，也许会认为政府应该制定"最低工资法"保护你的利益，或者向富人多征税来补贴你，而经济学原理会告诉你，这样做的后果也许是你根本就找不到工作。又如，作为消费者，你也许会认为政府应该对商品的价格进行限制，而经济学会告诉你，这样做的后果是你也许再也买不到这种商品。常识可能会误导你，经济学会使你不过于迷信政府。

最后，学习经济学可以改进你的思考方式。经济学是一门科学。科学是什么？科学是一种思考问题的方式。如同天文学家通过观测天体现象来归纳天体运行规律一样，经济学家通过观测现实经济现象归纳经济规律。经济学家有自己的语言和思维方式。诸如需求、供给、弹性、消费者剩余、机会成本、比较优势、外部性、信息不对称、均衡等，是经济学的基本语言。掌握了这些经济学语言，你就可以更好地思考你周围的世界是如何运行的。外行人常常批评经济学家看问题过于简单，而他们忘了，科学的力量就在于把复杂的现象简单化。经济学就像一幅指路图，它舍弃了现实中的许多细节，却使你更清楚自己要去的地方。你没有必要成为一位经济学家，但知道经济学是如何思考问题是有益的。无论你今后干什么，你都不会后悔自己学过经济学。

（资料来源：张维迎. 为什么要学习经济学［J］. 文明与宣传，2000（2）：64. 有删减）

本章小结

经济学的产生源于资源的稀缺性。人们常常面临权衡取舍，在决策时必须树立机会成本理念，理性的选择应该遵循机会成本最小的原则。经济学是研究资源配置和利用问题的专门学科，按其研究领域的不同，划分为微观经济学和宏观经济学。按其研究方法的不同，划分为实证经济学和规范经济学。经济模型是经济学常用的分析工具，边际分析是经济学常用的基本分析方法。经济学作为一门独立学科是和资本主义生产方式同时产生和发展起来的，经历了重商主义、古典经济学、新古典经济学、当代经济学等发展阶段。经济学是一门经世致用的实用科学，其与个人、厂商、政府及其他组织的关系都极为密切，但它提供给人们的主要是经济分析的思维和方法。

关键概念

稀缺性　资源配置　资源利用　机会成本　生产可能性边界

问题讨论与分享

1. 时间是人生最宝贵的资源，运用机会成本的理念，结合时间管理优先矩阵，谈谈大学几年怎样管理好你的时间？

2.《拉封丹寓言》中有一头著名的布利丹毛驴，它面对两捆干草不知该吃哪一捆好，最后竟然饿死了。从经济学的角度来看，其中的主要问题是什么？

3. 实证经济学与规范经济学各自的主要特点是什么？试举例说明。

4. 登录“中国人事考试网”，查询“经济专业技术资格考试”介绍，谈谈备考经济师需要掌握哪些经济学基础知识。

自学自测

一、单项选择题

1. 经济学所说的稀缺性是指（　　）。

A. 资源数量的有限性

B. 人类欲望的无穷性

C. 人类需要的层次性和无限性

D. 相对于人类社会的无穷欲望而言，资源总是不足的

2. 经济学是研究（　　）。

A. 如何投资理财

B. 如何经商赚钱

C. 稀缺问题导致人们的选择行为

D. 政府的决策过程

3. 微观经济学是经济学的一个分支，其主要研究（　　）。

A. 失业与通货膨胀

B. 资源利用

C. 经济波动和经济增长

D. 厂商、家庭和个人的经济行为

4. 宏观经济学的中心理论是（　　）。

A. 失业与通货膨胀

B. 经济周期与经济增长

C. 价格理论

D. 国民收入决定理论

5. 下列哪一项不是实证经济学的表述？（　　）

A. 最低工资减少了非熟练工人的工作机会

B. 最低工资鼓励企业用资本来代替劳动

C. 最低工资之所以好，是因为它提高了贫困工人的工资

D. 2008 年我国城镇登记失业率达 4.2%，是改革以来首次周期性失业

6. 下列哪一项不属于微观经济学考察的对象？（　　）

A. 钢铁行业雇用工人的人数

B. 某厂商的产出水平

C. GDP 增长率的上升或下降

D. 某高端白酒企业的生产规模

7. 下列哪一项不属于宏观经济学考察的对象？(　　)

A. 彩色电视机的价格

B. 失业率的上升和下降

C. 中国的 GDP 增长率

D. 城镇居民人均收入水平的变化

8. 经济学发展史上首先论证并且提出对经济实行国家干预的代表人物及其论著是(　　)。

A. 亚当·斯密的《国富论》

B. 马歇尔的《经济学原理》

C. 萨缪尔森的《经济学》

D. 凯恩斯的《就业、利息和货币通论》

9. 某国生产可能性曲线以内的一点表示(　　)。

A. 一种产品的产出水平处于适度的范围内

B. 该国可利用的资源减少

C. 失业或者说资源没有得到充分利用

D. 通货膨胀

10. 某人用临街的自有住房开商店，投入资金 10 万元，则其机会成本为(　　)。

A. 10 万元存入银行可能获得的利息

B. 将住房出租可能获得的租金

C. 给别人打工可能获得的收入

D. 上述三项之和

二、判断题

1. 经济发展推动人类富裕程度不断提升，使资源稀缺的约束逐渐消失。(　　)

2. 经济物品，是指有用且稀缺的物品。(　　)

3. 在不同的经济体制下，资源配置和利用问题的解决方式是不同的。(　　)

4. 机会成本越大，说明代价越大。(　　)

5. "收入差距大一点好还是小一点好"的命题属于实证经济学问题。(　　)

技能操练

第 1 章自学自测参考答案

1. 假设你是某网球俱乐部的成员，每月交纳会费 100 元，打网球每小时收费为 5 元。

要求：

(1)用坐标曲线表示每月从俱乐部收到的账单与打网球小时数的关系。

(2)写出该曲线的方程式，并指出该曲线的斜率。

2. 某企业规定销售人员的月薪由基本薪金和奖励两部分组成。若每月销售量不超过 200 件，只能获得基本薪金 900 元；若超过 200 件，则每超过 1 件奖励 5 元。

要求：

(1) 用一条曲线表示销售人员的月薪与其销售量之间的关系，并写出相应的函数表达式。

(2) 假定某销售员本月销售产品 400 件，计算其本月的月薪是多少？

小组实训项目　上大学的机会成本分析

2013 年 9 月 1 日，四川新闻网—成都商报报道“父亲反对女儿上大学，称不想把钱白白丢给大学”。父亲不是因为缺钱，而是认为上大学不合算。

父亲的账本：大学四年，学费加生活费要 8 万元，如果高中一毕业就打工，四年至少可以赚 8 万元，一来一回就是 16 万元。16 万元用于首付买房子，或者开店做生意都能赚钱，用于读大学，毕业后也许找不到工作，或者找一个工作每个月就两三千元，又要四五年才能赚回这 16 万元。“不管什么方式，都比读大学划算。”

实训要求：立足本地高职学生的实际，尝试用经济学的视角和方法分析上大学的机会成本，形成小组的分析报告。要求用数据说话，做到概念无误、逻辑清晰、有理有据、结论明确。

第 2 章　价格理论：需求与供给

【知识目标】理解需求的含义、需求变动与需求量变动的区别；理解供给的含义、供给变动与供给量变动的区别；掌握需求定理、供给定理和供求法则；理解价格机制的形成及其作用，熟悉政府管制价格的基本形式及其影响；学会判断商品的供求弹性及其应用。

【技能目标】能够运用需求和供给的基本理论分析和解释市场上的经济现象；掌握供求分析法的基本步骤，能够熟练运用供求图分析市场均衡及其变动；能够运用弹性理论对一般商品销售做出基本的定价决策。

【课程思政目标】正确认识政府价格管制的意义。通过恩格尔系数的变化，深刻领会改革开放40年来人民生活的巨大变化，增强爱国情感。深刻理解我国供给侧结构性改革和扩大内需战略。

【思维导图】

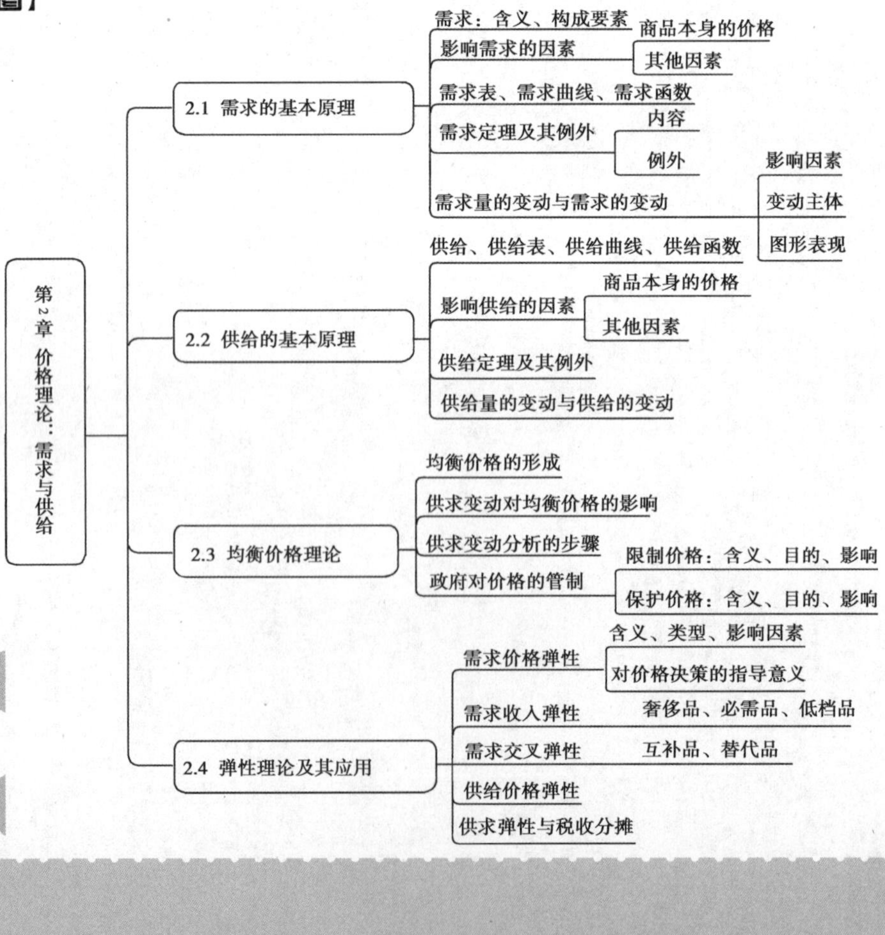

【课程导入】

兄弟俩在街道两端经营着两家不同的商店,哥哥出售电视、空调、冰箱等家用电器,弟弟主要销售水果、饮料、油、盐、酱、醋等日常生活用品。在“五一”期间,哥哥对家电商品进行不同程度的降价销售,结果大赚了一笔;弟弟见状也想效仿,在“十一”期间也对自己的商品进行了不同程度的打折销售,结果利润不但没有增加,反而还减少了一成。弟弟百思不得其解。你能解释弟弟利润减少的原因吗?什么样的商品适合薄利多销?

2.1　需求的基本原理

在市场经济条件下,价格在资源配置过程中发挥着基础性作用,而需求与供给是推动市场经济运行的两种基本力量。需求代表着消费者的选择行为,供给代表着生产者的选择行为,它们共同决定了每种物品的产量以及出售的价格。如果你想知道任何一种事件或政策将如何影响经济,首先应该考虑它将如何影响需求和供给。

2.1.1　需求的定义

在日常生活中,人们习惯将需求理解为需要或欲望。但在经济学的分析中,需求有其特定的含义。需求由需要或欲望产生,但需要和欲望不等于需求。需要(Need)是指人类与生俱来的基本要求,这些要求包括吃、穿、住、行等生理性的需求,也包括爱、尊重、自我实现等社会性的需求。欲望(Want)是指基于不同的需要而产生的对特定物品的缺乏之感和求足之愿。一个人渴了想要喝水,饿了想要吃饭,这便是欲望。而经济学所说的需求(Demand)是指有支付能力的购买欲望。

需求,是指消费者在一定时期内,在各种可能的价格水平上,愿意并且能够购买某种商品的数量。

理解需求的定义,注意把握以下几点。

①需求必须是购买欲望与支付能力的统一。比如,对于一个不喜欢吃榴莲的人来说,即使收入再高,即使榴莲价格再便宜,他也不会有对榴莲的需求。也就是说,需求必须以购买欲望为前提。另外,需求还必须以购买能力作为保证。卖火柴的小女孩看见“一只烧鹅突然从盘子里跳出来,背上插着刀叉,摇摇晃晃地向她走来”,这说明她需要这只烧鹅,她有强烈的欲望,但是她没有购买能力,这不代表她具有对烧鹅的需求。需求必须同时满足两个条件,主观的购买欲望与客观的支付能力缺一不可。如果只有购买欲望而无支付能力,或者只有支付能力而没有购买欲望,只能称为潜在的需求,而不是有效需求。企业在对产品进行市场预测时必须同时考虑购买意愿与支付能力这两个条件,否则可能做出错误的判断。

②需求不是某一个确定的数量,而是一种价格数量关系。需求反映的是商品各种可能的价格与消费者的需求量之间的对应关系,它表现为一条需求曲线或一张需求表,只有我们知道真实的价格水平,才能确定实际的需求数量。

③个体需求是构成市场需求的基础,市场需求是个体需求的总和。市场需求(Market Demand)是指在一定时期内、在某一特定市场上,所有的消费者对某种商品愿意并能够购买的数量。要实现从个体需求到市场需求的转化,只需对个体需求曲线进行水平加总。

【相关链接 2.1】

我国房地产市场被夸大的“刚性需求”

从1999年开始，我国一线城市的房地产价格迅速攀升，房地产市场开发量、销售量以及房价均在高位运行，北京、上海、广州、深圳等城市的房价甚至高达每平方米4万~7万元，当地居民人均可支配收入仅可购约1.5平方米，这种状况令人不由得怀疑我国房地产市场价格是否虚高。

其实自2004年以来，就不断有人发出我国一些大城市房地产市场存在泡沫的质疑，但是房地产开发商与一些学者则众口一词，声称我国人口众多、城市化率提高等因素造成了对住房的“刚性需求”，因此房地产价格不断上涨是合理的，也是符合经济学中市场供求规律的。这个神奇的“刚性需求”到底是什么，有多大的魔力，谁也说不清。就是这么一个说不清道不明的概念，却成了一些人支持房价只涨不跌的主要依据。

但这实际上是一种误导，把个人对住房的“需要”等同于个人对住房的“需求”，是在概念上混淆视听。住房的需求与其他一切商品的需求一样，必须是在有购买欲望的基础上，还得有与之匹配的经济支付能力。没有支付能力的“刚性需求”只是镜中月、水中花，一味夸大房地产市场的“刚性需求”，不仅是对众多购房者的愚弄和欺骗，而且人为地推高了房地产价格，等到泡沫破灭时还会对国民经济造成沉重的打击，影响社会的稳定。

2.1.2 影响需求的因素

现实生活中，影响消费者购买某种商品的因素很多，不仅有价格因素，也有非价格因素。有些因素主要影响消费者的购买欲望，有些因素主要影响消费者的支付能力。一般而言，消费者个人需求的数量主要取决于以下几种因素。

1）价格

对于大多数商品而言，在其他条件不变的情况下，商品自身的价格与其需求量之间存在着反向变动关系。大量的经验事实表明，一种商品的价格越高或价格上升，人们对该商品的购买量就会越少或减少；价格越低或价格下降，人们对该商品的购买量就会越多或增加。价格与需求量之间的这种关系普遍存在，我们说，需求量与商品的价格负相关。

2）消费者的收入

消费者购买商品，必须支付货币，而支付能力的大小取决于消费者的收入。当消费者收入水平提高时，各种商品的需求会出现不同的变动。有些商品的需求会快速增加且增加的幅度较大；有些商品的需求则增加的幅度较小；而有些商品的需求反而会减少。例如，随着消费者的收入水平提高，对名牌服装和私人汽车的需求增加了，对大米、面条的需求可能没有太大的变化，对土豆、肥肉的需求反而下降了。

根据需求与收入之间的关系，可以将商品划分为不同的类型：需求与收入呈正相关的商品，称为正常品；需求与收入呈负相关的商品，称为低档品。随着收入增加出现需求大幅增长的商品，称为奢侈品；随着收入增加出现需求小幅增长的商品，称为必需品。

值得注意的是，正常品与低档品、奢侈品与必需品的区分是相对的。随着环境的变化，它们之间可以相互转化。

3)相关商品的价格

消费者对一种商品的需求,除受到商品自身价格的影响外,还会受到与之相关的替代品和互补品的价格影响。

替代品(Substitute),是指在满足消费者的某种需要或欲望上可以相互替代,从而存在着相互竞争关系的商品。例如猪肉与鸡肉、可口可乐与百事可乐、国产汽车与进口汽车等。再如,假定冷冻酸奶的价格下降,你也许将多买冷冻酸奶而少买冰激凌,因为冰激凌和冷冻酸奶都是冷而甜的奶油甜食,它们能够满足相似的欲望,存在着替代品关系。一般来说,一种商品的需求量与其替代品的价格之间具有同向变动关系,其需求量往往随着替代品的价格上涨而增加,随着替代品的价格下降而减少。

互补品(Complement),是指在消费活动中需要相互补充,搭配起来共同满足消费者的某一需要或欲望的商品。例如乒乓球和球拍、汽车和汽油、眼镜架和镜片、打印机与墨盒等。假设新鲜软糖价格下降,再考虑你自己对冰激凌的需求将受到的影响,也许你将购买更多的冰激凌,因为冰激凌和新鲜软糖通常是一起吃的,糖果和冰激凌口感互补,它们之间存在着互补品关系。一般来说,一种商品的需求量与其互补品的价格具有反向变动关系,其需求量往往随着互补品的价格上涨而减少,随着互补品的价格下降而增加。

【**相关链接**2.2】

香烟价格如何影响大麻这类非法毒品的需求?

香烟税的反对者经常争论说,烟草与大麻是替代品,提高香烟价格会鼓励使用大麻。与此相反,许多毒品专家把烟草视为"毒品之门",它会引导青年人享用其他有害物质。大多数的数据研究与这种观点是一致的:他们发现,降低香烟价格与更多使用大麻是呈正相关的。换句话说,烟草与大麻看来是互补品,而不是替代品。

4)消费者偏好

消费者偏好,也叫嗜好,是指消费者对特定商品的偏爱心理和喜好程度。经济学家通常并不想解释人们的偏好,因为偏好基于超越了经济学范畴的文化、历史与心理因素,偏好可能受传统、宗教等社会文化因素的影响,也会受消费者的个性、广告、时尚潮流等诸多因素的影响。但是,经济学家要考察当偏好变动时会出现什么变化。一般来说,一种商品的需求与消费者偏好之间具有同向变动关系。如果消费者对某种商品的偏好增强,即使商品价格未曾改变,购买该商品的数量也会比以前增加;反之,偏好减弱则会导致购买该商品的数量减少。

5)预期

预期是人们对某一经济活动未来的变动趋势的预测和判断。如果预期某种商品价格将会上涨,就会刺激人们提前购买,对该商品的需求量就会增加;如果预期某种商品的价格会下跌,一些消费者就会推迟购买,对该商品的需求量就会减少。一般而言,一种商品的现期需求与该商品的预期价格之间具有同向变动关系。

6)其他因素

除了以上列举的主要影响因素,商品的需求还受到其他因素的影响,例如,商品的品种和质量、广告宣传、地理位置、季节、国家政策等。

【**相关链接**2.3】

赠送洋油灯

中华人民共和国成立前,美孚石油公司初次登陆上海时,曾规定买两斤洋油,就赠送一盏刻有"请用美孚油"字样的洋油灯。当时油价非常贵,两斤油利润微薄,加之赠送灯盏,公司大大蚀本。消费者闻知此事,纷纷加入买洋油的行列。短短一年中,公司送出洋油灯80多万盏,账面上出现巨额赤字。但是,有了洋油灯的消费者都离不开洋油了,成了美孚石油公司的常年顾客。从此,美孚石油公司的洋油盛销不衰,给公司带来了丰厚的利润。

故事中的美孚石油公司之所以能大获成功,是因为洋油灯与洋油是互补品。离开洋油,洋油灯毫无用处。于是,消费者自然要源源不断地购买洋油了。

2.1.3 需求表、需求曲线、需求函数

我们已经知道,有许多因素决定一个人对某种商品的需求量,设想除了价格,其他的因素都不变,一种商品的价格与其需求量之间的关系,可以用需求表、需求曲线、需求函数等不同的形式来反映。

1)需求表

需求表,是一种表示商品的价格与其需求量之间关系的数字表格。例如,在某大学校园的水果市场上,当苹果价格为1.8元/kg时,每周的需求量为250 kg;当苹果价格为1.9元/kg时,每周的需求量为200 kg;当苹果价格为2.0元/kg时,每周的需求量为150 kg;当苹果价格为2.1元/kg时,每周的需求量为100 kg;当苹果价格为2.2元/kg时,每周的需求量为50 kg。根据这些具体数字,可以列出表2.1所示的商品需求表。

表2.1 某商品的需求表

价格-数量组合	a	b	c	d	e
价格/(元·kg^{-1})	1.8	1.9	2.0	2.1	2.2
需求量/kg	250	200	150	100	50

2)需求曲线

需求曲线,是一种用反映商品的价格与其需求量之间关系的坐标图形。通常情况下,根据某商品需求表中价格-需求量的组合,在直角坐标图上绘制出每一组需求量和价格的对应值作为点的坐标,将各点连接起来得到的一条相应的曲线,就是需求曲线。

如图2.1所示,将表2.1中的各点a、b、c、d、e在坐标图形中画出来,根据习惯,价格在纵轴,需求量在横轴,将反映价格与需求量关系的各点a、b、c、d、e顺次连接,便可得到该商品的需求曲线D。

通常情况下,需求曲线都是向右下方倾斜的,即斜率为负值,它表明需求量与其价格之间呈反方向变动。

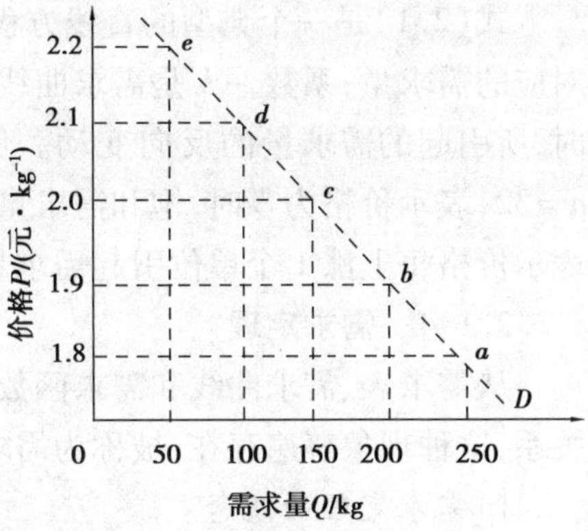

图 2.1　某商品的需求曲线

【知识拓展 2.1】

为了回答一个变量对另一个变量变动的反应有多大这个问题,可以用斜率的概念。

一条直线的斜率是当我们沿着这条线变动时纵轴变动距离与横轴变动距离的比率。通常可以用数学符号把这个定义写成

$$斜率 = \frac{\Delta y}{\Delta x}$$

在这里,希腊字母 Δ(delta)代表一个变量的变动。换句话说,一条直线的斜率等于"上升量"(y 的变动)除以"向前量"(x 的变动)。

对于一条平缓地向右上方倾斜的直线,斜率将是一个小的正数;而一条陡峭地向右上方倾斜的直线,斜率将是一个大的正数;对于一条向右下方倾斜的直线,斜率是一个负数;水平线的斜率为零,因为在这种情况下,y 轴的变量根本不变;垂线定义为有无限斜率,因为 y 轴变量可以取任何值,而 x 轴的变量完全不变。

(资料来源:曼昆.经济学原理:上册[M].2 版.梁小民,译.北京:生活·读书·新知三联书店,2001.)

3)需求函数

对于两个变量 x 和 y,如果每给定 x 的一个值,y 都有一个确定的值与其对应,那么我们就说 y 是 x 的函数。其中,x 叫作自变量,y 叫作因变量。

需求函数(Demand Function),就是用函数关系式来表示一种商品的需求数量与影响需求数量的各种因素之间的相互关系。也就是说,影响需求数量的各种因素是自变量,需求数量是因变量。

鉴于影响需求数量的因素很多,如果对所有因素同时进行分析,就会使问题变得十分复杂。因此,为了简化分析,微观经济学通常假定,除该商品的价格外,其他因素不变,从而只考查商品的需求数量与商品自身的价格这个短期内最重要的影响因素之间的关系。在这一假设前提下,商品的需求量仅看作商品价格的函数,需求函数可以简化为

$$Q_d = f(p)$$

这是需求函数的一般表达式。在应用于经济分析时,为了具体把握某种商品的需求数量,还必须估计出更具体的需求函数,才能表示因变量与自变量之间一一对应的确定关系。

具体的需求函数可以是线性函数,也可以是非线性函数。当需求函数为线性函数时,相应的需求曲线就是一条直线,直线上各点的斜率是相等的;当需求函数为非线性函数时,相应的需求曲线则是一条曲线,曲线上各点的斜率是不相等的。在微观经济分析中,为了简化分析过程,在不影响结论的前提下,通常使用线性需求函数,其公式可以表示为

$$Q_d = a - b \cdot P \tag{2.1}$$

式(2.1)是一个典型的直线方程式。其中,常数项 a 是横轴截距,表示当价格等于 0 时对应的需求量;系数 $-b$ 是需求曲线相对于价格轴的斜率,表示当价格 P 发生 1 个单位变动时,所引起的需求量的反向变动。例如, $Q_d = 32 - 4p$,这是一个简单的线性需求函数。$a=32$,表示价格为零时,饱和需求量是 32 个单位; -4 是该需求曲线相对于价格轴的斜率,表示价格每上涨 1 个单位引起需求量减少 4 个单位。

2.1.4 需求定理

从需求表、需求曲线和需求函数可以看出,商品的需求量与其价格之间是呈反向变动的关系,这种现象普遍存在,被称为需求规律。

1)需求定理的概念

需求定理也叫需求规律,反映商品的需求量与其价格之间的必然联系。其基本内容是:在其他因素不变的条件下,商品的需求量与其价格之间呈反方向变动,即需求量随着商品本身价格的上升而减少,随着商品本身价格的下降而增加。

需要特别注意的是,需求定理以一定的假设条件为前提,这个假设条件就是“其他因素不变”。张五常先生在其连载的《经济解释》中,有一个例子:如果大雨连天,雨伞的价格上升,而其需求量也增加了。从现象看,这显然是与需求定理不容,这是否意味着需求定理是错误的呢? 当然不是! 因为我们还没有考虑“其他条件”。张五常先生的这个解释是正确的:“雨伞的需求量上升,不是因为其价格上升,而是因为连天大雨。”

需求定理是在假设影响需求的其他因素不变,仅商品本身价格这一影响因素发生变化时,需求量将会发生什么变化。只有在“其他因素不变”这一假设条件下,才能揭示商品的需求量与其价格之间的本质联系。科学的假设或科学的抽象在理论形成中非常重要,这也是经济学分析中常用的一种分析方法。

价格与需求量呈反向变动,其原因在于,价格上升对消费者的需求产生了两种效应:替代效应和收入效应。

替代效应(Substitution Effect),是指一种商品价格的上升会影响人们对其他替代品的购买选择,从而导致该商品的需求量减少。例如,如果猪肉太贵,消费者就会转而购买鸡肉或者其他肉类来替代猪肉,这就降低了对猪肉的需求。

收入效应(Income Effect),是指当商品价格上涨时,相对来说消费者的实际收入就会下降(购买力降低),因收入的约束,消费者无法在较高的价格下购买与原先一样多的商品,从而导致需求量减少。

替代效应反映了一种商品价格变动对其他商品相对价格的影响;收入效应反映了一种商品价格变动对消费者实际收入水平的影响。需求定理所表明的商品价格与需求量反向变动的关系,正是这两种效应共同作用的结果。

2)需求定理的例外

需求定理揭示了商品的价格与其需求量之间的本质关系。现实中,大多数商品都会满足需求定理,但是对某些特殊商品而言,需求定理会出现例外。

违背需求定理的特殊商品,主要可以分为以下两大类。

(1)炫耀性商品

美国经济学家凡勃伦在1899年发表的《有闲阶级论》一书中提出了炫耀性消费的概念。炫耀性商品指的是那些用来满足人们虚荣心的物品,如高档服饰、钻石项链、豪车等。这种商品的价格越高,越能显示其拥有者的身份和地位,因此往往商品价格越高越受消费者的追捧。

在市场经济社会中,人的财富总是与社会地位和身份相关的,消费高价名牌的物品表现出自己的财富,也彰显出自己的身份。无论伦理学家如何评价炫耀性消费,这种消费需求的存在是不容忽略的,而且越来越重要,企业要根据市场需求生产,就不能轻视炫耀性物品的需求。炫耀性物品的需求与一般物品不同。一般物品是价格下降需求量增加,但炫耀性物品如果降价,作为满足炫耀性的需求就减少了。这种物品的生产者必须跟随时代的脚步,坚持低产量、高质量、高价格才能维持自己作为炫耀性物品的地位,并从中获利。如果说一般物品走向大众化是成功的起点,那么,炫耀性商品走向大众化则是它失败的开始。

(2)吉芬商品

英国经济学家罗伯特·吉芬发现,1845年,爱尔兰发生大灾荒时,尽管土豆的价格上涨,但人们的需求量反而增加。这种价格上升需求量增加的情况在当时被称为"吉芬之谜",而具有这种特点的商品被称为吉芬商品。

土豆是爱尔兰人生活中所必需的低档物品,而且其消费占用了爱尔兰人收入的很大比例。之所以会出现吉芬之谜,是因为当时发生了大饥荒,穷人的收入低,他们可供满足生活必需的替代品的购买能力弱,只买得起土豆这一类最低生活必需品。越吃不起肉,买土豆的数量就越多。这样,即使土豆价格上涨,人们仍会加大土豆的购买量。经济学家对吉芬之谜的最后解释是吉芬商品就是支出占消费者收入比重极大的低档生活必需品。

【相关链接 2.4】

涪陵榨菜逆势涨价也是典型的"土豆效应"

在国内人均可支配收入增速放缓,消费增速创新低,民企债务暴雷不断,企业裁员接二连三之时,竟有两家企业逆势涨价,它们是涪陵榨菜和五粮液。

其实涪陵榨菜"喊涨"已经不是第一次,自2016年起,涪陵榨菜短短两年涨了四次,先是因为原材料与劳动力成本上涨,将价格提高了8%~12%;2017年2月又因为缓解成本压力,提价15%~17%;第四季度时,涪陵榨菜减少了产品包装的净含量,变相涨价10%~16%;2018年10月,为了统一全国价格体系、防止窜货、保护渠道各成员利益,涪陵榨菜第四次涨价,此次涨幅约10%。

榨菜是国民配菜,也是稀饭、方便面的标配,更是人们出行旅游的必备品。稀饭加榨菜陪伴了多少考生通宵的夜晚,也是月光族领薪前最奢侈的享受。面对连番涨价,不少网友无奈表示:"榨菜白粥是我最后的倔强,现在居然连榨菜也涨价了。"

为什么小小一包榨菜涨得如此嚣张?又为什么敢在经济寒冬这么不景气的环境下逆势涨价呢?

因为榨菜是刚需,经济再不好,饭总是要吃的。榨菜几乎没有替代品,有些人从小吃到大,不管吃饭还是吃面,不来几根榨菜总觉得少了味,并且涪陵榨菜封杀了整个品类,成了榨菜行业中的老大。现今,涪陵和榨菜画上了等号,涪陵就等于榨菜,大家早已认同了涪陵榨菜这个记忆中最熟悉的味道,也正是因为其稳坐第一的市场占有率,让它几乎没有竞争对手。这样的强势品牌能够在面对渠道商时有高的议价能力,自然也就有了涨价的资格和权力。另外,就消费者来说,榨菜单品以小包装为主,单价本来就非常低,即使从小时候记忆中的五毛钱一包涨到现今的 3 块钱一包,相较于其他食品还是非常便宜的,相比房价来说也是涨得非常温和的。消费者对榨菜这种生活必需品价格敏感度不高,种种因素综合起来,才让涪陵榨菜掌握了定价的生杀大权。

涪陵榨菜的“逆势喊涨”也是典型的“土豆效应”。土豆是便宜、低端食品的代名词,当经济危机来临时,人们的需求会走向马斯洛需求层级的较低层,放弃高端的奢侈消费转向中低端消费,当土豆的需求增加,价格也会随之提升,形成低价产品逆势上涨的情形。低价的涪陵榨菜能够在强劲的经济寒冬中涨价,或许也是因为大家开始省吃俭用,从佳肴转向榨菜所造成的“土豆效应”。网上有这样的段子:“左手康师傅牛肉方便面,右手筷子夹着香甜脆的涪陵榨菜,眼前一杯顺鑫农业辣人心脾的牛栏山二锅头,这便是我目前能想到的最奢侈的生活。”看似笑话,却生动阐释了经济寒冬背景下的吉芬效应。

(资料来源:李光斗. 经济寒冬之下,为何白酒、榨菜一起涨价[EB/OL]. (2018-12-25)[2022-04-26]知乎. 有删减)

2.1.5 需求量的变动与需求的变动

需求定理模型中的价格数量关系,受限于“其他因素不变”的假设。如果放松这一假设,一系列非价格因素的变化也会影响价格数量关系,从而改变需求曲线的位置。因此,在经济分析中,必须严格区分两个很重要而且很可能导致混淆的术语:需求量的变动与需求的变动。

在西方经济学中,需求量与需求是两个不同的概念。

需求量是消费者在某一确定的价格下愿意并且能够购买某种商品的数量。它在需求曲线上是对应于某一价格的商品数量,表现为需求曲线上某一点的横坐标。因此,需求量的变动,是指在影响需求的其他因素不变的情况下,当商品自身的价格发生变化时,所引起的需求数量的改变。需求量的变动表现为,在一条既定的需求曲线上的点,沿着既定的需求曲线发生位置移动。需求量减少,需求曲线上的点向左上方移动;需求量增加,需求曲线上的点向右下方移动。如图 2.1 所示,当商品价格由 2.0 元/kg 上升为 2.2 元/kg 时,需求量由 150 kg降为 50 kg,这一需求量的变动在需求曲线上表现为从 c 点移动到 e 点,而商品的价格数量关系保持不变。

需求则是指消费者在各种可能的价格水平下愿意并且能够购买某种商品的数量。它是指商品的价格数量关系,表现为整个的需求表或整条的需求曲线。因此,需求的变动,是指在商品自身的价格不变的条件下,由于其他影响需求的因素发生变化,商品的价格数量关系发生改变。需求的变动表现为整条需求曲线的位置移动,是一条需求曲线到另一条需求曲线的变化。需求增加,需求曲线向右移动;需求减少,需求曲线向左移动。在图 2.1 中,假设水果的价格没有下降，但是由消费者收入的增长而引起了水果需求数量增加，则需求曲线上的每一个点都受到同样的影响，最后造成整条需求曲线向右平行移动。这种变动实际上是需求的价格函数发生了改变。

需求量变动与需求变动的区别，如表 2.2 所示。

表 2.2　需求量的变动与需求的变动

主要区别点	需求量的变动	需求的变动
变动主体不同	需求量(Q)	需求关系(D)
影响因素不同	价格	价格以外的其他因素
图形表现不同	既定需求曲线上的点的移动	整条需求曲线的平行移动

区分需求量的变动与需求的变动需要一些耐心，也非常重要。因为这两类变动的性质是根本不同的，区分这两类变动，有利于人们对实际经济问题进行观察和分析，以便做出正确的判断。

【相关链接 2.5】

政府减少吸烟数量的两种方法

吸烟有害健康，各国政府都致力于对吸烟数量的控制。政府为达到这一目标，一般可以采取以下两种方法。

第一种方法是移动香烟的需求曲线。通过公益广告和香烟盒上的警示语来提醒消费者吸烟的可怕后果，以及实施禁止烟草公司在电视上做广告的政策。这些公益政策有助于影响和改变消费者对香烟的偏好，令人们在既定的任一价格水平上减少对香烟的需求量。如果政策成功了，就会使香烟的需求曲线向左平行移动，反映在每种价格水平下，吸烟的数量都减少了。

第二种方法是提高香烟的价格。如果政府通过对烟草公司征收高额烟草税，那么会使烟草公司以提高香烟价格的方式把这种税收大部分转嫁给消费者。较高的价格将促使吸烟者减少香烟量。在这种情况下，吸烟量的减少表现为沿着同一条需求曲线移动到价格更高而数量更少的一点上。

（资料来源：曼昆. 经济学原理：上册[M]. 2 版. 梁小民，译. 北京：生活 · 读书 · 新知三联书店，2001.）

2.2　供给的基本原理

2002 年，一个 128 MB 的 MP3，售价高达 2 000 多元人民币。如今即使是 128 GB 的华为畅享 9 Plus，价格也不到 1 200 元人民币。现实生活中许多商品价格的上升或下降，仅靠需求理论是解释不了的，需要转向市场的另一方考察卖者的行为，通过学习供给的相关理论来解释这些问题。

2.2.1 供给、供给表、供给曲线

1)供给的定义

供给(Supply),是指在某一特定时期内,在各种可能的价格水平下,生产者愿意并且能够出售某种商品的数量。

供给必须是供给愿望与供给能力的有机统一,两者缺一不可。如果生产者对某种商品仅有供给的愿望,没有供给的能力,就不能形成有效的供给;反之,如果是生产者有供给能力,却没有出售的愿望,就只会造成所谓的囤积,也谈不上供给。

供给也可以分为个体供给和市场供给。个体供给是指单个厂商对某种商品的供给,市场供给是个体供给的总和。在每一价格水平上将各厂商对某种商品的供给量相加,就可以得到市场供给。

2)供给表与供给曲线

供给表是用来表示某种商品供给情况的数字表格。供给表能够直观具体地反映出供给量与商品价格之间的一一对应关系。例如,某地某一时期水果价格为 1.8 元/kg 时,供给量为 50 kg;价格为 1.9 元/kg 时,供给量为 100 kg;价格为 2.0 元/kg 时,供给量为 150 kg;价格为 2.1 元/kg 时,供给量为 200 kg;价格为 2.2 元/kg 时,供给量为 250 kg。根据这些数字可以列出表 2.3 所示的商品供给表。

表 2.3 某商品的供给表

价格-数量组合	*a*	*b*	*c*	*d*	*e*
价格/(元 · kg^{-1})	1.8	1.9	2.0	2.1	2.2
供给量/kg	50	100	150	200	250

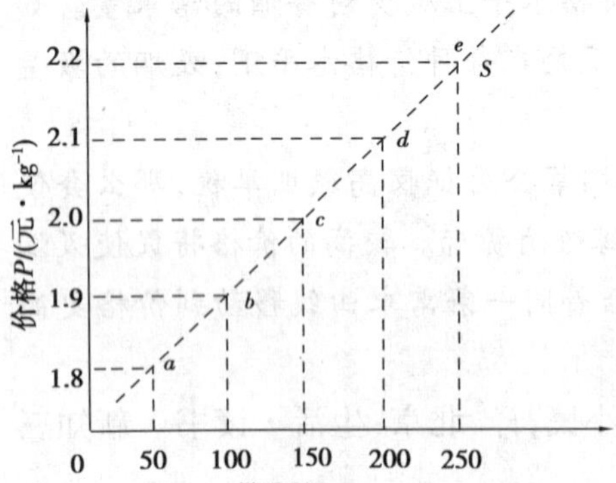

图 2.2 某商品的供给曲线

如果把上述供给量和价格之间的关系描绘在平面直角坐标系中,就可以得到供给曲线。供给曲线是用几何图形形式来表述的供给概念。根据供给表 2.3 所画出来的供给曲线,如图 2.2 所示。

对于大多数商品来说,供给曲线的特征是向右上方倾斜的,即斜率为正,这表明商品的供给量同价格之间呈同方向变动的关系。

2.2.2 影响供给的因素

生产者在一定的时期内愿意并且能够提供什么样的商品,受到多种因素的影响,既有经济因素,也有非经济因素。一般而言,生产者的个人供给主要受以下因素的影响。

1)商品本身的价格

一种商品的供给数量与其自身的价格具有同向变动的关系。商品的价格越高,生产者的积极性就越高,其提供的数量就越大;相反,商品的价格越低,生产者提供的数量就越少。这是由生产者对利润的追求决定的。设想你经营学生甜品店,这是一家生产并销售冰激凌

的公司。当冰激凌价格高时,出售冰激凌是有利可图的,供给量也大。作为冰激凌卖者,你工作时间更长,购买更多冰激凌机,并雇用更多工人。相反,当冰激凌价格低时,对你的经营不太有利,你将生产较少的冰激凌。甚至在一个更低的价格时,你会选择完全停止营业,你的供给量减少为零。

2)投入品价格

投入品(即生产要素)的价格变化,直接影响生产成本,最终影响利润。如果生产要素的价格下降,意味着生产成本降低,利润增加,从而厂商就会增加供给量,反之,生产要素价格上涨,生产成本增加,厂商就会减少供给量。资本是企业最重要的生产要素之一,也是构成企业成本的因素。资本价格常用利率来表示。利率水平越高,在其他条件不变的情况下企业的利润越少,或在成本的约束下企业只能利用更少的资本,从而导致商品的供给量减少;反之,利率水平越低,商品的供给量越多。

3)生产技术

20世纪80年代,个人计算机的价格按运算次数、速度和储存能力折算每台为100万美元,价格高昂,供给量极少,只有少数工程师和科学家能使用。如今同样能力的个人计算机价格下降了1 000倍,但供给量增加了不止10 000倍。计算机供给的这种增加不是由价格的变动而是由技术进步引起的。从20世纪80年代末开始,计算机行业的生产技术发生了根本性变化,集成电路技术的发展、硬件与软件技术标准的统一、规模经济的实现与高度专业化分工,使个人计算机的成本迅速下降而质量日益提高。生产技术是影响供给的一个决定性因素,新材料、新能源的发明和运用,可将供给带到一个新的水平。

4)预期

一种商品的现期供给量还取决于对未来的预期。一般来说,如果生产者对未来的经济持乐观态度,预期他们所生产的商品未来价格将会上涨,生产者就会囤积居奇,待价而沽,并尽量减少现期供给;反之,如果预期未来价格下降,生产者在制订生产计划时就会减少产量,同时尽量出清存货,增加现期供给。商品的现期供给量与生产者对未来价格的预期存在反向变动关系。

5)其他因素

影响供给的因素比影响需求的因素更复杂。自然条件的变化、时间的长短、社会政治制度、企业生产能力的利用程度、生产者的目标等都有可能影响供给。总之,在不同时期、不同市场上,商品的供给受到多种因素的综合影响,在针对具体商品的供给问题进行研究时需要具体分析。

2.2.3 供给函数

供给函数,是用函数关系式来表示的,在某一特定时期内某种商品的供给量与决定这些供给量的因素之间的依存关系。

供给函数的构造方式与需求函数是一致的。为了简化分析,微观经济学通常假定除了商品本身的价格,其他因素不变,只研究价格和供给量之间的关系。在这一假定下,供给函数表示供给量和价格这两个经济变量之间的关系,此时供给函数可简化写成

$$Q_s = f(P)$$

这是供给函数的一般表达式。在应用于经济分析时,为了具体把握某种商品的供给数量,还必须估计出更为具体的供给函数,才能表示因变量与自变量之间一一对应的确定关系。具体的供给函数可以是线性函数,也可以是非线性函数。在微观经济分析中,为了简化分析过程,在不影响结论的前提下,通常使用线性供给函数,其公式可以表示为:

$$Q_s = c + d \cdot P \tag{2.2}$$

公式(2.2)中,c 为一个负常数,表示当价格低于生产成本时的供给量为零。系数 d 是供给曲线相对于价格轴的斜率,是一个大于零的常数,表示供给量与价格同方向变动的边际变化。例如,一个简单的线性供给函数 $Q_s = -5 + 6p$, $c = -5$,意味着供给曲线不是从原点出发,如果价格带来的边际收益低于5,厂商将停止营业,不会有供给量。$d=6$,表示价格每变动1个单位引起供给量同向变动6个单位。当商品的价格 $p=3$,供给量为13;当商品的价格 $p=4$ 时,供给量变动为19。

2.2.4 供给定理

供给定理是说明商品本身价格与其供给量之间的关系的理论。其基本内容是在其他条件相同的情况下,一种商品的价格上升,该商品的供给量就会增加;反之,一种商品的价格下降,该商品的供给量就会减少。商品的供给量与其价格之间呈同方向变动。

供给定理反映的是一般商品的供给规律,对于某些特殊商品来说,也有例外。

1)劳动力商品

劳动力也是一种商品,但这种商品并不始终遵循供给定理。在开始阶段,工资即劳动价格增加,劳动者将会提供更多的劳动。一旦工资增加到高水平时,劳动者对闲暇的需要极为强烈,这样,工资水平的进一步上升不会引诱更多的劳动供给,反而有可能减少劳动的供给。因此,劳动供给曲线可能先正态递增,继而垂直,最后向后弯曲的曲线。

2)具有唯一性、不可再生性的物品

某些具有唯一性的珍贵稀罕物品,或者不可再生性物品,例如文物、字画、古董、珍邮、土地等。无论价格如何变化,其供给数量都无法改变。

2.2.5 供给量的变动与供给的变动

商品供给数量的变化,除了受到商品本身价格的影响,还会受到其他非价格因素的影响。商品本身的价格变化,所引起的供给数量的改变,称为供给量的变动,用图形表现为,在一条既定的供给曲线上点的位置发生变动。除了价格,任何一种影响供给的其他因素发生变化,都会引起供给曲线的位置移动。

【相关链接 2.6】

大自然移动了供给曲线

2010年,中国西南地区大旱,中东部地区在入春后一度持续低温,蔬菜、大蒜、绿豆的生产和供应受到较大影响,导致中国部分农产品如大蒜、绿豆、蔬菜、玉米等价格出现了大幅度上涨,在网络上也催生了一系列热词,“蒜你狠,豆你玩,玉米疯,姜你军,向钱葱……”这些充满娱乐特质的网络名词戏谑地反映出2010年以来农产品涨价的现状。用经济学知识进行分析，自然灾害导致农产品的供给曲线向左移动，这是农产品涨价的主要原因。

在商品自身价格不变的前提下，由其他非价格因素变化所引起的供给数量的改变，称为供给的变动。如果供给增加，图形表现为供给曲线的位置向右平行移动；如果供给减少，则图形表现为供给曲线的位置向左平行移动。

例如，考虑冰激凌的市场供给，假设糖的价格大幅下降，这种投入品的价格变动将如何影响冰激凌的市场供给呢？

糖是生产冰激凌的一种投入品，糖的价格下降直接导致冰激凌的生产成本下降，销售冰激凌更加有利可图，在任何一种既定的价格水平时，生产者愿意提供的冰激凌数量会更多。因此，冰激凌的供给增加，供给曲线向右移动。

2.3　均衡价格理论

在分别分析了需求与供给的基本原理之后，现在将市场供给曲线与市场需求曲线结合，说明供求变动如何影响市场上一种商品的价格及其销量。

2.3.1　均衡价格和均衡数量的决定

均衡（Equilibrium）是一个物理学名词，是指物体同时受到相反方向的两个相等外力的作用，处于一种相对静止状态。将其应用于经济分析中，均衡是指经济中各种对立的、变动的力量处于一种势均力敌的平衡状态。在市场上，供给方和需求方对市场价格变化做出的反应是相反的，在市场机制作用下，必定有一种价格能使需求量和供给量相等，从而使市场达到一种均衡状态。如果用供给曲线来表示一种商品的供给状况，用需求曲线来表示一种商品的需求状况，则这两条曲线的交点被称为市场的均衡点。这一均衡点所对应的价格，被称为均衡价格（Equilibrium Price）。这一均衡点所对应的数量，称为均衡数量（Equilibrium Quantity）。

均衡价格和均衡数量的决定，可以用图 2.3 来说明：

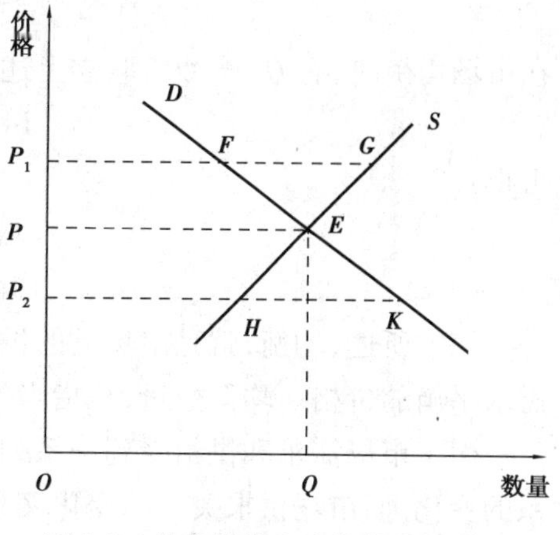

图 2.3　均衡价格和均衡数量的决定

如图 2.3 所示，在某种商品的交易市场上，需求曲线 D 向右下方倾斜，它表明了在商品的每一价格下消费者愿意并且能够购买的商品数量；供给曲线 S 向右上方倾斜，它表明了在商品的每一价格下生产者愿意并且能够提供的商品数量。假设由一个被称为“喊价”的人先报出一个价格。最先的报价为 P_1，与这个价格相应的需求数量 F，而生产者愿意供应的数量为 G，此时存在超额供给 FG，出现产品过剩（Surplu）。生产者之间的竞争将迫使销售者降低要价，从而迫使价格下落而不能在这个价格下成交。反之，假设喊价人的报价是 P_2，因与 P_2 相应的需求数量 K，大于生产者愿意供给的数量 H，此时存在超额需求 KH，出现市场短缺（Shortage）。超额需求导致一部分准备出售商品的人提高其出价，从而迫使价格上升，一直到报价为 P 时，与价格 P 相应的供给量与需求量恰好相等。买卖双方的讨价还价将不再有迫使价格上升的趋势,也不再有迫使价格向下降落的趋势,从而市场达到均衡状态。在这个水平上,既没有供过于求,也没有供不应求,市场正好“出清”。这时的市场价格就是均衡价格,此时对应的供给量或需求量就是均衡数量。

均衡价格和均衡数量的决定,也可以通过绘制供求表的形式进行分析。

如表2.4所示,可以看出,当牛奶价格为4元/瓶时,某地牛奶市场的需求量和供给量刚好相等,都是6万瓶,市场达到均衡。在牛奶价格超过4元/瓶的情况下,供给量大于需求量,商品存在过剩或超额供给,该商品的价格必然下降;在牛奶价格不足4元/瓶的情况下,需求量大于供给量,商品存在短缺或超额需求,该商品的价格必然上升。

表2.4 某地牛奶市场的供求表

价格 P/(元·瓶)	需求量 Q/万瓶	供给量 Q/万瓶	市场状态	价格趋势
7	0	12	过剩	下降
6	2	10	过剩	下降
5	4	8	过剩	下降
4	6	6	均衡	保持不变
3	8	4	短缺	上涨
2	10	2	短缺	上涨
1	12	0	短缺	上涨

如果已知某种商品的供给函数和需求函数,也可以通过联立需求函数和供给函数的方程式来求解均衡价格和均衡数量。

例如,根据表2.4中的数据,可以得出需求函数和供给函数的方程式分别为:

$$Q_{\mathrm{d}} = 14 - 2P$$

$$Q_{\mathrm{s}} = -2 + 2P$$

在市场均衡时,有 $Q_{\mathrm{d}} = Q_{\mathrm{s}}$,联立上述方程式:

$$14 - 2P = -2 + 2P$$

可得:

均衡价格 $P = 4$(元)

均衡数量 $Q = 6$(万瓶)

综上所述,均衡,就是市场上的供给与需求达到了平衡状态。均衡价格,是指使供给与需求平衡的价格。均衡数量,是指当价格调整到使供求平衡时的供给量与需求量。

由于市场需求和供给受到一系列因素的影响,每一个因素的变化都有可能引起供求关系的变化,而市场供求关系的变化又会引起价格的变化,因此,在实际经济生活中,供求十分活跃,经常变化,任何市场上的均衡都是偶然的、暂时的、相对的,不均衡是常态。但是每当旧的平衡被破坏之后,买卖双方总会千方百计地设法适应新的形势,从而形成新的均衡数量和新的市场价格。通过了解均衡价格,有助于人们分析商品实际价格的变动原因及变动趋势,预测价格会上涨还是下跌,对于把握市场供求状况、促进供求平衡具有重要意义。

【相关链接 2.7】

定价的学问:十二块昂贵的廉价表

劳力士是瑞士最著名的手表制造商,该公司一直以制造机械表见长。当时间进入1970年,日本人发明了石英表,石英表的原理就是将石英制成音叉,从而产生类似于音叉循环规律的振动力,它每秒可以振动32 768次,当振动完32 768次时,电路会传出信息,让秒针往前走一秒。石英的振动相当有规律,即使是便宜的石英表,一天之内的误差率也不会超过1秒,最重要的是,即便是如此精准,但因为制作成本低廉,其售价非常低,也正因为如此,日本石英表在市场上十分畅销。

日本石英表让劳力士遇到了前所未有的挑战,于是劳力士也开始效仿日本生产石英表。然而,以机械表见长的劳力士生产石英表并没有足够的经验,时间的精确程度比不上日本的石英表。在1971年这一整年里,劳力士生产的80多万块手表居然严重积货,一块也卖不出去,按当时每块表1美元的市场价,等于80多万美元打了水漂。

大量积货竟然会发生在劳力士身上?其实不难理解,造成这个局面有两个主要原因:一是劳力士素来以精品著称,生产这样廉价的石英表,没人相信这是真正的劳力士品牌;二是因为它的精确度并不比日本的石英表高,两者相权,人们更乐意选购日本表。

当时的劳力士总经理安德烈·海尼格因此进退两难,如果以更低的价格销售,即便卖出去了表恐怕也只能使自己的品牌受损,如果一直让这些表留在仓库里,又如何产生效益呢?安德烈·海尼格再三考虑后,决定这样处理那80多万块石英表:按生产月份留下12块石英表,其余的全部销毁,然后再对那12块表以"劳力士限量收藏版石英表"的名义进行拍卖。这样一来,这12块表已经不是一个时间工具了,而是一种仅供收藏和投资保值的至尊精品。最后,在1972年6月举办的拍卖会上,这12块绝无仅有的限量版石英表在劳力士原有的品牌效应下,竟然被拍出了130万美元的高价,比卖出80万块表的总和还要高出数十万美元!

多年来,很多人都为安德烈如何能做出这个决定而好奇,要知道,销毁80多万块石英表的风险实在是太大了!万一不能成功,岂不是自掘坟墓?对于这一点,安德烈·海尼格直到退休以后才在一本《定价的学问》的书中写道:"商品的售价与成本无关,这是由供求关系所决定的,80多万块表只留下12块,这实际上是制造出了一种供求严重不平衡的局面,价格上升也就是在情理中的事情了!"

2.3.2 均衡价格和均衡数量的变动

市场均衡状态是由市场上供给和需求双方力量共同作用决定的。当市场条件发生变化,需求和供给受某些因素影响发生改变,就会随之引起市场均衡(包括均衡价格与均衡数量)相应改变,形成新的均衡状态。因此,市场均衡实际上是一种动态平衡,从长期来看,市场供求处于一种旧的均衡不断被打破、新的均衡不断被建立的运动过程中。那些使均衡状态不断被打破又建立的因素,就是使需求曲线和供给曲线发生移动和变化的因素。

下面结合图形来说明需求和供给的变动对其均衡价格和均衡数量的影响。

1)需求变动对市场均衡的影响

在供给不变的情况下,如果价格以外的某一决定需求的因素发生变化,就会导致需求的变动。需求的变动表现为需求曲线的平行移动,具体可分为需求增加和需求减少两种情形。需求增加,会使需求曲线向右移动;需求减少,会使需求曲线向左移动。

第一种情形:供给不变,需求增加。

如图 2.4 所示,假定 D_0与 S 是某商品原来的需求曲线与供给曲线,由此决定的均衡价格是 P_0,均衡数量是 Q_0。在供给不变的情况下,假设人们对该产品的嗜好加强,或者收入提高,或者与之相关的替代商品的价格提高,以致人们对该商品的任一价格下的需求量较前增加,这就是说需求状况发生了变化,表现为需求曲线向右上移动至 D_1。从图 2.4 可以看出,由 D_1和 S 决定的均衡价格,将由 P_0上升为 P_1,均衡数量则由 Q_0增加为 Q_1。

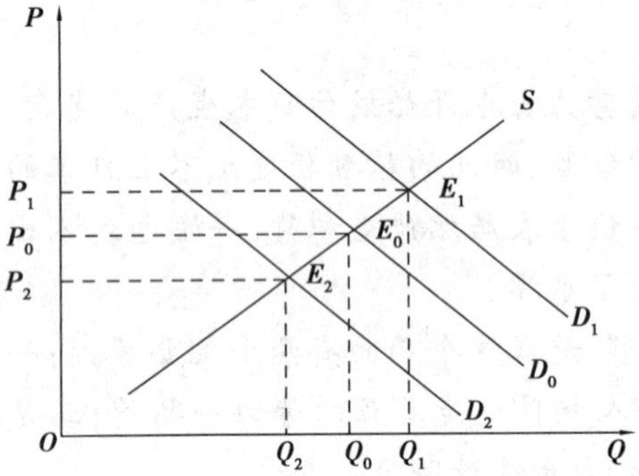

图 2.4　需求变动对均衡价格和均衡数量的影响

由此可见,在供给不变的条件下,需求的增加使得均衡价格上升,均衡数量增加。

第二种情形:供给不变,需求减少。

在图 2.4 中,假定 D_0与 S 是某商品原来的需求曲线与供给曲线,由此决定的均衡价格是 P_0,均衡数量是 Q_0。在供给状况不变的情况下,假设消费者的偏好、收入、对未来的预期或相关商品的价格等因素的变化,导致人们对该商品的任一价格下的需求量较前减少,需求曲线向左下移动至 D_2,则均衡价格将由 P_0下降为 P_2,均衡数量将由 Q_0下降为 Q_2。

由此可见,在供给不变的条件下,需求的减少使均衡价格下降,均衡数量也减少。

2)供给变动对市场均衡的影响

供给变动对均衡价格和均衡数量的影响如图 2.5 所示。

在需求不变的情况下,如果价格以外的某一影响供给因素发生变化,就会导致供给的变动。供给的变动表现为供给曲线的平行移动,具体可分为供给增加和供给减少两种情形。供给增加会使供给曲线向右移动;供给减少会使供给曲线向左移动。

第一种情形:需求不变,供给增加。

如图 2.5 所示,假定 D 与 S_0是某商品原来的需求曲线与供给曲线,由此决定的均衡价格是 P_0,均衡数量是 Q_0。在需求不变的条件下,假设生产技术的提高,或者投入生产要素的价格降低而使供给状况发生了变化,与该商品每一价格相对应的供给数量较前增加,这表现为供给曲线向右移动至 S_1的位置。此时,D 与 S_1决定的均衡价格 P_1比 P_0降低,而均衡数量 Q_1则比 Q_0增加。

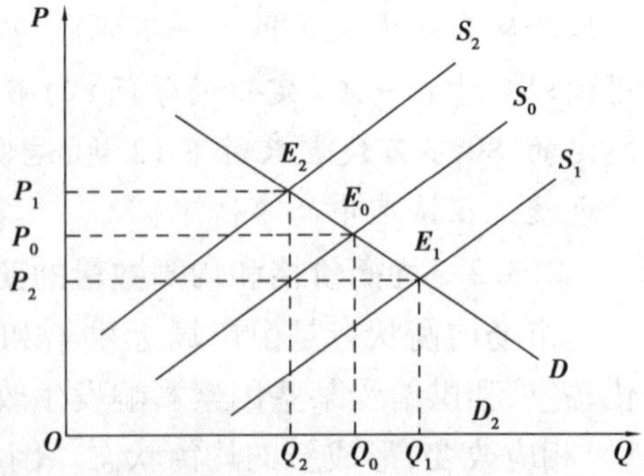

图 2.5　供给变动对均衡价格和均衡数量的影响

由此可见,在需求不变的情况下,供给的增加会引起均衡价格下降、均衡数量增加。

第二种情形:需求不变,供给减少。

如图 2.5 所示,假定 D 与 S_0是某商品原来的需求曲线与供给曲线,由此决定的均衡价格

是 P_0,均衡数量是 Q_0。在需求不变的条件下,假设投入品的价格上涨或其他因素的影响而使供给状况发生了变化,与该商品每一价格相对应的供给数量较前减少,供给曲线向左移动至 S_2曲线的位置,此时,D 与 S_2所决定的均衡价格 P_2比原来 P_0上升,而均衡数量 Q_2则比原来的 Q_0减少。由此可见,在需求不变的情况下,供给的减少会引起均衡价格上升,均衡数量减少。

如果商品的需求和供给同时发生变化,则市场均衡状态的变化就不像之前那样确定了。供求同时变化对均衡价格和均衡数量的影响,取决于供求曲线移动的相对大小,最终可能引起的变化结果,可以用表 2.5 来表示。

表 2.5　需求与供给同时变动对市场均衡的影响

需求(曲线)	供给(曲线)	均衡价格	均衡数量
增加(右移)	增加(右移)	不确定	增加
减少(左移)	减少(左移)	不确定	减少
增加(右移)	减少(左移)	上升	不确定
减少(左移)	增加(右移)	下降	不确定

以上概括的需求与供给的变动对市场均衡的影响,被称为供求定理。供求定理是关于供求的变动如何影响市场均衡的理论。供求定理的核心是需求曲线或供给曲线的移动会形成新的市场均衡点,从而引起均衡价格和均衡数量的变化。供求定理的基本内容可以概括为:在其他条件不变的情况下,需求的变动引起均衡价格与均衡数量同方向变动;供给的变动引起均衡价格反方向变动,均衡数量同方向变动。

2.3.3　市场均衡的比较静态分析

综上所述,说明了供给和需求共同决定了市场均衡,市场均衡又决定了商品价格以及买者所购买和卖者所销售的数量。简言之,商品的均衡价格和均衡数量取决于需求曲线和供给曲线的位置,当某个事件的发生推动供求曲线发生移动时,市场上的均衡就改变了,就会形成新的均衡价格与均衡数量。这种市场均衡变动的分析,被称为比较静态分析,因为它涉及两种静态的比较——原来的均衡与新的均衡。

分析某个事件的发生如何影响一个市场的均衡变动,通常按以下三个步骤来进行。

第一,确定事件直接影响需求还是影响供给。判断该事件的发生是移动供给曲线还是需求曲线,或者是两条曲线都移动。

第二,确定曲线移动的方向,判断是向右移动还是向左移动。

第三,绘制供求图,用供求曲线的图示说明均衡价格和均衡数量的变动。

【知识拓展 2.2】

白圭经商有道

白圭,战国时期洛阳人,《史记·货殖列传》与《汉书·货殖传》均记载白圭是"天下治生祖",司马迁在《货殖列传》中记载了白圭经商有道。

白圭的经营方法与众不同,总是逆流而行,"人弃我取,人取我与"。有一次,别的商人都在一窝蜂地抛售棉花(注:《史记·货殖列传》中记载为"帛絮",泛指轻暖之御寒物品,"棉花"为后人演义);白圭却大量地买进棉花,甚至花钱租地方存放棉花。卖完棉花,别的商人都抢着购进皮毛;白圭却打开仓库,把库存的皮毛卖得精光。过了一段时间,有消息说今年棉花严重歉收,商人们心急火燎地到处寻找棉花;白圭高价卖出了全部库存棉花。又过了一段时间,满街的皮毛突然卖不出去了,价格降得越来越低,那些抢购皮毛的商人瞬间血本无归。

常言道,物以稀为贵,物极必反。不了解市场行情及规律,盲目跟随大流,不具备逆流而行的智慧,经商致富之事不可能随便成功。

(资料来源:邓先娥,汪芳.经济学基础[M].3版.北京:人民邮电出版社,2019.有删改)

2.3.4 政府对价格的管制

价格机制就像一只"看不见的手",在市场经济中自发地调节着经济的运行,指挥着人们的经济活动。然而,纯粹的市场经济并不像理论那样完美,在现实经济生活中,由于某些经济的、政治的、社会的因素介入,政府需要借助适当的价格管制政策加以调控。

价格管制,就是政府出于政治或经济管理的需要,运用行政手段对价格进行强制性干预。政府管制价格的基本形式包括限制价格和保护价格。

1)限制价格

限制价格,也称最高限价,即由政府为某种产品规定一个具体的价格上限,市场交易只能在这一价格下进行。其目的是保护消费者利益或降低某些生产者的生产成本。

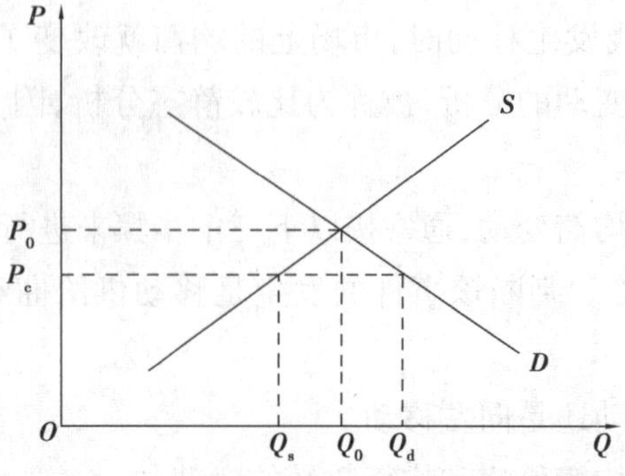

图 2.6 限制价格

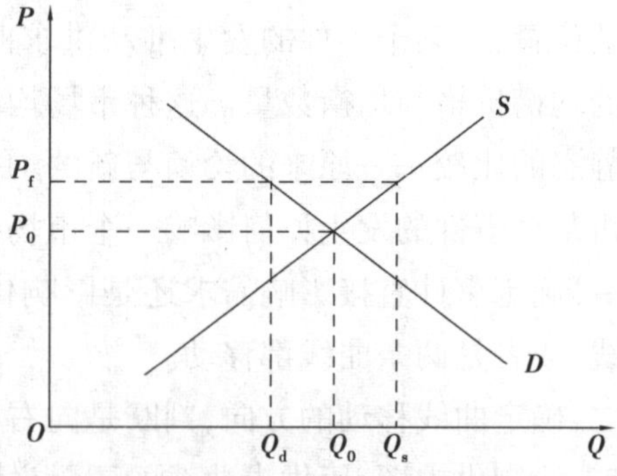

图 2.7 保护价格

如图 2.6 所示,限制价格总是低于均衡价格。政府规定某些产品价格的上限,以便把价格压到市场均衡水平以下,抑制涨风。在战争期间,需求扩大,供给不足,发生通货膨胀,政府往往限定最高价格。即使在非特殊情况下,这种限制价格也有一定的生存空间。例如,各国政府普遍规定公共交通和地铁服务实行最高限价,以帮助解决道路拥挤、环境污染等问题。当然,由于各国国情不同,推行限制价格的领域也就不同。发达国家生产能力过剩,对限制价格的使用较少,而在发展中国家,许多领域存在生产能力约束,会更多地使用限制价格。

在我国,限制价格属于政府对市场价格的干预措施。当某种产品或某些产品的价格上涨幅度过大,有可能影响居民的基本生活需要或影响生产的正常进行时,政府可以采取这种方式进行干预。

2)保护价格

保护价格,也称支持价格或最低限价,即由政府规定一个具体的价格下限,市场交易只能在这一价格之上进行。其目的是保护生产者利益或支持某一产业的发展。如农产品保护价、最低工资标准等。

如图2.7所示,保护价格总是高于均衡价格。在产品市场上,如果买卖双方以最低限价的价格进行交易,其差额就由政府补助给生产者;在要素市场上,如果厂商以最低限价的价格购买劳动力,则属于非法行为。

政府对农产品实行支持价格,有助于稳定农民收入,缩小城乡差别,保证农产品供应,满足人们对最基本生活必需品的需要,保护国家的安全和独立。但巨额收购资金或补贴资金对财政形成支出压力,可能引起农产品库存积压,延缓农业产业结构的调整,并可能因为倾销而激化国际矛盾。政府实行最低工资标准,有助于改善穷人状况,增进社会公平,但最低工资标准会损害就业机会,引起失业,尤其对缺乏经验技术的劳动者群体影响巨大。

【相关链接 2.8】

我国农产品价格支持政策

目前世界上对农产品实行定价干预的国家越来越少,我国随着市场经济体制的进一步完善,目前绝大多数农产品的价格形成遵循市场机制,政府主要对六个重要品种的价格进行干预,即小麦、大米、玉米、大豆、棉花和食糖。我国从2004年开始对粮食实施最低收购价格政策。2005年,首先公布了水稻最低收购价格,而且水稻分为早稻、中晚稻和粳稻,不同品种有不同的最低收购价格。2006年又开始对小麦采取同样政策。最低收购价格在稳定粮食价格的同时,有效地保障了农民的利益,促进了农民收入的稳步增加。为保障最低收购价格,有必要对粮食进行收购,这就产生了收购作为储备的行为,当时只是为了避免粮食价格的巨大波动对市场和农民产生的影响,收购政策作为临时的替代选择,当市场价格大幅下降,损害农民利益时,可以通过收储政策增加农民收入,当市场价格上涨时,收储政策就可以不执行。但目前的收储政策已经长期化,水稻除2008年、2010年和2011年外,小麦除2011年外,玉米除2010年外,其余年度都进行了收储。收储政策的对象一开始是水稻和小麦,2007年以后逐渐增加了玉米、大豆、油菜籽和食糖等品种。

(资料来源:童雨.我国农产品价格支持政策研究[J].现代经济探讨,2015(6):42-46.)

3)政府管制价格的效应分析

一般情况下,供不应求,市场价格上升;供过于求,市场价格下降,价格机制的作用自发引导资源的合理配置。而政府对价格实行管制,导致管制价格与市场价格不一致,可能破坏市场机制的功能,给经济带来不良影响。

运用均衡价格模型,可以比较具体地对管制价格的效应进行分析。

①限制价格分析。如图 2.6 所示,限制价格低于均衡价格。在市场供不应求价格上涨时,如果政府采取限制价格,不准涨价,生产者由于缺乏积极性而减少生产,消费者则由于价格便宜而多消费,因此导致供给减少和需求增加,出现短缺。一般情况下,当实施最高限价出现短缺现象时,市场就会出现严重的排队现象。如果实施最高限价的是粮食等重要的民生消费品,政府为了满足人们的基本需要,往往会实施配给制,即按照某种标准进行定量供应或凭票供应。当政府监管不力时,就会出现黑市交易和黑市高价,真正需要的人出于急需,会以更高的价格购买。显然,这种交易价格一定会高于限制价格,有时还会高于均衡价格。如果管理不当,还会出现所谓"走后门"现象,即有人利用特殊的权力,不需要排队就可以买到实施限价的产品,或者买到多于定量供应标准的产品。由于供应紧张,生产者或卖方在交易中处于优势地位,可能出现以次充好、短斤少两等变相涨价的现象。

因此,要保证最高限价的顺利实施必须有强有力的行政措施或分配措施,否则就会流于形式。但是,最高限价严重影响了市场机制或价格机制的正常运行,只适宜短期或在局部地区实行,不应长期化。

②保护价格分析。如图 2.7 所示,保护价格高于均衡价格。在供过于求价格下降时,如果政府采取保护价格,不准降价,就会刺激生产,限制消费,导致市场供给过剩。如果没有政府收购,就会出现变相降价或黑市交易等问题,并可能导致市场价格下降。由于产品剩余,生产者会设法以各种方式提高产品的质量,或给予"回扣"以增加自己的销量,成为变相降价。

因此,要保证保护价格的顺利实施,除了要有强有力的行政措施,政府必须建立收购和储备系统。当市场出现供给过剩时,政府要及时入市收购过剩产品并予以储备,否则保护价格必然流于形式。这就需要政府建立一个专门的基金和专门的机构,由此,政府的财政支出必然增加。

综上所述,管制价格只能是政府为贯彻执行国家经济政策而不得不采取的一种权宜之计,而只适宜在极少数关系国计民生的产品上实行。经济学家一般都反对长期实行管制价格。管制价格的实施必须辅以相应的经济措施,才能保持供求均衡和国民经济生活的安定。

2.4 弹性理论及其应用

前面关于供给、需求和均衡价格的讨论,属于定性分析,只考虑经济变量变动的趋势和方向。在现实生活中,人们还会关注经济变量的数量变化。在市场上,商品的供求量受各种因素的影响而发生变动的程度到底有多大呢?为此需要引入弹性理论,从定量角度进行分析。

2.4.1 需求价格弹性

弹性(Elasticity)是个物理学概念,也称为伸缩性,是指某物体对外部作用力的反应程度。例如,沙发的弹性大,钢材的弹性小。应用于经济分析中,弹性是指当经济变量之间存在函数关系时,作为因变量的经济变量对自变量变化的反应程度。弹性的大小通常用弹性系数来表示,其一般公式为:弹性系数=因变量变动的百分比÷自变量变动的百分比。

消费者对一种商品的需求数量,受价格因素和各种非价格因素的影响。需求弹性就是研究消费需求对影响需求的因素变动时反应的敏感程度。

需求弹性主要包括需求价格弹性、需求收入弹性和需求交叉弹性,其中最重要的是需求价格弹性。

1)需求价格弹性的含义

需求价格弹性(Price Elasticity of Demand),简称需求弹性(Elasticity of Demand),是指一种商品的需求量对其价格变动的反应程度,用需求量变动的百分比与价格变动的百分比之间的比率来衡量。如果一种商品的需求量对价格变动的反应大,可以说这种商品的需求富有弹性。如果一种商品的需求量对其价格变动的反应小,可以说这种商品的需求缺乏弹性。

需求价格弹性的大小,通过计算需求价格弹性系数来表示。需求价格弹性系数=需求量变动的百分比÷价格变动的百分比。如果用E_d表示需求价格弹性系数,用Q表示商品的需求量,用P表示商品的价格,则需求价格弹性系数的计算公式为:

$$E_d=(\Delta Q/Q)\div(\Delta P/P) \tag{2.3}$$

在公式(2.3)中,$(\Delta Q/Q)$表示需求量变动的百分比;$(\Delta P/P)$表示价格变动的百分比。

例如,哈根达斯冰激凌的价格由每盒4美元下降为每盒3美元($P=4,\Delta P=1$),其需求量由1 000盒增加到1 500盒($Q=1\ 000,\Delta Q=500$),则$E_d=(500/1\ 000)\div(1/4)=2$。即哈根达斯冰激凌的需求价格弹性是2,它表明其需求量变动的比率是价格变动比率的2倍。

理解需求价格弹性的含义,需要注意以下3个关键点。

①需求价格弹性系数均大于零。根据需求定理,需求量与价格呈反方向变动,因此需求弹性系数一般为负值。但在实际运用中,为了计算和分析方便,一般取其绝对值。

②需求价格弹性系数,不是价格的绝对变动量与需求量的绝对变动量之比,而是价格变动的比率与需求量变动的比率之间的相对比较。

③在同一条需求曲线上,不同点的需求价格弹性系数并不相同。

【知识拓展2.3】

在图形中考察一条需求曲线时,斜率并不等于弹性。线性需求曲线上各点的斜率是相同的,但这并不意味着各点都具有相同的弹性。斜率取决于价格和数量的绝对变化量之比,而弹性取决于它们的相对变化率之比。

实际上,沿着一条需求曲线,弹性系数能够从0变动到∞:在需求曲线的起点处,价格高而需求量低,价格变动会对需求量产生较大影响,需求价格弹性系数大;在需求曲线的终点处,价格低而需求量高,价格变动对需求量产生的影响较小,需求价格弹性系数小。

一般来说,在需求曲线的中点,需求单位弹性,弹性系数等于1;在中点的上方,需求富有弹性,弹性系数大于1;在中点的下方,需求缺乏弹性,弹性系数小于1。

2)需求价格弹性的基本类型

各种商品的需求弹性不同,同一种商品在不同的价格条件下弹性系数的大小也不同。

根据需求弹性系数的大小,需求价格弹性可以分为以下5种类型:

①需求富有弹性,即$E_d>1$。在这种情况下,需求量变动的比率大于价格变动的比率,需求曲线比较平坦。多数奢侈品,如高级轿车、珠宝、旅游等属于富有弹性的商品。

②需求缺乏弹性,即$0<E_d<1$。需求量变动的比率小于价格变动的比率,这种情况下,需求曲线比较陡峭,表示需求量对价格变化的反应虽然有但不剧烈。多数生活必需品,如大米、面粉、蔬菜等,大多对价格变化的反应比较迟钝,还有某些原材料、燃料、动力等也属于这种情况。政府对此类缺乏弹性的商品,往往加以价格管制。

③需求单位弹性,即$E_d=1$。它表示需求量变动的比率与价格变动的比率相等。此时的需求曲线是一条正双曲线。单位弹性的商品在实际生活中很难找到,但在某些商品的需求曲线上某一点为单位弹性的情况是存在的。

④需求完全无弹性,即$E_d=0$。它表示无论价格如何变动,需求量始终不变,需求量对价格的变化毫无反应,这时的需求曲线是一条与横轴垂直的直线。这种情况在现实生活中罕见,通常认为像骨灰盒、特效药等必不可少的商品接近于这种类型。

⑤需求完全有弹性,即$E_d=\infty$,也称为需求无限弹性。此时的需求曲线是一条与横轴平行的直线,价格既定,需求量是无限的,价格的任何微小变动都会导致需求量发生无穷大的变化。

3)影响需求价格弹性的因素

什么因素决定一种商品的需求富有弹性还是缺乏弹性呢?根据经验,我们可以归纳出影响需求价格弹性的一般因素。

(1)商品的重要性

一种商品,对人们的生活越重要,其需求价格弹性越小。一般而言,生活必需品的需求强度大,而且比较稳定。即使价格上涨,人们不会轻易大幅度减少对它们的购买和消费。因此,必需品是缺乏弹性的。相反,奢侈品对消费者来说生活必需程度低,受价格变化的影响较大,其需求价格弹性较大。在美国,根据需求价格弹性,把香烟、啤酒、汽车同报纸、鞋子以及土豆等算作必需品,而新鲜水果、蔬菜、航空旅行和国外旅游算作奢侈品。

(2)商品的可替代性

替代品的数量和相似程度是影响需求价格弹性的重要因素。一般而言,一种商品的替代品多、可替代性强,其需求价格弹性越大;反之,一种商品越不容易被替代,其需求价格弹性就越小。例如,黄油和人造黄油很容易相互替代。假设人造黄油的价格不变,黄油的价格上升,就会引起黄油的销售量大大减少。过去樟脑没有替代品,其需求弹性较小,现在有了替代品,其需求弹性就变大了。治疗某种疾病的特定药物,其需求价格弹性往往会低于某一品牌的牙膏的需求价格弹性。

(3)商品用途的广泛性

一般来说,一种商品的用途越多,其需求价格弹性就越大。任何商品的不同用途都有一定的排列顺序,如果一种商品价格上升,消费者会缩减其需求,把购买力用于重要的用途上,使购买数量减少;随着价格的降低,会增加其购买数量。

(4)市场的定义范围

在任何一个市场上,需求弹性都取决于人们所划出的市场界限。范围小的市场的需求弹性往往大于范围大的市场,因为范围小的市场上的物品更容易找到相近的替代品。例如,食物是一个较广泛的范畴,它的需求相当缺乏弹性是因为没有好的替代品;冰激凌是一个较狭义的范畴,它的需求较富有弹性是因为容易被其他甜品所替代;香草冰激凌是一个相当狭义的范畴,它的需求非常富有弹性是因为其他口味的冰激凌几乎可以完全替代。

(5)消费支出的比重

如果某种商品的购买支出在消费者预算中占很小的部分,消费者并不大注意其价格的变化,如买一包口香糖,你可能不会注意价格的变动。支出比重越小的商品,其需求价格弹性就越小;反之,需求价格弹性就越大。一般来说,耐用消费品购买支出高,其需求价格弹性较大,而非耐用消费品的需求价格弹性较小。例如,在美国,电冰箱、汽车这类耐用消费品的需求价格弹性在1.2~1.6,而报纸杂志这类看完就无用的印刷品的需求价格弹性仅为0.1。

(6)时间的长短

一般而言,时间越短,商品的需求价格弹性越小;时间越长,商品的需求价格弹性就越大。这是因为,时间越长消费者越有可能寻找到替代品,替代品多了,其需求价格弹性就必然增加。例如,当汽油价格上升时,在最初的几个月中其需求量只是略有减少。但是,随着时间的推移,人们购买更省油的汽车,转向公共交通,或迁移到离工作地点更近的地方,在几年之内,汽油的需求量会大幅度减少。

值得注意的是,某种商品的需求价格弹性的大小,是上述各种因素综合作用的结果,不能只考虑其中一种因素,而是需要根据具体情况作全面分析。而且,某种商品的需求价格弹性也会因发展阶段、消费者收入水平和地域差异而不同。

4)需求价格弹性与总收益的关系

需求价格弹性的重要性,不仅在于通过弹性系数大小的变化及比较可以使人们了解商品需求量与商品价格相对关系变化的规律性,而且更在于需求价格弹性系数的大小与生产者的销售总收入有着密切联系,正是这种联系才使得需求价格弹性理论更富有实践意义,对厂商确定销售价格以及政府制定价格政策具有指导作用。

在经济学中,销售总收入也称为总收益。总收益(Total Revenue),就是指生产者出售一定量的商品所得到的全部销售收入,即价格与销售量的乘积。如果用TR表示总收益,用Q表示商品的销售量,用P表示商品的价格,则总收益用公式可以表示为:

$$\mathrm{TR} = P \times Q$$

需要注意的是,经济学上所说的总收益,并不是指厂商赚到的利润,而是指厂商得到的收入。实际上,厂商的总收益与消费者的总支出,是同一件事情的两个方面,消费者购买商品支付的总支出,就是厂商销售商品得到的总收益。

当价格变动时,总收益将如何变动呢?答案取决于商品的需求价格弹性。需求价格弹性不同,价格变动引起的销售量的变动就不同,从而总收益的变动也不相同。

(1)需求富有弹性的商品:当价格变动时,总收益呈反方向变动

如果某种商品的需求富有弹性,即$E_d > 1$,价格上升会引起销售量大幅度减少从而导致

总收益下降，而降低价格则可以使总收益水平提高。商业中“薄利多销”的运用，就是降低价格以增加需求量来达到增加总收益的目的，所以，适用于“薄利多销”的商品应是需求富有弹性的。

(2)需求缺乏弹性的商品：当价格变动时，总收益同方向变动

如果某商品的需求缺乏弹性，即$E_d<1$，价格下降会使销售者的总收益减少。中国有句古话叫“谷贱伤农”，是指粮食丰收引起粮价下跌，农民的收入反而减少了。其原因在于，粮食是生活必需品，需求缺乏弹性。粮食丰收使粮食的供给增加，致粮食价格下降，但需求量增加并不多，价格下降导致的需求增加并不会使农民的收入同比例增加，这就使农民总收益减少，农民反而受损失。

基本结论：需求富于弹性的商品，其销售收入与价格呈反方向变动，总收益随价格的提高而减少，随价格的降低而增加；需求缺乏弹性的商品，其销售收入与价格呈同方向变动，总收益随价格的提高而增加，随价格的降低而减少。因此，富有弹性的商品，适宜采用薄利多销策略，企业可以适当降价，扩大销售量来增加总收益；而缺乏弹性的商品，不宜采用薄利多销策略，为了增加总收益，企业可以适当地提价销售。

2.4.2 需求收入弹性

任何一种商品的需求除了受价格影响，还受其他因素影响，其中主要是收入和相关商品的价格。随着收入的增加，某种商品的需求量取决于需求的收入弹性。

1)需求收入弹性的含义

需求收入弹性(Income Elasticity of Demand)，简称收入弹性，是指一种商品的需求量对消费者收入变动的反应程度，用收入的相对变化与所引起的需求量相对变化之间的比率来衡量。需求收入弹性=需求量变动百分比÷收入变动百分比。

如果用符号E_I表示需求收入弹性系数；Q表示商品的需求量；I表示该消费者的收入水平；$(\Delta Q/Q)$表示需求量变动的百分比；$(\Delta I/I)$表示收入变动的百分比。则需求收入弹性的计算公式为：

$$E_I = (\Delta Q/Q) \div (\Delta I/I)$$

2)正常品和低档品

对于不同的商品而言，收入变化所引起的需求量变化的方向是不一样的。大多数物品是正常物品，其需求量会随着消费者收入的增加而增加。需求量与收入同方向变动，正常物品的需求收入弹性为正数。少数物品是低档物品，例如肥肉、黑白电视机，其需求量会随着消费者收入水平的提高而下降。由于需求量与收入呈反方向变动，低档物品的需求收入弹性为负数。

根据需求收入弹性系数的不同，可以将商品区分为两大类：正常品和低劣品。如果收入弹性系数为正数，即$E_I>0$，则表示收入变化与需求量变化呈同方向变化，经济学把具有这类特征的商品称为正常品。如果收入弹性系数为负数，即$E_I<0$，则表示收入变化与需求量变化呈反方向变化，随着收入的增加需求反而减少。经济学把具有这类特征的商品称为低档品，如盗版光盘、劣质服饰等。

3)奢侈品和必需品

即使在正常物品中,收入弹性的差别也很大。其中,如果收入弹性系数 $E_I > 1$,则表示商品需求量的变动率超过消费者收入量的变动率,经济学把具有这类特征的商品称为奢侈品,如豪宅、私人飞机等。如果 $0 < E_I < 1$,则表示商品需求量的变动率低于消费者收入量的变动率,经济学把具有这类特征的商品称为必需品,如衣服、大米、食用油等。

一般而言,需求收入弹性系数的大小,可以作为对商品进行分类的标准:凡是需求收入弹性系数为正值的商品,可以称为“正常品”;凡是需求收入弹性系数为负值的商品,可以称为“低档品”。在正常物品中,凡是需求收入弹性系数大于 1 的商品,可以称为“奢侈品”;凡是需求收入弹性系数大于 0 小于 1 的商品,可以称为“必需品”。当然,根据需求收入弹性系数对商品的分类是相对的。随着时间的推移和人们收入水平的不断提高,某些奢侈品可能逐渐演变为必需品,某些正常的必需品可能成为低档品。

4)恩格尔定律

19 世纪德国统计学家恩格尔根据统计资料对人们的收入与食物支出的关系进行深入研究后,得出了消费结构变化的一个规律:一个家庭收入越少,家庭收入中(或总支出中)用来购买食物的支出所占的比例就越大,随着家庭收入的增加,家庭收入中(或总支出中)用来购买食物的支出则会下降。推而广之,一个国家越穷,每个国民的平均收入中(或平均支出中)用于购买食物的支出所占比例就越大,随着国家逐渐富裕,这个比例呈下降趋势。这就是著名的恩格尔定律。

恩格尔定律,是指在一个家庭或一个经济体中,食物支出在全部支出中所占的比重随着收入的增加而下降。恩格尔定律与需求的收入弹性有关。如果用弹性概念来表述,恩格尔定律可以表述为:对于一个家庭或一个经济体来说,富裕程度越高,则食物支出的需求收入弹性就越小;反之,则食品支出的需求收入弹性就越大。

恩格尔系数是根据恩格尔定律得出的用于表示生活水平高低的一个指标。恩格尔系数是指用于食物的支出在全部支出中所占的比重,用公式可以表示为:

$$恩格尔系数 = 食物支出金额 \div 总支出金额$$

恩格尔系数可以用来反映一个国家或一个家庭的富裕程度,也可以反映一个国家或家庭的消费结构及其变化趋势。按照联合国粮农组织的标准,恩格尔系数大于 60% 为贫困;50% ~60% 为温饱;40% ~50% 为小康;30% ~40% 为相对富裕;20% ~30% 为富裕;20% 以下为最富裕。

5)需求收入弹性在企业管理实践中的应用

需求收入弹性所反映的商品需求量与消费者收入之间的关系,对于企业的管理决策具有重要的指导意义。

(1)根据国民经济的景气状况,制订合理的发展战略

对于大多数产品来说,需求收入弹性都是正值,随着经济的发展和国民收入的增长,需求都会相应增加。但是,收入弹性系数的大小也很重要,如果某种产品的需求收入弹性是 0.5,则意味着消费者的收入增加 1%,该产品的需求量仅增加 0.5%,这种产品的生产部门将不能按比例分享国民经济的增长成果;如果某种产品的需求收入弹性是 3,意味着需求量

增长的速度为收入增长的3倍,这种产品的生产部门在国民收入的增长中将得到一个超过比例的份额。因此,收入弹性高的行业,在国民经济上升时期将会有良好的发展前景;收入弹性低的行业,不能充分分享经济增长的利益,但是在经济衰退时期具有良好的免疫力。正确分析产品的收入弹性,有利于企业根据国民经济的景气状况制订合理的发展战略。

(2)合理调整产品结构

一般来说,需求收入弹性大的商品,能给企业带来可观的利润,但风险也大;需求收入弹性小的商品,销售收入比较稳定,风险小,但利润较低。企业可根据不同产品的收入弹性关系,实行产品多元化策略,如产品品种的多元化、产品档次的多样化等,满足不同收入水平的不同需求,以寻求收益和风险的理想组合。

(3)制订精准的营销策略

需求收入弹性系数的大小,对企业的营销策略有较大的影响。一方面,产品的需求收入弹性系数的大小影响广告宣传的对象和营销活动的方式。不同收入弹性类型的产品应针对不同的收入阶层做广告宣传或其他促销活动。另一方面,收入水平不同的地区,产品的需求收入弹性系数可能有较大的差异,这显然会影响产品的销售区域和销售性质。

2.4.3 需求交叉弹性

当两种商品之间存在着替代或互补关系时,一种商品的价格变动会对另一种商品的需求量产生交叉影响。经济学家用需求的交叉价格弹性来衡量一种商品的价格变化对另一种商品需求量的影响。

1)需求交叉弹性的含义

需求交叉弹性,也称为需求的交叉价格弹性(Cross Price Elasticity of Demand),是指一种商品的需求量对另一种商品价格变动的反应程度,用一种商品价格的相对变化与所引起的另一种商品需求量的相对变化之间的比率来衡量。

假如有 X 和 Y 两种商品,计算因商品 Y 价格的相对变化而产生的需求交叉弹性,用公式可以表示为:

$$E_{xy} = \frac{X\text{商品需求量变动的百分比}}{Y\text{商品价格变动的百分比}}$$

例如,假定汉堡包降价10%,比萨饼的需求量下降5%,则比萨饼相对于汉堡包价格变化的需求交叉弹性为:

$$E_{xy} = \frac{\text{比萨饼需求量变动的百分比}}{\text{汉堡包价格变动的百分比}}$$

$$= \frac{(-5\%)}{(-10\%)} = 0.5$$

2)需求交叉弹性的分类

需求交叉弹性系数可以是正值也可以是负值,还可以是0,它取决于商品之间关系的性质。对于不同的商品关系而言,需求交叉弹性系数是不同的。互补商品之间价格与需求量呈反方向变动,而替代商品之间价格与需求量呈同方向变动,不存在相关关系的独立商品之间价格与需求量不相干。因此,若需求交叉弹性系数为正值,即 $E_{xy}>0$,则意味着两种商品之间存在着替代关系,系数越大,替代关系越强;若需求交叉弹性系数为负值,即 $E_{xy}<0$,则意味着两种商品之间存在着互补关系,系数越大,互补关系越强;若需求交叉弹性系数为零,即 $E_{xy}=0$,则意味着这两种商品是不相关的独立品。

比萨饼和汉堡包的需求交叉弹性系数是正值0.5,说明它们之间是替代品关系。

表2.6所示是美国一些主要行业的需求交叉弹性系数。表中数据显示,美国的娱乐和食品之间存在着互补关系,而表中其他两种商品或服务之间则是替代关系。

表2.6 美国一些主要行业的需求交叉弹性

商品或服务	需求交叉弹性系数
人造黄油和黄油	1.53
百事可乐和可口可乐	0.80
可口可乐和百事可乐	0.61
碎牛肉和整牛肉	0.41
碎牛肉和家禽	0.24
电力和天然气	0.20
剧场和艺术表演	0.12
娱乐和食品	-0.72

3)需求交叉弹性系数在企业管理实践中的应用

需求交叉弹性系数反映的是两种商品之间的相互关系,掌握需求交叉弹性的理论和方法,对企业经营管理决策具有十分重要的意义。

(1)正确判断竞争对手与合作伙伴,制订合理的产品竞争策略

如果两种产品之间的需求交叉弹性系数是正值,则企业之间为竞争关系。正值越大,竞争越激烈,一家企业必须密切关注另一家企业的经营动向,并及时采取相应的对策,不然就可能在竞争中陷于被动。如果两种产品之间的需求交叉弹性系数为负值,则企业之间为合作关系。负值越小,合作关系越密切,企业应加强与互补品厂商之间的协调与合作,以达到互惠互利的效果。一个企业如果无力与名牌产品进行竞争,就可以生产名牌产品的互补品,这样随着名牌产品的销售量增加,本企业的产品销售也会跟着增加。

(2)制订合理的价格策略

在制订价格时,要考虑到替代品和互补品之间的相互影响。产品的价格提高可能对企业有利,但如果把它对相关商品的影响考虑进去,反而可能会导致企业总利润的减少。在一个企业内部,如果生产两种产品且互为互补品,通常的定价策略是基本产品定低价、配套产品定高价。如主机和辅机、整机和零部件、设备和所需原料等都可以采取这种定价策略。美国的吉利公司就是对其生产的刮胡刀刀架定低价,而对专用刀片定高价,从而取得良好的经济效益。

2.4.4 供给价格弹性

1)供给价格弹性的含义

供给价格弹性,通常简称供给弹性(Elasticity of Supply),是指一种商品的供给量对其价格变动的反应程度,用价格的相对变化与所引起的供给量相对变化之间的比率来衡量。

其计算公式为:

$$E_s = \frac{\text{供给量变动的百分比}}{\text{价格变动的百分比}}$$

$$= (\Delta Q/Q) \div (\Delta P/P)$$

E_s 表示供给弹性系数,$\Delta Q/Q$ 表示需求量变动的百分比,$\Delta P/P$ 表示价格变动的百分比。由于商品的供给量与其价格变动是同方向变化,因此,供给弹性系数始终为正。

2)供给价格弹性的分类

按照供给弹性系数的大小,可以把供给弹性区分为以下 5 种类型。

①供给富有弹性,即 $1 < E_s < \infty$。在这种情况下,供给量变动的幅度大于价格变动的幅度。这时的供给曲线是一条向右上方倾斜,且较为平坦的曲线。

②供给缺乏弹性,即 $0 < E_s < 1$。在这种情况下,供给量变动的幅度小于价格变动的幅度。这时的供给曲线是一条向右上方倾斜,且较为陡峭的曲线。

③供给单位弹性,即$E_s = 1$。在这种情况下,供给量变动的比率与价格变动的比率相等。这时的供给曲线是一条与横轴成45°,并向右上方倾斜的直线。

④供给完全无弹性,即$E_s = 0$。在这种情况下,无论价格如何变动,供给量都不变。例如,土地、文物、某些艺术品的供给。这时的供给曲线是一条与横轴垂直的直线。

⑤供给完全有弹性,即$E_s = \infty$。在这种情况下,价格既定而供给量无限,供给曲线是一条与横轴平行的直线。

3)影响供给价格弹性的因素

供给价格弹性的大小与供给的灵活性有关,主要有以下 3 个影响因素:

(1)时间是决定供给价格弹性的首要因素

在大多数市场上,供给价格弹性关键的决定因素是所考虑时间的长短,供给在长期的弹性中通常都大于短期。当价格发生变化,时间越短,生产者越来不及调整,供给弹性也就越小。比如在一个月内,考察口罩的供给,它可能缺乏弹性,但如果跨年度考察,则供给弹性可能会很大。在短期中,企业不能轻易地改变工厂规模来增加或减少生产,供给价格弹性小;在长期中,企业可以建立新厂或关闭旧厂,供给价格弹性大。

(2)生产周期和自然条件的影响

对于农产品来说,由于受生产周期和自然条件的影响,在短期内,生产者和销售者无法利用价格上涨这个有利条件迅速地增加生产量和销售量。同样的,当价格下降时,生产者和销售者又不能马上减少生产量和销售量。因此,在短期内,农产品的供给价格弹性系数几乎为零,价格对供给的影响往往需要经过一年左右的时间才能表现出来。

(3)投入品替代性大小和相似程度

投入品的替代性大小和相似程度对供给价格弹性的影响也很大。如果用于生产某商品的投入品可以由其他行业资源所替代,该商品价格上涨(其他行业商品价格未上涨),其他行业的资源会转入该商品的生产,从而使供给量增加;反之,该商品价格下降(其他行业价格未下降),又会使其投入品转入其他行业,从而使供给量减少。在上述情况下,该商品的供给富有弹性。如果投入品难以加入或脱离某种特定行业,则其供给较缺乏弹性。

供给价格弹性作为一种衡量和考察供给量变动与价格变动之间数量关系的工具,有助于生产部门掌握各种产品对市场做出反应所需时间的长短以及反应程度的大小,根据产品供给弹性的特点做出经营决策,更好地组织市场供给满足社会需要。研究供给价格弹性,对大型企业来说尤为重要。

2.4.5　供求弹性与税收分摊

税收(Taxation),是国家为了实现其职能,凭借政治权力,无偿地参与国民收入分配以取得财政收入的一种特定分配关系。税收具有强制性、无偿性和固定性3个特征。按照税负能否转嫁,税收可以区分为直接税和间接税。

直接税是指税负由纳税人直接承担,而无法转嫁给他人的税种,如个人所得税、企业所得税、财产税、遗产税等。间接税是指针对商品或交易行为征收的,尽管由纳税人交纳,但税收负担可以全部或部分转嫁出去的税种,如消费税、增值税、关税等。欧美发达国家侧重直接税,而我国是以增值税为主的间接税税制国家。间接税这类税收的纳税人同税收的实际负担人分离,供求双方各自负担税额的多少,最终取决于需求弹性和供给弹性的比较。

如果某种商品的供给富有弹性,而需求缺乏弹性,税收就会主要落在消费者身上。因为在这种市场下,卖者对价格非常敏感,而买者对价格不敏感。当对这种商品征税时,卖者得到的价格有很少下降,而买者支付的价格会大幅度上升,买者承担了大部分税收负担,例如烟草税。

如果某种商品的供给缺乏弹性,而需求富有弹性,税收就会主要落在生产者身上。因为在这种市场下,买者对价格非常敏感,而卖者对价格不十分敏感,当对这种商品征税时,买者支付的价格上升并不多,而卖者得到的价格大幅度下降,卖者承担了大部分税收负担。例如奢侈品税。

税收负担更多地落在缺乏弹性的市场一方身上。究其原因在于:弹性实际上衡量的是,当条件变得不利时买者或卖者离开市场的意愿。弹性小,意味着没有更好的替代选择,对物品征税时,弹性小的一方不能轻易地离开市场,从而必须承担更多的税收负担。

【课后阅读】

农产品市场价格波动的经济学分析

近年来,我国农产品市场频繁出现"蒜你狠""豆你玩""姜你军""葱击波"等现象,而农民朋友却很难从中获利。抛开炒作因素,农产品价格为何会起起落落?对农民朋友种植又有哪些影响呢?

农产品市场价格波动,可能有各种原因。但其中最根本的应是不了解农产品需求与供给的特点。例如,葱姜蒜这类产品,属于蔬菜中的配料或辅料,同一般蔬菜相比,需求数量很少，需求弹性很小。价格降低时，居民家庭和餐馆不会多买多少；价格升高时，也不会少买多少。这是因为，葱姜蒜的调味作用，是某些菜肴不可或缺的，也不好替代；同时，用量少，占蔬菜总成本的比例很小。粮食的需求弹性也很小，其原因是粮食作为主食，不可或缺，很难替代，所花费的钱同肉禽蛋奶和蔬菜水果花费的钱相比也很少。

需求弹性小，是价格暴涨的基础原因。需求弹性小，意味着一个很小的供给数量变化，就会引起一个很大的价格变化。在猪肉方面有实际数据，大家也都普遍感受过，这就是10年前发生的猪肉价格暴涨。当时，猪肉供给量减少了8%左右，而猪肉价格上涨了60%以上。葱姜蒜的弹性系数应该比猪肉更小，同样比例的数量降低，会引起更高幅度的价格上涨。葱姜蒜的产量减少10%是很容易发生的。原因很简单，天气异常变化，包括多雨、低温等，或者病虫害影响，都很容易导致10%或更大幅度的产量变化。而50%的价格上涨，足以大大刺激农民增加种植面积，甚至于很多原来不种葱姜蒜的农民，也开始转种葱姜蒜。我国以小规模农户经济为主，从众和跟风的市场反应行为非常普遍。结果呢，下一个生产周期结束时，市场上的葱姜蒜供给数量就不是增长10%了，而可能是20%、30%或更多。于是价格必然下降。但即便价格下降了50%，葱姜蒜的消费需求也不会增加很多，又不是很好储藏的商品，生产者都想卖出去，于是只好竞相降价，价格就会跌得厉害；最后有部分产品可能就只能任其烂掉了。然后，又开始新的周期：数量减少，价格升高，数量增加，价格下降……

猪肉市场的波动循环是另一个突出案例。当价格上涨时，生产者通过两种方式增加生产：一是给现有的成年母猪配种，然后，经过怀孕期，生下仔猪，再养成肥猪，出售。前后需要近一年时间；二是增加仔母猪，仔母猪成熟后，再配种，生仔猪，养肥猪，前后大约一年半时间。等到如此增加饲养的肥猪都出栏之后，市场猪肉供给量就大增，价格就开始下跌；这时，就会导致农民减少饲养量，从减少母猪开始……一个完整的波动周期，大概三年。由于需求弹性小、供给量易变、产品储藏难、生物周期性等是农产品的普遍特点，不是偶然现象，因此，农产品的市场价格波动也就是常见的了。

上述农产品价格变化的特点，可以概括为两点：第一，周期性；第二，放大性。放大性是一个非常重要的特点。在反映供求关系方面，价格变化是一个信号：价格上涨时，表示短缺；反之，则表示过剩。这是人人皆知的常识。但是，需要特别注意的是，这个价格信号具有放大性或夸大性，即价格上涨得很高，并不意味着其短缺特别严重；价格下降得很多，也不意味着其过剩特别突出。需求价格弹性小的内在含义就是：很小的数量变化就能够引起较大的价格变化；价格变化的幅度是数量变化的数倍或更多；或者说，数量的变化幅度只是价格变化幅度的几分之一乃至十几分之一。

农产品市场价格变化的这两个特点（周期性和价格信号放大性）意义非常重大。媒体不要过度反应，尤其是不要再造怪异的新词去"煽风点火"；政府不能错误解读，以至于惊慌失措或盲目乐观，跟在市场短期波动后边"锦上添花"或"火上浇油"，而要着眼于长远性稳定措施；生产者和企业不能有错误判断，不能跟风被动盲目调整，而要主动认识和适应规律，用科学的预期指导科学决策。

（资料来源：中国农业新闻网）

本章小结

价格是市场经济中引导资源配置的关键因素。价格是由市场需求和供给共同决定的。需求是消费者购买愿望和支付能力的统一;供给是生产者销售愿望和生产能力的统一。需求表、需求曲线、需求函数描述了商品的需求量与其价格之间的反向变动关系,供给表、供给曲线、供给函数描述了商品的供给量与其价格之间的同向变动关系。影响需求和供给的因素,除了商品本身的价格,还有其他各种非价格因素。商品本身的价格变化引起需求量和供给量沿着既定的供求曲线变动;其他非价格因素变化引起需求曲线和供给曲线平行移动。供求双方的竞争自发形成均衡价格。在其他条件不变的情况下,需求变动引起均衡价格和均衡数量同方向变动;供给变动引起均衡价格反方向变动和均衡数量同方向变动。价格变化时,不同商品的需求量变化程度不一样,对价格变化反应敏感的商品称为富有弹性的商品,对价格变化反应不敏感的商品则是缺乏弹性的商品。需求收入弹性系数的大小,可以作为区分正常品和低档品、奢侈品和必需品的分类标准。

关键概念

需求　需求量　供给　供给量　需求定理　供给定理　供求定理　需求价格弹性

问题讨论与分享

1. 为什么一些茶楼和酒吧喝水要钱,却又免费提供瓜子和花生呢?

2. 假设你是酒城游乐园的老板,你的财务经理告诉你,游乐园缺乏资金,并建议你考虑改变门票价格,以增加总收益。你将怎么办呢?是提高门票价格,还是降低门票价格?

3. 新冠肺炎疫情暴发初期,你认为政府该不该限制口罩的价格?如何看待政府限制价格的影响?

4. 影响需求的主要因素有哪些?怎样区别需求量的变动与需求的变动?

自学自测

一、单项选择题

1. 当汽油价格上升时,对小汽车的需求将(　　)。

A. 减少　B. 增加　C. 保持不变　D. 无法判断

2. 消费者的收入增加30%时,某商品的需求量增加10%,则该商品极可能是(　　)。

A. 低档商品　B. 奢侈品　C. 必需品　D. 吉芬商品

3. 假定生产某种商品的原材料价格上升,则这种产品(　　)。

A. 需求曲线向左移动　B. 需求曲线向右移动

C. 供给曲线向左移动　D. 供给曲线向右移动

4. 均衡价格(　　)。

A. 随着需求与供给的增加而上升　B. 随着需求与供给的减少而下降

C. 随着需求的增加和供给的减少而上升　D. 随着需求的减少和供给的增加而上升

5. 假定需求不变,当供给增加时,(　　)。

A. 均衡价格上升，均衡数量减少　　B. 均衡价格下降，均衡数量增加

C. 均衡价格和均衡数量都增加　　D. 均衡价格和均衡数量都减少

6. 需求法则说，在其他条件相同的情况下，一种商品需求量的变动发生在(　　)。

A. 商品自身的价格发生变动时　　B. 消费者的收入发生变动时

C. 其他商品的价格发生变动时　　D. 消费者的偏好发生变动时

7. 政府实行价格管制，将价格限制在均衡价格以下可能导致(　　)。

A. 黑市交易　　B. 大量积压

C. 资源使用不当　　D. A 和 C

8. “薄利多销”的商品，其需求价格弹性系数(　　)。

A. 小于 1　　B. 等于 1　　C. 大于 1　　D. 趋于无穷大

9. 以下 4 种商品中，适合采用“薄利多销”策略的是(　　)。

A. 食盐　　B. 药品　　C. 大米　　D. 化妆品

10. 需求交叉弹性系数为 -3，说明两种商品的关系是(　　)。

A. 独立品　　B. 互补品　　C. 替代品　　D. 不可替代

二、判断题

1. 在许多城市，公交和地铁十分拥挤，通过提高票价可以有效缓和供求矛盾。　(　　)

2. 市场调查表明，目前我国市场上汽车的需求价格弹性为 1.2，收入弹性为 3。这就意味着，如果居民收入提高 1%，市场上汽车销售量会增加 3.6%。　(　　)

3. 已知香烟的需求价格弹性系数为 0.4，由此可以判断，香烟需求富有弹性。　(　　)

4. 政府对奢侈品增收消费税，企业可以通过加价出售将税收负担全部转嫁给消费者，从而可以调节收入差距，体现社会公平。　(　　)

5. 天气炎热提高了冰激凌的价格，增加了冰激凌的销售量。在这种情况下，冰激凌的“供给量”增加了，但“供给”未变。　(　　)

技能操练

第 2 章自学自测参考答案

1. 已知香烟的需求函数为 $D=26-4P$，供给函数为 $S=-4+6P$。求：

(1) 均衡价格和均衡数量是多少？

(2) 政府对消费者购买香烟每盒征税 1 元，新的均衡价格和均衡数量是多少？

(3) 买者和卖者之间税收的分担比例各是多少？为什么分担的比例不一样？

(4) 如果政府对厂商生产销售香烟每盒征税 1 元，新的均衡价格和均衡数量又是多少？买者和卖者之间税收的分担情况是否变化？

2. 已知香烟的需求价格弹性是 0.4，现在每盒香烟的价格为 12 元，如果政府想减少 20% 的吸烟量，价格应该提高多少？

小组实训项目　大学生创新创业项目选择

在这个大众创业、万众创新的时代,很容易产生颠覆性创新:由于一次“课堂作业”,Google 在车库里诞生;由于交不起房租打不起车,他们推出“分享经济”……这是一个最好的时代！大学生创新创业如火如荼。假如给你一笔足够的资金,你会选择什么创业项目?

实训要求

(1)登录学习强国“看慕课”栏目,自学“大学生创新创业方向选择”的课程内容;

(2)小组讨论、选择和确定创新创业项目;

(3)对选定的创新创业项目进行市场供求分析,要求概念无误、逻辑清晰、分析深入,项目具有可行性。

第 3 章　消费者行为理论

【知识目标】熟悉基数效用理论和序数效用理论，理解边际效用递减规律，了解无差异曲线和消费可能线的特点，掌握消费者均衡的实现条件。

【技能目标】掌握效用理论分析消费者行为的方法，能够应用消费者行为理论解释生活中的常见现象。

【课程思政目标】了解中国消费基本国情，感受改革开放以来随着社会进步和祖国富强，人民消费观念和消费方式的深刻变化，提高对非理性消费行为的认知，树立正确的消费观。

【思维导图】

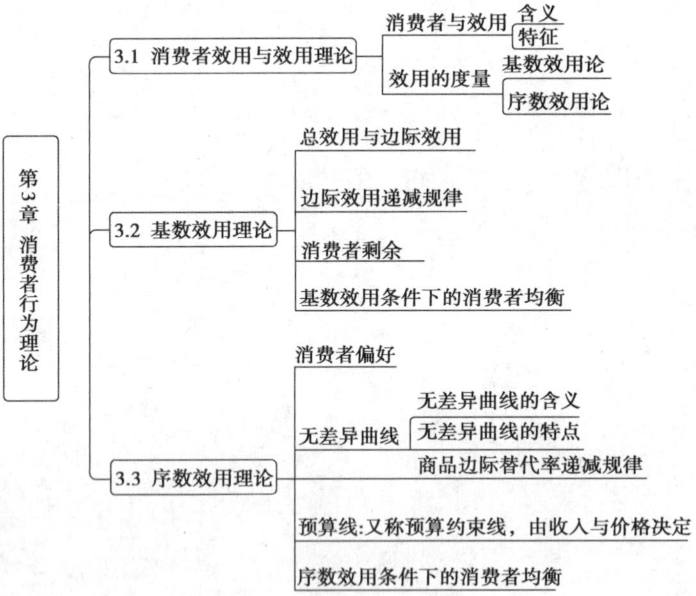

【课程导入】

伴随着“00 后”逐渐步入高等学府，大学生消费也悄然发生变化。和此前的“80 后”“90 后”相比，今天的大学生消费线上支付和超前消费更普遍，对未来的收入和消费状况更加乐观。

钱花哪儿了——基本生活之外，游戏、通信支出也不少。

据艾瑞咨询发布的最近一期《大学生消费洞察报告》统计，2018 年在校大学生中，女生和男生在食品饮料、日化用品、鞋帽服饰等非必要支出领域上的消费结构有明显差异。女生对服饰鞋包以及沐浴洗发、护肤彩妆等日化用品的消费需求较男生强烈,而男生在人际关系以及个人爱好上的支出较高。同时,大学生更换手机的平均时长为14个月,多数大学生在校期间至少会换一次手机。

据了解,大学生使用的品牌在大学期间迭代升级,大一新生更喜欢挖掘平价好用的新品牌,大二、大三学生尝新意愿和接受推荐的比例变得更高,大四学生则更倾向在同一品牌类购齐所需产品,更加注重性价比,同时购买国产优质品牌的意愿更强。

怎么花钱——移动支付成为主流,出门不爱带现金。

《大学生消费洞察报告》显示,大学生经常用线上支付的比例超过95%;食品饮料就近购买,手机、护肤等个人用品网上购买和线下购买的比例约为6:4。具体来看,90.7%的大学生经常使用淘宝,其次为天猫和京东,二三线城市使用唯品会和拼多多的比例高于一线城市。在一线城市读书的大学生使用网易考拉、苏宁易购、小红书、亚马逊、网易严选的比例高于二三四线城市。

"超前消费"怎么看——对未来预期乐观,但应合理规划、理性消费。

在走访中,不少大学生都表达出了"超前消费"的理念以及对未来的乐观预期。因此,在校期间,适当进行"透支消费"成为不少人的选择。不过,也有极少部分学生受到虚荣、攀比等心理因素的影响,冲动消费、过度消费,甚至陷入"现金贷""套路贷"的旋涡。

专家建议,年轻人由于生理、心理等因素,容易发生冲动型、非理性的消费行为。社会和学校有必要引导学生建立良好的消费观,正确认识生活、事业与金钱、消费的关系。

(资料来源:王俊岭,史若晨."00"后逐渐步入高等学府:大学生消费有啥新动向[N].人民日报海外版,2019-03-26(11).)

3.1　消费者效用与效用理论

3.1.1　消费者与效用

消费者(Consumer),又称居民户,是指具有独立经济收入来源,能做出统一的消费决策的单位。消费者可以是个人,也可以是家庭。

效用(Utility),是指消费者在某种物品或劳务的消费中所获得的满足程度。满足程度高就是效用大;满足程度低就是效用小;如果消费者从消费某种物品中感受到痛苦,则是负效用。

商品之所以能带来效用,主要是因为商品具有使用价值。使用价值是商品本身具有的有用性,人们消费某种商品,实际上是在利用商品的使用价值,并在对商品有用性的使用中获得一定的效用。因此,使用价值是效用的物质基础。

效用与使用价值密切相关,但又截然不同。使用价值作为商品本身所具有的属性是客观存在的,不以人们的意志为转移;而效用是商品对欲望的满足,是消费者的一种心理感受。效用具有主观性、相对性和非伦理性三大特征。

1)主观性

某种物品效用的大小,完全取决于消费者的主观感受。同样的物品对不同的人而言,所带来的效用是不同的。例如,一支香烟对吸烟者来说可以有很大的效用,而对不吸烟者来说,则可能毫无效用,甚至有负效用。"望梅止渴"的典故是典型的人的主观感受。

2)相对性

对不同的人而言,同种商品提供的效用可能是不同的。例如,一个面包对饥饿的人和对衣食无忧的人来说,效用是不同的。对同一个人而言,在不同的时间与地点对同一物品所感受到的效用也可能会发生变化。例如,电风扇夏天效用大,冬天却没有用甚至会带来负效用。

3)非伦理性

效用不包含任何伦理学含义,一种商品是否具有效用取决于它是否能满足人的欲望或需要,而不涉及这一欲望或需要的好坏。

【相关链接 3.1】

幸福方程式

美国经济学家保罗·萨缪尔森从经济学的角度给出了一个幸福方程式:幸福＝效用/欲望。这个公式说明,幸福程度与效用成正比,与欲望成反比。效用一定,欲望越小,人们感到越幸福,反之则不会感到幸福;在欲望一定的情况下,效用越大,人们感到越幸福,否则会感到痛苦。在这个公式中,效用与欲望都是一种心理感觉。经济学家认为,效用是从消费物品与劳务中所得到的满足程度,是对欲望的满足。欲望是一种缺乏的感觉与求得满足的愿望,即"不足之感与求足之愿"。美国著名心理学家马斯洛在《动机与人格》一书中提到,欲望分为5个层次,从下至上:第一个层次是人的基本生理需要,第二个层次是安全需要,第三个层次是归属和爱的需要,第四个层次是尊重的需要,第五个层次是自我实现的需要。在西方经济学的研究中,考虑到人的欲望的无限性,就在假设人的欲望既定的前提下,认为幸福只取决于效用大小。而效用要消费物品或劳务才能得到,消费物品与劳务就要有收入,所以经济学的研究中就把幸福看成是效用或收入的一元函数,即把幸福最大化简化为效用最大化或者收入最大化。这样,研究人们的幸福感也就等同于只研究人们的效用水平问题。当然这只是一种理论上的简化,在实际生活中分析幸福的时候,不能简单地把效用和收入等同,认为收入越高,获得的效用越大,越幸福。

从萨缪尔森的幸福方程式可以看出,幸福取决于效用与欲望的相对大小。判断一个人幸福与否,可以从答案中得到:如果以得数1为分界线,比1小就证明不幸福,等于1或者比1大就证明是幸福的。当欲望既定时,效用越大,越幸福;当效用既定时,欲望越小,越幸福。所以,获取幸福的途径有两条:增加效用或减少欲望。

(资料来源:郜燕群. 经济学视角下"幸福方程式"的理解[J]. 市场论坛 2010(3):88-89.)

3.1.2 效用的度量

在关于如何度量效用大小的问题上,西方经济学家先后提出了基数效用论和序数效用论,并在此基础上,形成了分析消费者行为的两种方法。

基数和序数这两个术语来自数学。基数是指1,2,3,……,基数是可以加总求和的。例如，基数3加9等于12，且12是3的4倍等。序数是指第一、第二、第三……序数只表示顺序或等级，序数是不能加总求和的。例如，序数第一、第二和第三，可以是10、20和50，也可以是11、19和21。它要表明的仅仅是第二大于第一，第三大于第二，至于第一、第二和第三本身各自的数量具体是多少，是没有意义的。

在19世纪和20世纪初，西方经济学家普遍使用基数效用论的概念。基数效用论认为，效用如同长度、重量等概念一样，可以具体衡量并加总求和，具体的效用量之间的比较是有意义的。表示效用大小的计量单位被称作效用单位。例如，对某一个人来说，吃一顿丰盛的晚餐和看一场高水平的足球赛的效用分别为5效用单位和10效用单位，则可以说这两种消费的效用之和为15效用单位，且后者的效用是前者的效用的2倍。

到了20世纪30年代，序数效用的概念为大多数西方经济学家所使用。序数效用论认为，效用是一个有点类似于香、臭、美、丑那样的概念，效用的大小是无法具体衡量的，效用之间的比较只能通过顺序或等级来表示。就上面的例子来说，消费者要回答的是偏好哪一种消费，即哪一种消费的效用是第一，哪一种消费的效用是第二。或者说，要回答的是宁愿吃一顿丰盛的晚餐，还是宁愿看一场高水平的足球赛。进一步地，序数效用论者还认为，就分析消费者行为来说，基数效用的特征是多余的，以序数来度量效用的假定比以基数来度量效用的假定所受到的限制要少，它可以减少一些被认为是值得怀疑的心理假设。

两种效用理论的主要区别见表3.1。

表3.1 两种效用理论的主要区别

效用理论	基本假定	分析工具
基数效用论	效用可计量	边际效用分析法
序数效用论	效用可比较，不可计量	无差异曲线分析法

不管是基数效用论还是序数效用论，其分析思路和分析方法不同，但二者得出的结论是一致的。

3.2 基数效用理论

3.2.1 总效用与边际效用

基数效用理论衡量效用的主要指标分为总效用和边际效用。

总效用（Total Utility），通常用TU表示，是指消费者在一定时间内从一定数量的物品消费中所得到的效用量的总和。

用数学语言可表述为：如果X表示某种物品，Q_X表示物品X的消费量，TU便是Q_X的函数，即$TU_X = f(Q_X)$，如果有物品$X_1, X_2, X_3, X_4, \cdots, X_n$，那么总效用$TU = \sum U_{Xi}(i = 1, 2, 3, \cdots, n)$。

边际效用（Marginal Utility），通常用MU表示，是指消费者在一定时间内增加一单位商品或劳务的消费所增加的满足程度。

如果用ΔQ_X表示消费商品数量的变化量，用ΔTU表示总效用的变化量，那么边际效用可用下式表示：$MU_X = \Delta TU_X / \Delta Q_X$。假如商品 X 是无限可分的，这一公式还可以写成 $MU_X = dTU_X / dQ_X$。

一般来说，一个人所消费的某种商品 X 的数量增加时，在一定范围内所获得的总效用也会增加。如表 3.2 所示，某人消费一个单位的面包所获得的总效用为 4，边际效用也是 4；消费两个单位所获得的总效用为 7，边际效用（即第二个单位所增加的效用）是 3；消费三个单位所获得的总效用为 9，边际效用（即第三个单位所增加的效用）是 2；消费四个单位所获得的总效用为 10，边际效用（即第四个单位所增加的效用）是 1。但当他消费五个单位所获得的总效用就没有增加，仍为 10，边际效用（即第五个单位所增加的效用）是 0。而第六个单位的消费不但不能增加总效用，反而使总效用减少了两个单位，即边际效用为 -2。

表 3.2　面包的总效用与边际效用

面包的消费量（Q）	总效用（TU）	边际效用（MU）
0	0	
1	4	4
2	7	3
3	9	2
4	10	1
5	10	0
6	8	-2

关于总效用和边际效用的关系，可以用图 3.1 来表示。

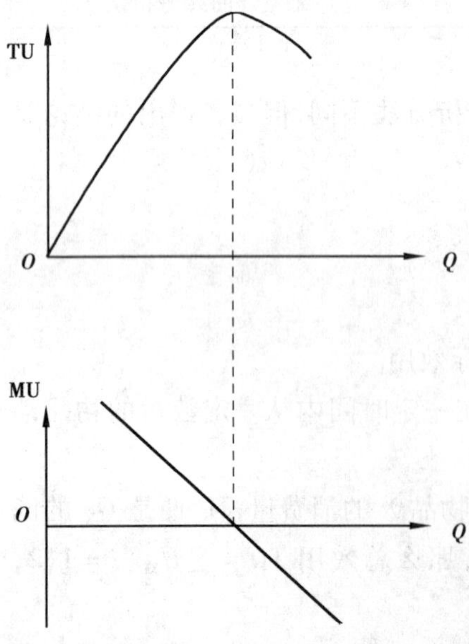

图 3.1　总效用和边际效用

由以上分析可以看出：

第一，边际效用是递减的。

第二，当边际效用为正数时，总效用是增加的；当边际效用为零时，总效用达到最大；当边际效用为负数时，总效用减少。

第三，$TU = MU_1 + MU_2 + MU_3 + MU_4 + \cdots$，即总效用等于一系列边际效用的和。

3.2.2　边际效用递减规律

观察人们的消费行为，可以发现一个规律性现象：当人们越来越多地消费同一种物品时，随着商品数量的增加，人们从消费中得到的总效用在开始时不断增加，逐渐达到最大值，然后又逐渐减少。但是，即使在总效用增加时，其增量也在逐渐减少，并在总效用达到最大之后成为负数，也即对某种物品的消费超过一定量后，不但不能增加消费者的满足和享受，反而会产生痛苦的感觉。这就是所谓的边际效用递减规律。

边际效用递减规律是指在一定时间内,随着消费者对某种商品消费量的增加,消费者从该商品连续增加的每一消费单位中所得到的效用增量是递减的。

为什么消费过程中会出现边际效用递减规律呢？根据西方学者的解释,其主要有两个方面的原因：

一是生理或心理的原因。人的欲望虽然多种多样,永无止境,但因生理或心理等因素限制,就每个具体的欲望来说,其需求是有限的。最初欲望最大,因而消费第一单位商品时得到的满足也最大,随着商品消费的增加,欲望也随之减少,从而感觉的满足程度递减,以致当要满足的欲望消失时如果还增加消费,反而会引起讨厌的感觉。也就是说,商品的边际效用与所消费的该商品的数量的多少成反比,与消费者对该商品的欲望强度成正比,拥有的越多,想要的越少。“审美疲劳”“物以稀为贵”就是这个道理。

二是物品本身用途的多样性。物品有多种多样的用途,并且各种用途的重要程度不同,人们总是会把它先用于最重要的用途,然后才是次要的用途,故后一单位的物品给消费者带来的满足或提供的边际效用一定小于前一单位。以此顺序用下去,用途越来越不重要,边际效用就趋于递减了。根据边际效用递减规律,消费者在对某种商品的最初消费中所获得的效用最大,其欲望最强,消费者愿意支付较高的价格。随着消费数量的递增,消费者所获得的边际效用趋于递减,消费者愿意支付的价格越来越低。

【相关链接 3.2】

200多年前,经济学之父亚当·斯密在他的《国富论》中提出了价值悖论,即没有什么能比水更有用,然而水却很少能交换到任何东西。相反,钻石的用途很小,但经常可以交换到大量的其他物品。他也就此提出了一个这样的问题:为什么对生活必不可少的水几乎没有价值,而只能用作装饰的钻石却可以索取高昂的价格?

人们都知道,钻石是一种十分稀缺的物品,因为它本身的总量就很少,开发加工要付出相当高的成本,所以钻石出售的价格也很高;相比之下,水却相对丰裕得多,在世界上的许多地区,只需花费很低的成本就可以得到水,其价格当然也不会很高。其实,对人类来说,水比钻石有用得多,但是水在整体上对人们的效用并不取决于它的价格或需求。相反,水的价格取决于它的边际效用,也就是说,取决于最后一杯水对人们的效用到底有多大。由于世界上有如此多的水,因此,最后一杯水只能以很低的价格出售。即使最初的几滴水相当重要,可以挽救人的生命,但最后的一些水也只能用来浇草坪或者洗车。之所以像水这样非常有用的商品只能以接近于零的价格出售,是因为最后一滴水几乎一文不值。相反,钻石的数量有限,而人类对它的需求很大,因此,它对人们的效用就很大,价格当然就会相当昂贵。

一般来讲,商品的数量越多,它的最后一单位的相对购买欲望就越小。因此,为什么大量的水只具有低廉的价格;为什么必不可少的物品,如空气,却成为免费物品,其答案就清楚了。在这两种情况下,正是数量多使其边际效用大大减少,因而降低了这些重要物品的价格。

当代西方经济学家认为,不仅商品的边际效用是递减的,货币收入的边际效用也是递减的。货币收入的边际效用是指每增加或减少一单位的货币收入所增加或减少的效用。显然,同样数量的货币收入对穷人和富人来讲,其边际效用存在着很大的差别。这也是有些经济学家建议对富人征收较高税收,然后将之分配给穷人,以提高整个国家的满足水平(福利水平)的理由。

3.2.3 消费者剩余

消费者剩余是消费者在购买一定数量的某种商品时愿意支付的总价格和实际支付的总价格之间的差额。

在消费者购买商品时,一方面,消费者对每一单位商品所愿意支付的价格取决于这一单位商品的边际效用。由于商品的边际效用是递减的,因此,消费者对某种商品愿意支付的价格是逐步下降的。另一方面,消费者对每一单位商品所愿意支付的价格并不等于该商品在市场上的实际价格。事实上,消费者在购买商品时是按实际的市场价格支付的。于是,在消费者愿意支付的价格和实际的市场价格之间就产生了一个差额,这个差额便构成了消费者剩余的基础。例如:某汉堡包的市场价格为 3 元,某消费者在购买第一个汉堡包时,根据这个汉堡包的边际效用,他认为值得付 5 元去买这个汉堡包,即他愿意支付的价格为 5 元。于是当这个消费者以市场价格 3 元购买这个汉堡包时,就创造了额外的 2 元的剩余。在以后的购买过程中,随着汉堡包的边际效用递减,他购买第二个、第三个、第四个汉堡包所愿意支付的价格分别递减为 4.50 元、4.00 元和 3.50 元。这样,他为购买 4 个汉堡包所愿意支付的总数量 =(5.00 +4.50 +4.00 +3.50)元 =17 元。但他实际按市场价格支付的总数量 =(3.00 ×4)元 =12 元。两者的差额 =(17 -12)元 =5 元,这个差额就是消费者剩余。

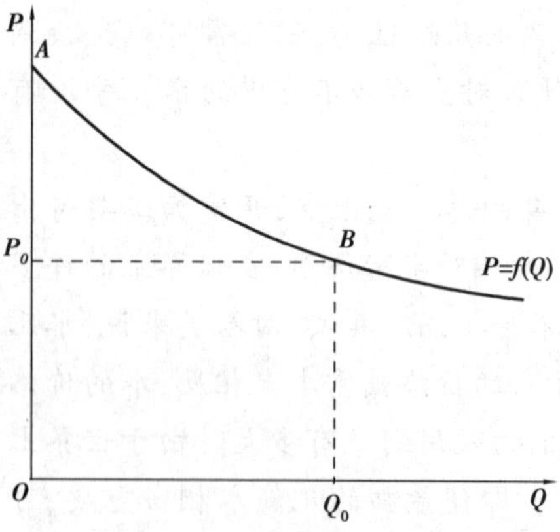

图 3.2 消费者剩余

消费者剩余可以用消费者需求曲线以下,市场价格线上的面积来表示。具体来看,在图 3.2 中,需求曲线以反需求函数的形式 $P=f(Q)$ 给出,它表示消费者对每一单位商品所愿意支付的价格。假定该商品的市场价格为 P_0,消费者购买量为 Q_0。那么,根据消费者剩余的定义可以推断,在产量零到 Q_0 区间需求曲线以下的面积表示消费者购买 Q_0 数量的商品所愿意支付的总数量,即相当于图中的面积 $OABQ_0$;而实际支付的总数量等于市场价格 P_0 乘以购买量 Q_0,即相当于图中的矩形面积 OP_0BQ_0。这两块面积的差额,就是消费者剩余。

最后需要指出,消费者剩余是消费者的主观心理评价,反映消费者通过购买和消费商品所感受到的状态的改善。因此,消费者剩余通常被用来度量和分析社会福利问题。

【相关链接 3.3】

为了更好地理解消费者剩余的概念,举一个买手机的例子。假设大家对某手机质量和性能都认可,但是,愿意支付的价格是有差异的。小张是白领阶层,收入高,愿意出 5 000 元人民币买该手机;小王是时尚一族,愿意出4 500元人民币;小李愿意出4 000元人民币;小赵只愿意出3 500元人民币成交。假如现在该手机公司就只有1部手机可卖,由4位买者竞价,最后的胜出者肯定是小张,当他以4 700元买到这部手机时,他的额外收益是多少呢?与他愿意出的5 000元相比,他得到了300元"消费者剩余"。假如现有4部该手机出售,为了使事情简单化,统一以3 500元的相同价格卖出,结果会是怎么样的呢?我们可以发现,除了小赵没有得到消费者剩余,其他几个人都不同程度地得到了消费者剩余。其中得到最多的当然是小张,他获得了1 500元的消费者剩余,小王获得了1 000元的消费者剩余,就连小李也获得了500元的消费者剩余。这样算来,4部该手机的消费者剩余之和是3 000元。实际上小赵虽然没有获得消费者剩余,但也没有觉得自己吃亏,因为他没有以高于自己意愿支付的价格去买。

3.2.4　基数效用条件下的消费者均衡

现实生活中,消费者手中的货币量是一定的,消费者用这一定量的货币购买各种商品时,可以有多种多样的安排,但一般的目标是要使他买进的各种商品提供的总效用达到极大值。当他要买进的各种商品提供的总效用达到最大化时,消费者就不会改变它的购买方式,这也就是消费者的需求行为达到均衡状态,即消费者均衡。

消费者均衡,是指在一定的收入、价格、偏好条件下,消费者购买一定数量的各种商品所能获得的总效用最大时的状态。

怎样才能使花费一定量货币所买的各种商品的总效用达到极大值呢?为了回答这个问题,我们假定:①消费者的偏好是给定的,即消费者对各种消费品的效用和边际效用是已知和既定的;②消费者决定买进消费品X、Y的价格P_X、P_Y是已知和既定的;③消费者的收入是既定的,假定的收入全部用来购买这两种商品。于是问题归结于:消费者如何把有限的收入分配到各种消费品的购买支出上才能获得最大效用?也就是说,各种物品各购买多少才能使买进的X、Y提供的效用总和达到最大?

西方经济学家指出,消费者获得最大效用(即实现消费者均衡)的条件是,消费者所购买的各种物品的边际效用之比,等于它们的价格之比,或者说消费者花费的每1元货币所获得的效用是相等的。

当消费者增加物品X的购买量,就必然减少物品Y的购买量,购买量的变化必然引起它们的边际效用与价格比率的变化。物品X的数量增加,它的边际效用递减,相反,物品Y数量的减少,它们的边际效用会递增。这种变化到一定的程度会使他买进X的最后1单位的效用同他买进Y的最后1单位的效用之比(即它们的边际效用之比)恰好等于X和Y的价格之比,或者说消费者花费的每1元货币所获得的效用是相等的。这时他买进的各种物品的总效用之和就达到最大值,他也就不再调整各种物品的购买量了,消费者的行为也就处于均衡状态了。

消费者达到均衡的原则可用数学公式表述:

$$\frac{MU_X}{P_X} = \frac{MU_Y}{P_Y} = \lambda$$

这里MU_X、MU_Y、P_X、P_Y分别表示商品X、Y的边际效用和单位价格,λ表示单位货币的边际效用。

这一原则的基本思想是，消费者用每1单位货币买到的边际效用相等时，消费者就从购买的消费品中获得最大满足或者说最大效用，即效用最大化的基本条件符合等边际原则。在这个消费者均衡的条件下，消费者的预算或者说收入的分配达到了最优化，根据这个条件，就可以确定消费者对商品和劳务的需求量。

需要注意的是，花在商品上的每一单位货币所带来的边际效用相等，并不是指消费者在各种商品上花费相同数额的货币。另外，消费者获得了最大效用，并不是指消费者的欲望得到完全满足，而是指在货币收入和商品价格为一定的条件下能够得到的最大效用，即在约束条件下达到效用的最大化。

因此，消费者均衡真正要实现，需要同时满足以下两个方面的条件：第一个是均衡条件，即 $\frac{MU_X}{P_X}=\frac{MU_Y}{P_Y}=\lambda$；第二个是限制条件，即 $P_X \cdot Q_X + P_Y \cdot Q_Y = I$。

3.3 序数效用理论

3.3.1 消费者偏好

与基数效用论不同，序数效用论者认为，商品或劳务的效用大小不是取决于其边际效用，而是取决于消费者对不同商品组合的偏好程度。也就是说，消费者对某种商品的偏好程度越高，所获得的满足程度就越高，其效用也就越大。

消费者偏好（Consumer 's Preference），是指消费者在购买或消费不同商品组合时，对各种不同商品组合所具有的喜好程度和心理取向。不同的消费者具有不同的偏好，从而也就决定了不同的消费行为。需要注意的是，偏好不取决于商品的价格，也不取决于消费者的收入，只取决于消费者对商品的喜爱与不喜爱的程度。例如，消费者购买了一辆A汽车，但在他心目中仍然觉得B汽车比A汽车强，这并不矛盾，因为最后的购买决策不仅决定于偏好，还决定于消费者的预算。

序数效用论提出了关于消费者偏好的三个基本假定：

①偏好的完全性。对任何两个商品组合X和Y，消费者总是可以做出而且只能做出以下3种判断中的一种：对X的偏好大于对Y的偏好；对X的偏好小于对Y的偏好；对X和Y的偏好相等。偏好的完全性的假定保证消费者对偏好的表达是完备的，消费者总是可以把自己的偏好评价准确地表达出来。

②偏好的可传递性。对任何3个商品组合X、Y和Z，如果消费者对X的偏好大于对Y的偏好，对Y的偏好大于对Z的偏好，那么，在X、Z这两个组合中，消费者必定对X的偏好大于对Z的偏好。偏好的可传递性的假定保证了消费者的偏好是一致的，因而也是理性的。

③偏好的非饱和性。如果两个商品组合的区别仅在于其中一种商品的数量不相同，则消费者总是偏好于商品数量较多的商品组合。或者说，对任何一种商品，消费者总是认为多比少好。

3.3.2　无差异曲线

1)无差异曲线的含义

无差异曲线(Indifference Curve),就是用来表示两种商品的不同数量的组合给消费者所带来的效用完全相等的一条曲线。

消费者在消费商品和劳务时,一般总是消费两种或两种以上的商品和劳务组合,在理论分析中,可以将其中一种商品作为研究的重点,把除这种商品以外的所有其他商品看成一种合成商品,这时,就都可以运用无差异曲线分析方法。当消费者在消费两种可相互替代的商品X和Y时,他可以多消费X而少消费Y,或少消费X而多消费Y,但他得到的效用不变(同样喜爱,满足程度相同)。因此,无差异曲线又叫"效用等高线"。

假如现在有X与Y两种商品,它们有*a*、*b*、*c*、*d*、*e*、*f*6种组合方式,这6种组合方式能给某消费者带来相同的总效用,即效用是无差异的,据此,就可以列出如表3.3所示的某消费者的无差异曲线表。

表3.3　某消费者的无差异曲线表

组合方式	Q_X	Q_Y
a	5	28
b	10	18
c	15	13
d	20	10
e	25	8
f	30	7

根据表3.3可以作出图3.3,在图3.3中,横轴Q_X代表X商品的数量,纵轴Q_Y代表Y商品的数量,*I*为无差异曲线,线上任何一点上X商品与Y商品不同数量的组合给消费者所带来的效用都是相同的。假设消费者消费面包和衣服这两种物品有各种组合方式,并且这几种商品组合的效用对消费者来说都相等,如果他要在这几种组合方式中挑选,他的偏好应是无差异的。

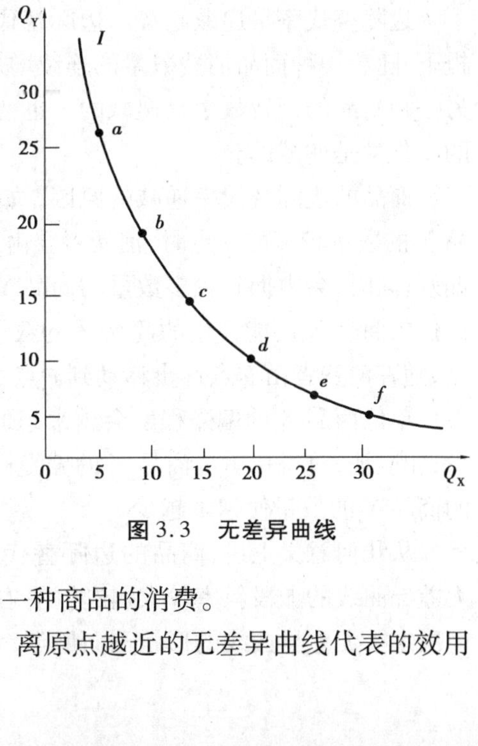

图3.3　无差异曲线

2)无差异曲线的特点

从以上对无差异曲线的描述中,可以得出以下无差异曲线的特征。

①无差异曲线是一条向右下方倾斜的曲线,其斜率为负值。这表明在保持消费者得到的效用水平不变的前提下,每增加一种商品的消费就必须减少另一种商品的消费。

②在同一坐标平面上存在着无数条无差异曲线。离原点越近的无差异曲线代表的效用

水平越低,离原点越远的无差异曲线代表的效用水平越高。

③同一平面上任意两条无差异曲线不能相交。因为在交点上两条无差异曲线代表了相同的效用,与第二个特征相矛盾。

④无差异曲线凸向原点。即随着商品 X 的数量的连续增加,无差异曲线的斜率的绝对值是递减的。无差异曲线的这一特点是由两种商品的边际替代率递减决定的。

3.3.3 边际替代率递减规律

1)边际替代率的含义

边际替代率(Marginal Rate of Substitution),是指在维持效用水平或满足程度不变的前提下,消费者为了得到更多的某种商品(X)与所需要放弃的另一种商品(Y)的比率。即 X 商品的增加量与 Y 商品的减少量之比。

当一个消费者沿着一条既定的无差异曲线上下滑动时,两种商品数量的组合发生变化,但消费者所得到的效用水平却是不变的。反言之,消费者若要维持效用水平不变,则在增加一种商品的消费量的同时,必然会减少另一种商品的消费量。“鱼和熊掌不可兼得”,多得熊掌,就必须以少得鱼为代价,几条鱼愿意换一只熊掌,就是它们的边际替代比率。

以 MRS_{XY}代表商品的边际替代率,以 ΔQ_X 代表 X 商品增加量,ΔQ_Y 代表商品 Y 的减少量,MRS_{XY}代表以 X 替代 Y 的边际替代率,则有:

$$MRS_{XY} = \frac{\Delta Q_Y}{\Delta Q_X}$$

ΔQ_X 与 ΔQ_Y 符号肯定是相反的,因此,边际替代率是负值。无差异曲线的斜率就是边际替代率,无差异曲线向右下方倾斜就表明边际替代率为负值。但为了方便起见我们一般用其绝对值。

2)边际替代率递减规律

边际替代率呈递减趋势。边际替代率递减规律可以表述为,在维持效用水平不变的前提下,随着一种商品消费数量的连续增加,消费者为得到每一单位的这种商品所需要放弃的另一种商品的消费数量是递减的。也就是说,对连续的等量的商品 X 的变化量而言,商品 Y 的变化量是递减的。

商品的边际替代率递减的原因,如图 3.3 所示,当消费者处于商品 X 的数量较少和商品 Y 的数量较多的 b 点时,消费者会由拥有较少数量的商品 X 而对每一单位的商品 X 较为偏好,同时,会由拥有较多数量的商品 Y 而对每一单位的商品 Y 的偏爱程度较低。于是,每单位的商品 X 所能替代的商品 Y 的数量是比较多的,即商品的边际替代率是比较大的。但是,随着消费者由 b 点逐步移动到 e 点,消费者拥有的商品 X 的数量会越来越多,相应地,对每一单位商品 X 的偏爱程度会越来越低;与此同时,消费者拥有的商品 Y 的数量会越来越少,相应地,对每一单位商品 Y 的偏爱程度会越来越高。于是,每一单位的商品 X 所能替代的商品 Y 的数量便越来越少。

从几何意义上讲,商品的边际替代率递减表示无差异曲线的斜率的绝对值是递减的。无差异曲线的上段斜率较大、较陡峭;右下段斜率较小、较平缓。商品的边际替代率递减规律决定了无差异曲线的形状凸向原点。

3.3.4　预算线

1）预算线的含义

消费预算线（Budget Line），又称为预算约束线（Budget Restrain Line）或消费可能线（Consumption Possibility Line），是指在消费者收入和商品价格为一定的条件下，消费者所能购买的两种商品的最大组合。

对某一消费者来说，在一定时期内的收入水平和他所面对的两种物品的价格都是一定的，他不可能超越这一现实而任意提高自己的消费水平，也就是说，他的购买受到收入水平和价格的制约。如图 3.4 所示，假定某个消费者每周的收入是 60 美元，他需要购买 X 和 Y 两种商品，商品 X 的价格为 20 美元，商品 Y 的价格为 10 美元。如果消费者将其全部收入购买商品 X，可得到 3 单位的 X 商品，如图 3.4 中的点 B；如全部收入购买商品 Y，可得 6 单位的 Y 商品，如图 3.4 所示中的点 A。我们将 A、B 二点连接成线，便可得到预算线 AB。

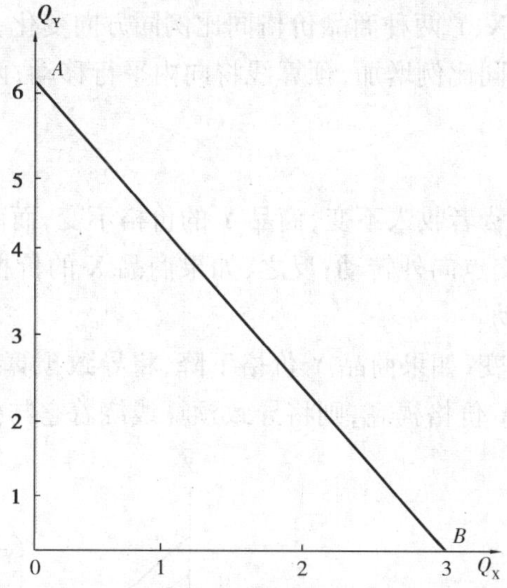

图 3.4　消费预算线

以 M 表示消费者的货币收入，以 P 表示商品的价格，Q 表示购买量，如收入全部用来购买 Y，则 $M=P_YQ_Y$，如全部用来购买 X，则 $M=P_XQ_X$。则有 $P_YQ_Y=P_XQ_X$，即单独购买商品 X 或 Y 都花完了消费者的全部收入。上式可进一步改写为 $Q_Y/Q_X=P_X/P_Y$，这意味着预算线的斜率的绝对值等于商品 X 与商品 Y 价格比率，预算线斜率应是 $-P_X/P_Y$。

2）预算线的变动

预算线是在收入和价格为一定的条件下的消费可能性曲线，如果收入或价格变了，预算线将发生变动。

（1）预算线的平行移动

假定商品的价格不变，但消费者的收入增加或减少了，则预算线将向外或向内平行移动，如图 3.5 所示。

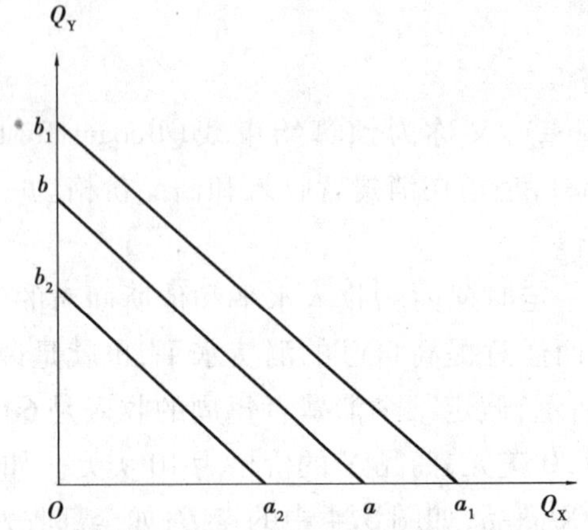

图 3.5　收入的变化

如果消费者收入不变，X、Y 两种商品价格同比例同方向变化，也会导致预算线发生平行移动。其中，两种商品价格同比例增加，预算线将向内平行移动；两种商品价格同比例减少，预算线将向外平行移动。

(2)预算线的旋转

如图 3.6 所示，假定消费者收入不变，商品 Y 的价格不变，而商品 X 的价格降低了，则预算线将绕着它与纵轴 Y 的交点向外转动；反之，如果商品 X 的价格提高了，则预算线将绕着它与纵轴 Y 的交点向内转动。

同理，假定其他条件不变，如果商品 Y 价格下降，将导致预算线绕着它与横轴 X 的交点向外转动；反之，如果商品 Y 价格提高，则将导致预算线绕着它与横轴 X 的交点向内转动。

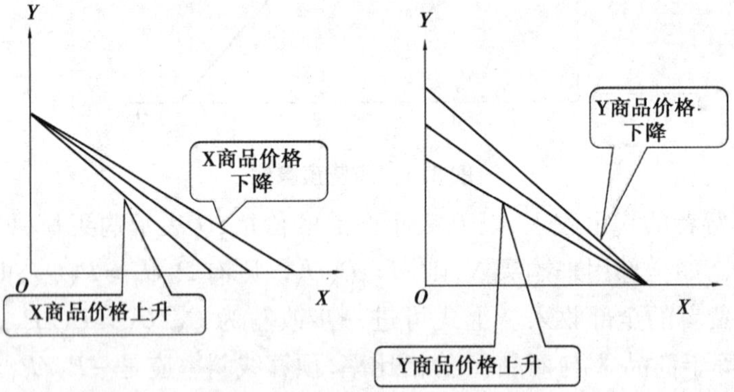

图 3.6　只有一个商品价格变化

3.3.5　序数效用条件下的消费者均衡

在序数效用论中研究消费者均衡所用的工具是无差异曲线与预算线。

从主观方面说，消费者可做出多种选择以得到满足，这种选择由无差异曲线表示；从客观方面说，消费者必然受到货币收入和价格的限制，这种限制由预算线表示。如何把客观限制和主观选择结合起来以求得消费者的最大满足？或者说，如何以有限的货币收入在可买到的商品间做出合理的配置以求得最大效用？这是一个消费行为如何达到最佳境界的问题。

在收入一定情况下如何追求效用最高？如图3.7所示，因为收入一定，所以只有一条消费者预算线AB。无差异曲线I_1与消费者预算线AB相交于C、D点，无差异曲线I_2与消费者预算线AB相切于E点，无差异曲线I_3与消费者预算线AB相离，F点在I_3上。在效用方面，$I_1 < I_2 < I_3$，所以C、D点的效用$<E$点的效用$<F$点的效用。C、D、E三个点在消费者预算线AB上，说明都满足既定收入，F点在消费者预算线AB外，现有资源达不到。综上所述，无差异曲线I_2与消费者预算线AB的切点E点是消费者均衡点。在这一点上，消费者既用尽了既定的货币收入，又得到了最大的效用满足。该切点上所代表的两种商品的数量，就是消费者用一定的货币收入所获得的效用达到最大值的最优购买量的组合。

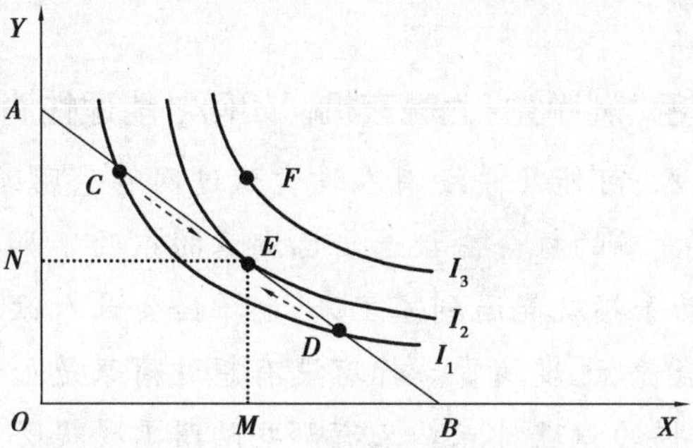

图3.7　收入一定情况下追求效用最高

在效用一定情况下如何追求代价最低？如图3.8所示，效用一定，只有一条无差异曲线I_1。无差异曲线I_1与消费者预算线A_1B_1相交于C、D点，无差异曲线I_1与消费者预算线A_2B_2相切于E点，无差异曲线I_1与消费者预算线A_3B_3相离，F点在A_3B_3上。在付出代价方面，$A_1B_1 > A_2B_2 > A_3B_3$，所以C、D点的代价$>E$点的代价$>F$点的代价。C、D、E点在无差异曲线I_1上，F点在无差异曲线I_1内，没有达到既定的效用。综上所述，消费者预算线A_2B_2与无差异曲线I_1的切点E点是消费者均衡点。

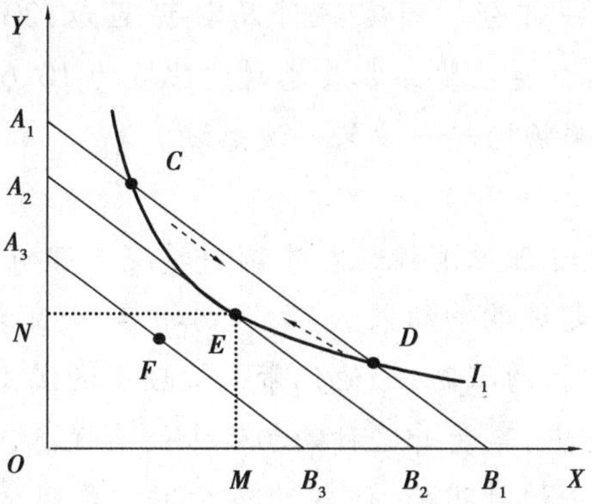

图3.8　效用一定下追求代价最低

在无差异曲线I_2与预算线AB的相切之点，预算线的斜率与无差异曲线的斜率正好相等。预算线的斜率就是两种商品的价格比，无差异曲线的斜率就是商品的边际替代率。因此，可以得出结论：

消费者达到最大效用的均衡条件是，两种商品的边际替代率或边际效用之比等于两种

商品的价格之比,即

$$\Delta Q_Y/\Delta Q_X = MU_X/MU_Y = P_X/P_Y$$

调整得

$$MU_X/P_X = MU_Y/P_Y$$

很显然,这个结果同前面运用边际效用的分析方法得出这一结论是一致的。即消费者均衡的条件是:单位货币所购买的两种商品的边际效用相等,或者说购买的两种商品的边际效用之比正好等于它们的价格之比。

【课后阅读】

解密“剁手党”上瘾玄机　如何才能理性消费

活在网络时代的年轻人,可能几乎没有人没尝试过网购。网购有许多优势,不仅价格便宜、购买方便,还能让你有更多的机会去挑选自己满意的东西。那些从未见过、从未吃过、从未用过的新奇玩意儿,动动手指就能送到家里来,也难怪会让人欲罢不能。也有许多人沉迷于此无法自拔,甚至盲目消费、过度消费。你有没有想过商家是如何“下套”让你乖乖掏钱购买的?他们利用了人们怎样的心理特点?又有哪些陷阱需要提防呢?

“剁手一族”

你有没有过这样的经验:想新买一个手机壳,在店内眼花缭乱挑选后,购物车里放了好几个手机壳,每个都好看,只好全买;除此之外,耳机和数据线虽然没坏但反正不贵,也多买几条备用好了;周末要和好姐妹去踏青,肯定要再买个移动电源;要拍照时怎么办呢,再买个自拍杆吧!原本只想买一个手机壳,最后竟收获了这么多东西!网购的次数越多,家里的空间就越小。其实很多东西根本不实用。东西买了一茬又一茬,实际利用率却越来越低。互联网蓬勃发展,淘宝、亚马逊、京东等新旧电商平台简直是你方唱罢我登场,让网络购物成为消费者生活中不可或缺的一部分。国家统计局数据显示,2014 年网上零售额同比增长 49.7%,达到 2.8 万亿元,占社会消费品零售总额的比重为 10.6%。借助一些传统节假日和部分商家造出的节日,网络购物掀起一波又一波热潮。

揭秘上瘾玄机

为什么网络更容易激发非理性消费呢?中国科学院心理研究所研究员陈毅文认为:“购物狂”们重视购物过程远远超过购物结果。“加入购物车、提交订单、签收快递……网购打破了传统购物方式对时间和空间的限制,给他们带来心理上的满足感和优越感,不少消费者沉浸在这种被尊重的服务体验中,享受着这种购物带来的愉悦感,渐渐对网购上了瘾。”在实体店用现金消费时,对花钱概念相对明确,但网购多数不需要现金交易,点一点确认支付的按钮就能买单,一定程度上会削弱人们对自己支付能力的认识,不知不觉中多花了不少钱。低价促销、人为“造节”等网络促销也在一定程度上诱导消费者过度消费。0 元促销、进店红包、分享有礼等促销优惠,给消费者带来省钱、占便宜的心理暗示。商家有能力分析社会热点,并将其和购物相结合,针对不同人群制订不同的打折促销策略,移动社交媒体中大家相互分享、推荐,进一步激发了消费者参与网购的热情。对网络促销方式既要肯定其合理性,又要提防一些心理陷阱。一方面,商品呈现方式越来越多样,消费者除了通过多方位图片和视频等展示方式了解到要购买的商品,网页上的关联产品也满足了消费者的合理关联需求,“事实上,许多图片都与实物相去甚远,形状失真、颜色失真甚至尺寸也是假的”。另一方面,过度关联、捆绑销售、满额返券等方式,也容易诱导消费者进行无计划消费。

如何营造理性消费环境

在北京某事业单位工作的“网购达人”晓琳并没有陷入过度消费。工作3年来,晓琳在不断尝试和探索中,摸到了网购的诀窍。“在一些大家扎堆网购的节日,坚决不能跟风凑热闹。价格促销虽然很诱人,但我对一些目标商品做了价格记录,仔细对比后发现大部分产品价格没便宜多少。”说起自己的省钱妙招,晓琳认为最重要的是保持理性。“在网上选中商品后不直接购买,先在购物车里放一两周,或许过了新鲜劲儿就不会花钱买了。已经签单的快递,如果不合适或者用不着,就算花运费也要退掉。”针对过度消费行为,陈毅文建议消费者算好自身经济账,并加强自我管理意识。“网购可能会淘到便宜货,但再便宜的东西,如果买回来用不着,不也是一种浪费吗?”“与电子商务的快速发展相比,有关部门的管理水平相对滞后。”李江予认为,对一些虚假宣传和带有欺骗性的营销行为,比如很多网店通过刷销量、刷信誉来诱导消费者购买,需要有关管理部门加大管理和惩戒力度。“监管部门要主动适应电子商务给商业模式带来的变化,增强管理能力,同时要善于利用‘大数据’来提高监管效率。”“除了规范市场环境,政府还可以对消费者提供一些保护,比如将新修改的《中华人民共和国消费者权益保护法》中的‘七日无理由退货’等相关规定落到实处,给消费者一个冷静期,使冲动购买可以补救。”李江予说。在网络购物中,在线支付是完成购买的关键一环。陈毅文认为,银行发卡方和第三方支付平台不能纵容或变相鼓励未成年人财务透支。“未成年人和刚毕业的大学生是容易冲动消费的人群,在发行信用卡时不妨设定消费额度限制,循序渐进推进信用额度提升。”“与消费者相比,银行和第三方支付平台更了解商家的实际经营情况。”李江予说,对一些虚假销售、不正常交易的网络店铺,银行和第三方支付平台如果了解内情,应最大限度地给消费者提供警示,比如对部分用户的非正常购买行为采取延迟支付等方式,更好地引导消费者理性消费。

(资料来源:7丽女性网)

本章小结

消费者行为理论研究的是消费者如何实现效用的最大化问题。效用是指消费者在某种物品或劳务的消费中所获得的满足程度。在关于如何度量效用的问题上,西方经济学家先后提出了基数效用论和序数效用论。基数效用论认为,效用如同长度、重量等概念一样,可以计量并加总求和;序数效用论认为,效用是一个有点类似于香、臭、美、丑那样的概念,效用的大小是无法具体衡量的,效用之间的比较只能通过顺序或等级来表示。基数效用论将效用分为总效用(TU)和边际效用(MU)。西方经济学家指出,在一定的收入和价格条件下购买各种物品使总效用达到极大值或者使消费者得到最大的满足程度的必要条件是,消费者所购买的各种物品的边际效用之比,等于它们的价格之比。在序数效用论中研究消费者均衡所用的工具是无差异曲线与预算线。无差异曲线是用来表示两种商品的不同数量的组合给消费者所提供的效用是完全相同的一条曲线。预算线表示在消费者收入和商品价格为一定的条件下,消费者所能购买的不同商品之组合。分析证明,在无差异曲线图上,能够使消费者得到最大满足,即消费者最大效用均衡之点恰是预算线同它可能达到的最高的无差异曲线相切的一点。

关键概念

效用　边际效用递减规律　消费者剩余　边际替代率　消费者均衡

问题讨论与分享

1. 基数效用论与序数效用论各自是怎样解释消费者均衡的？两者有何区别与联系？

2. 总效用与边际效用之间的关系是怎样的？

3. 无差异曲线为什么向右下方倾斜？

4. 边际效用递减规律有何指导意义？

自学自测

一、单项选择题

1. "萝卜青菜,各有所爱"体现了效用的(　　)。

A. 主观性　B. 相对性　C. 同一性　D. 客观性

2. 某消费者愿意为第一杯啤酒消费支付 11 元,为第二杯支付 7 元,为第三杯支付 4 元,为第四杯支付 2 元,为第五杯支付 1 元。如果每杯啤酒的价格为 2 元,则他从消费这 5 杯啤酒中得到的消费者剩余是(　　)。

A. 25 元　B. 15 元　C. 16 元　D. 18 元

3. 根据边际效用递减规律,企业为了避免商品销售量的下降,最可采取的措施是(　　)。

A. 多做广告　B. 降低成本

C. 产品不断创新　D. 促销

4. 消费者从某种商品中获得的边际效用降低为零,这意味着(　　)。

A. 总效用达到了最大化　B. 总效用降到最小

C. 总效用等于零　D. 总效用还可以增加

5. 总效用达到最大时(　　)。

A. 边际效用为最大　B. 边际效用为零

C. 边际效用为正　D. 边际效用为负

6. 消费预算线的位置和斜率取决于(　　)。

A. 消费者的收入　B. 商品的价格

C. 消费者的收入和商品的价格　D. 消费者的偏好和商品的价格

7. 消费者均衡是研究消费者在既定收入条件下,如何实现(　　)。

A. 欲望最大化　B. 效用最大化

C. 利润最大化　D. 购买商品的数量最大化

8. 同一条无差异曲线上的不同点表示(　　)。

A. 效用水平相同,但两种商品的数量组合不同

B. 效用水平不同,但两种商品的数量组合相同

C. 效用水平不同,但两种商品的数量组合也不同

D. 效用水平相同,但两种商品的数量组合也相同

9. 消费者剩余是指(　　)。

A. 消费者获得的实际收益　　B. 消费者获得的边际效用

C. 消费者消费剩余的商品　　D. 获得的满足程度超过实际支出的价格部分

10. 已知一件衬衫的价格为 60 元,一份快餐的价格为 20 元,在维持效用不变的前提下,消费者增加 1 个单位的衬衫需要减少 3 个单位的快餐,那么,一份快餐对衬衫的边际替代率是(　　)。

A. 3　　B. 1/3　　C. 20　　D. 60

二、判断题

1. 边际效用递减是出于消费者生理或心理的原因,与商品本身用途的多样性无关。(　　)

2. 边际效用递减规律启示企业要不断创新。(　　)

3. 在纷繁复杂的消费者群体中,消费者偏好可以观察,但不具有规律性。(　　)

4. 消费者剩余是一种心理感觉,但剩余仍使得消费者的实际收入增加。(　　)

5. 徐悲鸿的"八骏图"给艺术鉴赏家提供的效用更体现了效用的相对性而非主观性。(　　)

技能操练

以前,我国城市居民生活用水、用电价格偏低,导致使用粗放,浪费严重,并加剧了水电资源供应紧张,不利于建设资源节约型和环境友好型社会。当前,全国各地纷纷实施"多用多付"的阶梯水价、电价方案,用价格杠杆撬动节能减排。请运用经济学的有关知识分析其中的道理,并请回答这种措施对消费者剩余有何影响?

第 3 章自学自测参考答案

小组实训项目　做理性的消费者

对本人一个月的消费支出情况进行分类统计,以效用最大化原则为导向,结合你的人生规划和个人消费偏好,对用于零食、餐饮、服装、通信、娱乐、旅游、学习用品等方面的支出进行效用评估,分析你的这种消费结构是否合理,是否达到了消费者均衡,并提出相应的改进措施。

第4章　生产与成本理论

【知识目标】了解企业的生产与生产函数，理解边际产量递减规律，掌握总产量、平均产量、边际产量之间的关系及可变要素的合理投入区间；理解边际技术替代率递减规律，掌握生产要素的最优组合及生产的适度规模；理解成本的概念，掌握总成本、平均成本、边际成本的变动规律及盈亏平衡点和停止营业点；理解会计成本与经济成本的区别，掌握经济利润在资源配置中的指导意义。

【技能目标】能够运用生产与成本理论进行短期经营决策分析。

【课程思政目标】认识市场经济中的企业家精神是经济增长重要的决定因素，树立创新创业意识，正确理解社会主义市场经济中的企业责任。

【思维导图】

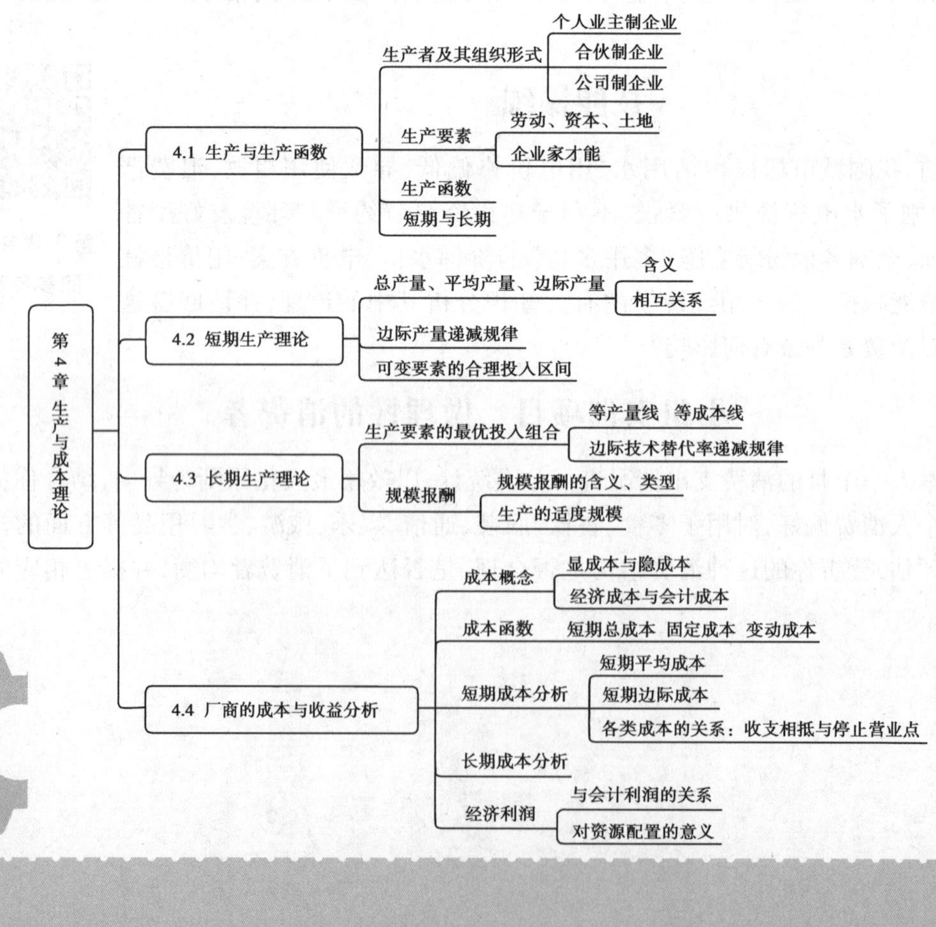

【课程导入】

张湖、奚华编著的《好赚的钱》一书中,有一个关于“神奇汤石”的小故事。一位西装革履的陌生人来到一个偏僻的小村庄,他向村里的人说:“我有一颗神奇的汤石,如果把它放进烧开的水中,就会立刻变成一锅美味的汤。如果你们不相信,我可以现在就煮给你们大家看。”于是,有人拿来了大铁锅,还有人提来了水,架起了炉子和柴火,在村子的广场上煮了起来。陌生人小心地把汤石放入滚烫的锅中,然后用汤匙尝了一口,很兴奋地说:“哇,太好喝了!不过,如果再加一点洋葱就更好了。”立刻有人冲回家去,拿来了一些洋葱放入汤中。陌生人又尝了一口:“太棒了!如果再放入一些肉片就更香了。”又有人快速奔回家里端出一锅肉来。“如果再有一些蔬菜就太完美了。”陌生人又建议道。就这样,在陌生人的指挥下,有人拿了盐,有人拿了酱油,还有人拿来了其他的作料。当大家蹲在那里每人一碗享用汤时,发现,这真是天底下最美味好喝的汤。

许多同学可能会想到,陌生人其实就是一位高明的企业家,凭着企业家的聪明才智,他说服村民投资入伙,成功地创办起了一个生产美味之汤的“企业”。当美味之汤被生产出来之后,大家每人一碗分享着合作的成果,陌生人也得到了他作为企业家的“利润”。

4.1 生产与生产函数

100多年前,奥地利经济学家熊彼特提出,创新是企业家的主要特征。“创新”不是一个技术概念,而是一个经济概念。创新就是要“建立一种新的生产函数”,即“生产要素的重新组合”,就是要把一种从来没有的关于生产要素和生产条件的“新组合”引进生产体系,形成新的经济能力,目的是获得潜在利润。

4.1.1 生产者及其组织形式

生产者是指能够做出统一的生产决策的单个经济单位,即企业或厂商。在西方经济学中,企业又称为厂商。从历史上看,企业的法律组织形式主要有三种类型:个人业主制企业、合伙制企业、公司制企业。

1)个人业主制企业

个人业主制企业是由业主个人出资兴办并直接经营的企业。它在法律上属于自然人企业,是最古老、最简单、最普通的企业形式。其最大的特点是企业和拥有这个企业的个人密不可分,合二为一,业主拥有企业的全部财产,在经营上拥有绝对自主权。它的优点是创办简单,经营成果与个人利益紧密联系,缺点是企业的信用和资金来源有限,承担无限的清偿责任,企业的寿命有限。

2)合伙制企业

合伙制企业是指由两个或两个以上的自然人共同投资、共同所有、共同经营、共担风险的企业。合伙制企业提供了更多的资金来源,但它仍然与独资企业一样具有承担无限责任的风险。特别值得注意的是,合伙制企业的风险甚至比独资企业的风险更大。例如,假设你拥有某合伙企业10%的资本,如果该企业经营状况良好,有盈利,那么你会相应得到10%的收益。但是如果不幸发生了亏损,你就有可能要承担100%的责任。这是因为,在合伙企业发生亏损后，尽管你本来只需负责亏损总数的10%，但是，如果你的其他合伙人无力支付其余亏损部分，则这部分也就要由你来承担。正是由于这种无限责任的风险，合伙制企业在现代市场经济中所占比重较小，主要集中在规模较小的农业和零售商业之中。

3）公司制企业

公司制企业是由发起人依照公司法组织登记的法人企业。公司是一种全新的企业组织形式，与个人业主制企业、合伙企业不同，它不再是一种自然人企业，法律给予它法人的地位，使它可以与自然人一样行使某些法律的权利。与此同时，也把公司和公司的所有者适当地区分开来。公司最大的特点是有限责任，从而大大降低了投资风险，有利于筹集大量资金和促进经济的发展。在当前发展社会主义市场经济的时代背景下，我国正在大力推进以公司制为主要形式的现代企业制度，我国公司制企业的主要类型包括有限责任公司和股份有限公司。

如果要给企业下一个简明的定义，就可以说，企业就是把各种资源组织起来进行生产并承担相应风险的经济组织。企业最重要的作用是组织生产，即把各种资源结合起来组织生产以提供社会所需要的产品和劳务；企业最重要的特点是承担风险，即通常所说的自负盈亏；企业最根本的目标是实现利润最大化。

4.1.2 生产要素

企业要实现利润最大化，必须通过产品的生产，并提供给社会使用。所谓生产，就是厂商对各种生产要素加以组合以制成产品的行为，即把各种投入转化为产出的过程。

投入主要包括企业生产过程中所使用的各种生产要素。生产要素（Factors of Production），就是生产中所使用的各种资源，其具体内容随着时代的发展在不断发展变化，现代西方经济学认为，劳动、资本、土地和企业家才是最重要的生产要素。

1）劳动

劳动，又称人力资源，包括一般劳动者以及受过教育和专门培训的专家，是人们体力和脑力的运用和开发。如果你想要创办一个服装厂，你可能会想到要找一个有创意的服装设计师，设计出时尚新颖的款式，然后再找一批裁缝，把设计出来的服装批量生产出来。这些劳动力所提供的体力劳动和脑力劳动，就是劳动这种生产要素。劳动要素是一种特殊商品，它的背后是人，是有意识有情感的社会成员。企业的任何一项经济活动都要靠人来完成，劳动者素质的高低、劳动积极性和创造性的大小，在很大程度上决定着企业的前途。

2）资本

资本可以表现为实物形态和货币形态。资本的实物形态即实物资本，是指生产过程中使用的各种有形的实物，又称为资本品或投资品，如机器设备、厂房、工具、仓库等。实物资本的用途往往比较局限，比如服装厂不能用来生产汽车，汽车厂也不能用来生产粮食。资本的货币形态即货币资本，通常表现为货币、股票、债券等形式。货币资本的趋利性强，哪里有利润它就流向哪里。2013年，在网上流传“中国大妈打败华尔街金融大鳄”的段子。正当国际金价被华尔街金融大鳄们肆意做空之时，据说价值1 000亿元人民币、约占全球黄金年产量10%的300吨黄金被中国大妈扫光，导致国际金价创下2013年内最大单日涨幅。2015年，随着中国股市行情看涨，两市成交额屡创新高，一大拨“80后”“90后”股民跑步入场，当年一季度新开立股票账户约800万个,同比增长433%。由此可见,资本没有脚,却是世界上跑得最快的东西。

3)土地

土地是一切自然资源的简称。在经济学中,“土地”是一个广义的概念,不仅包括土地本身,还包括地上、地下的一切自然资源,如森林、河流、矿藏等,它们为生产提供场所、原料和动力。威廉·配第说过:“劳动是财富之父,土地是财富之母。”土地也是企业开展生产必不可少的基本要素。

4)企业家才能

企业家才能,也称企业家精神,是指将各种经济资源组织起来并使之具有活力的特殊能力,包括组织、指导、协调、管理的能力,创新能力和冒险精神等。在现实经济中,人们经常会发觉这样的现象——同样投入100万元创办企业,有的人赚得盆满钵满,有的人却亏得一塌糊涂,这主要是因为企业家才能的不同。管理学大师彼得·德鲁克说:“企业家精神的核心就是创新。”当今世界很多出色的企业家往往与一般人有很大的不同,他们拥有清晰的思维、敏锐的眼光,善于发现市场、创造市场、引领市场。比尔·盖茨、乔布斯、任正非……这些有胆识、有能力、敢于冒险、善于创新、精于组织和决策的企业家,都具有非凡的企业家才能。所以,在传统的“三要素”基础上,经济学家进一步提出企业家才能这种被忽略了的生产要素,这种生产要素的供给非常稀缺。

4.1.3 生产函数

生产要素的投入量与产品的产出量之间存在着一定的依存关系,经济学家用生产函数这个术语来描述生产中的投入量与生产的产量之间的关系。

生产函数(Production Function),就是指在一定时期内,在一定的技术条件下,生产中所投入的各种生产要素的数量与所能生产的最大产量之间的关系。

假定Q代表所能生产的最大产量,劳动、资本、土地、企业家才能4种生产要素分别用L、K、N、E表示,则生产函数的一般形式可以表示为:

$$Q = f(L, K, N, E)$$

生产函数反映投入与产出之间的关系。生产要素是自变量,产出是因变量,技术水平决定了生产函数的形式。同样的要素投入,技术越先进,总产出越高。因此,任何生产函数都以一定时期的技术水平为条件,当技术水平发生变化时,生产函数也会发生变化。

生产函数表示的是能生产出的最大产量与所需的要素投入之间的关系,这是为了使企业的生产函数具有可靠性,体现企业将一定的投入转化为产出的能力。

最简单的生产函数只包括劳动和资本两种投入。由于土地是固定的,企业家才能又难以估算,为了简化起见,通常假定生产中只投入两种生产要素:劳动和资本。因此,生产函数通常简化表示为:

$$Q = f(L, K)$$

生产函数表明,在一定技术水平时,为了生产Q的产量,需要投入一定数量的劳动与资本的组合。同样,生产函数也表明,在劳动与资本的数量与组合为已知时,可以推算出最大的产出量。

【知识拓展 4.1】

柯布·道格拉斯生产函数

20 世纪 20 年代后期,美国数学家柯布和经济学家道格拉斯,根据美国制造业 1899—1922 年雇用劳动指数、固定资本指数和生产指数的统计资料,得出了这一时期美国制造业的生产函数。该生产函数的一般化形式为:

$$Q = AL^{\alpha}K^{\beta}$$

式中,Q 为产量,L 和 K 分别表示劳动和资本投入量,A 表示技术进步率,α 表示劳动对产出的贡献,β 表示资本对产出的贡献,A,α 和 β 都为参数。根据他们的测算,$A = 1.01$,$\alpha = 0.75$,$\beta = 0.25$,所以,柯布·道格拉斯生产函数也可以具体化为:

$$Q = 1.01L^{0.75}K^{0.25}$$

这个公式表明,每种投入要素的边际产量取决于所有投入要素的投入量。劳动力的边际产量不仅取决于 L,也取决于 K。假如 K 的值固定(在资本投入不变时),劳动投入增加 1% 能使产量增长 0.75%;而在劳动投入不变时(L 的值固定),资本投入增加 1% 能使产量增长 0.25%;如果劳动和资本同时都增加 1%,产量就会增长 1%。

4.1.4 短期与长期

假设你在大学生创业园开办了一家汉服服装厂,购置了相应的机器设备,并雇用了 20 个工人。经过一段时间的生产,订单逐渐增多,生意非常火爆,请问你短期会怎么办?长期又有何打算?

一般而言,首先你会想到多雇用一些工人,多购买一些原材料,这种改变对厂商的资金等各方面的要求不高,也是短期内比较容易实现的。然后,你可能会考虑要不要扩大厂房面积、增加机器设备等,这种改变需要投入更多的资本,对厂商的资金等各方面要求较高,而且在短期内是难以实现的。

经济学根据生产中要素投入变动情况,将生产分为短期和长期。在短期中,企业不能改变固定要素(如厂房、机器设备等),产量的变化完全是可变要素投入变化的结果,厂商只能在既定的生产规模限度内,通过改变可变要素的投入来增加产量。因此,短期生产函数考察的是一定时期内生产者的产量与可变要素投入量之间的关系。为了简化起见,通常假定生产中只投入资本和劳动两种要素,以 L 代表劳动要素投入量,以 K 代表资本要素投入量,以 Q 代表产量,则短期生产函数可以用公式表示为:

$$Q = f(L, \bar{K})$$

在长期中,不存在固定不变的生产要素的约束,企业可以改变全部生产要素的投入,进而影响生产规模。生产者可以根据企业的经营状况,改变厂房和生产线,缩小或者扩大生产规模,也可以加入或者退出一个行业的生产。因此,长期生产函数考察的是生产者投入的全部生产要素与产量之间的关系。为了简化起见,通常假定生产中只投入资本和劳动两种要素,长期生产函数可以用公式表示为:

$$Q = f(L, K)$$

需要特别注意的是，经济学中的短期与长期，不是以时间的长短来划分的，而是相对于具体的生产过程中，生产者是否改变全部要素的投入量。

4.2 短期生产理论

短期生产理论研究的是一种可变要素的最优投入量问题。这类问题也是生产者短期经营决策中经常遇到的问题。例如，在短期内，企业现有的厂房、生产线、设备都无法改变，只有通过改变使用的劳动力数量来调整产量，那么增加多少劳动力才是最优的呢？生产者如何合理选择？

4.2.1 总产量、平均产量、边际产量

在短期生产中，资本的投入量 L 固定不变，这时总产量的变化只取决于投入的劳动量 L。根据一种可变要素的短期生产函数，随着投入劳动量的连续增加，会引起总产量、平均产量和边际产量的相应变动。

1）总产量、平均产量、边际产量的含义

总产量（Total Product，TP），是指在既定的资本投入保持不变的条件下，生产者投入一定量的劳动要素所生产出来的全部实物数量，用 TP 来表示。

平均产量（Average Product，AP），是指平均每一单位劳动要素所生产出来的单位产量。它是用总产量除以劳动要素投入量得出的平均数，用公式表示为：

$$AP = TP/L$$

边际产量（Marginal Product，MP），是指增加一单位劳动要素的投入量所引起的总产量的增量，用公式表示为：

$$MP = \Delta TP / \Delta L$$

2）总产量、平均产量、边际产量的相互关系

以农产品生产为例，观察 1 块土地上劳动投入的变化所引起的某种农产品产量的变化，可以很好地说明总产量、平均产量与边际产量之间的关系及其变化趋势。

表 4.1 劳动投入的变化与农产品产量变化

劳动投入量	总产量（TP）	平均产量（AP）	边际产量（MP）	边际产量状态
1	100	100	100	递增
2	240	120	140	
3	390	130	150	
4	520	130	130	递减
5	610	122	90	
6	660	110	50	
7	660	94.29	0	
8	640	80	-20	

在农产品生产中，土地是固定的，劳动投入是可变的。从表 4.1 中的数据可以看出，随

着可变要素劳动 L 投入量的增加，边际产量呈现出先递增后递减的状态，总产量、平均产量也相应地变化。

根据表 4.1，绘制出总产量、平均产量、边际产量的变化趋势线。如图 4.1 所示，横轴 L 代表劳动投入量，纵轴代表产量。

从图 4.1 中可以更直观地看出总产量、平均产量和边际产量之间的相互关系：

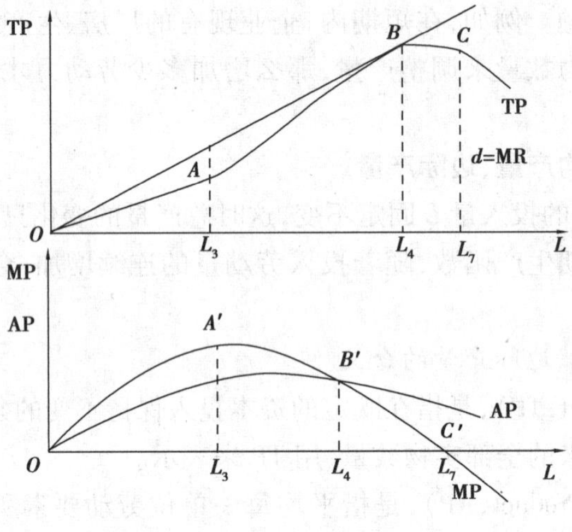

图 4.1　总产量、平均产量、边际产量

①边际产量 MP 先上升后下降，而且上升和下降的速率更快。所谓"春江水暖鸭先知"，从图 4.1 可以看出，边际产量的变化最敏感。当劳动投入 L_3 时，边际产量 MP 达到最大值，然后开始递减；当劳动投入达到 L_7 时，边际产量 MP 为 0；再继续增加劳动投入，边际产量 MP 为负。

②总产量 TP 的变化受限于边际产量的变化，先以递增的速度增加，再以递减的速度增加，达到最大值以后开始下降。从图 4.1 可以看出，在劳动投入达到 L_3 之前，边际产量递增，总产量是以递增的速度增加；当劳动投入在 L_3 和 L_7 之间时，边际产量递减，但还是大于 0 的正数，总产量是以递减的速度增加；当劳动投入为 L_7 时，边际产量为 0，总产量达到最大值；再继续增加劳动投入，边际产量为负，总产量开始下降。

③平均产量 AP 受边际产量变化的影响，先递增、后递减。从图 4.1 可以看出，只要边际产量大于平均产量，即边际产量曲线在平均产量曲线的上方，平均产量就是递增的；当边际产量等于平均产量时，平均产量达到最大值；一旦边际产量小于平均产量，平均产量开始递减。

上述总产量、平均产量和边际产量的关系，适用于一切存在不变要素投入与可变要素投入的短期生产。

4.2.2　边际产量递减规律

边际产量递减规律，也称为边际收益递减规律，是指在技术水平和其他要素投入不变的条件下，如果连续地增加一种可变要素的投入，最初会使边际产量递增，但是边际产量迟早会逐步减少，甚至变为负数。

在经济学里，有这样一种说法，"不是狗身子晃动狗尾巴，而是狗尾巴带动狗身子"。这里的狗身子是总量的概念,狗尾巴是边际量的概念,这句话说明了边际量在经济学里的重要意义。因此,我们需要重点研究边际量的变化规律。

由表4.1和图4.1可以看出,随着可变要素投入量的增加,边际产量经过递增、递减,甚至变为负数的过程,边际产量曲线呈现先上升,达到最高点后开始呈下降趋势,这种现象通常被称为边际产量递减规律。

为了确定要素投入对收益的贡献,必须把边际产量从实物量变为价值量。任何一种投入的边际产量值(Value of Marginal Product),就是该投入的边际产量乘以产品的市场价格。假定价格不变,边际产量就等于边际收益,边际产量递减规律也称为边际收益递减规律。

"一个和尚挑水喝,两个和尚抬水喝,三个和尚没水喝",这是人们耳熟能详的故事。从开始的一个和尚到后来的三个和尚,随着人力投入的增加,产出却为什么并没有增加反而减少呢? 这就是边际产量递减规律的作用。

边际产量递减的原因在于:在任何的生产过程中,可变要素投入量与不变要素投入量之间都存在一个最佳的配置比例。在生产的初期阶段,相对于固定要素来说,可变要素投入过少,因此,随着可变要素投入的增加,固定要素得到较好的利用,边际产量是递增的。当可变要素与固定要素的配合比例恰当时,边际产量达到最大。如果再继续增加可变要素的投入,超过了一定的限度,相对于固定要素来说可变要素就太多了,其边际产量必然下降。

边际产量递减规律,是对实践经验的一般性概括,而不是像地球万有引力定律那样的普遍真理和自然规律。理解边际产量递减规律,应该注意以下几点。

①边际产量递减规律,是以技术水平不变为前提的。如果技术条件发生变化,边际产量不一定会下降。例如,在农业上如果引进高产良种或密植技术,在固定面积的土地上增加化肥或劳动,边际产量可能还会递增。

②边际收益递减规律假定至少有一种要素的数量是保持不变的,不适用于所有要素都同时变动的情况,也就是说不适合研究长期生产理论。如果所有生产要素都按相同比例增加,就不属于边际产量递减规律的作用范围,而属于规模收益问题了。

4.2.3　可变要素的合理投入区间

在短期生产中,企业的调整是在既定生产规模下的短期产量调整。由于边际产量递减规律,在厂房、设备等资本要素固定不变的条件下,生产者为了获得最优的产量,不能无限增加可变要素的投入量,而必须把可变要素的投入限定在合理的区间。

根据总产量、平均产量、边际产量相互之间的关系,可以把短期生产划分为三个阶段,如图4.2所示。

①第一阶段,边际产量大于平均产量。这一阶段的特点是随着可变要素投入量的增加,总产量和平均产量都呈上升趋势。

在这一阶段,由于可变要素的投入相对不足,因此不变投入要素没有得到充分的利用。随着可变要素的增加,总产量与平均产量呈现递增趋势,这意味着增加可变要素的投入能够进一步降低单位产品的生产成本。从管理决策的角度来看,理性的厂商不会将其生产限制在这一阶段,而是继续增加可变要素投入量。

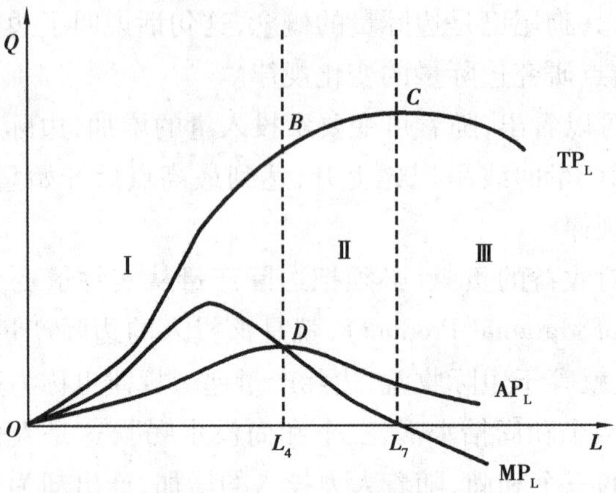

图 4.2　生产三个阶段的划分

②第二阶段,边际产量小于平均产量,边际产量大于0。这一阶段的特点是:随着可变要素投入量的增加,平均产量呈下降趋势,但总产量继续上升。

在这一阶段,可变要素的增加改善了生产要素之间的组合关系,提高了不变投入要素的使用效率。由于边际产量大于零,总产量继续上升,因此单位产品的固定成本进一步降低。又由于边际产量小于平均产量,平均产量呈下降趋势,因此单位产品的可变成本呈上升趋势。固定成本与变动成本的运动方向相反,说明在这一阶段有可能找到一个最优决策点使两种成本的变动恰好抵消,在这一点上,增加或减少可变要素的投入都会导致成本增加。因此,最优的可变要素投入量只能在第二阶段选择。

③第三阶段,边际产量小于0。这一阶段的特点是:边际产量变为负值,从而总产量和平均产量开始全面下降。在这一阶段,由于可变要素的过多投入,生产会出现冗余。相对于不变投入要素而言,可变要素的投入已经太多了,导致总成本上升,总产量减少,经济效益下降。因此,对一个理性的厂商来说,不会在第三阶段增加可变要素的投入量。从管理决策的角度来说,要改变这种不经济的状况,重点是改变前提条件,如生产技术条件、其他要素投入量等,改变了这些前提条件,边际产量递减规律也就不适用了。

通过以上分析,一般来说,第二阶段是可变要素的合理投入区间。至于具体选择在这一区域的哪一点进行生产,生产者究竟投入多少可变要素,还需要结合生产要素价格和厂商的收益等因素来决策。

4.3　长期生产理论

在实际生产中,特别是长远规划中,所有生产要素的投入量都是可变的,并且各种投入要素之间往往可以相互替代。例如,建一家服装厂,既可以采用高价的自动化设备与少量的劳动力相组合,也可以采用便宜的普通设备与大量的劳动力相结合。在成本一定的条件下,投入要素之间怎样组合,才能使产量最大?或者,在产量一定的条件下,投入要素之间怎样组合,才能使成本最低?这就需要研究生产要素的最优投入组合问题。

4.3.1　生产要素的最优投入组合

为了确定生产要素的最优投入组合,需要运用等产量线和等成本线等工具进行分析。

1）等产量线

等产量曲线是指生产同一产量，两种生产要素投入量的各种不同组合方式所形成的点连起来的曲线。一个既定的产量，可以通过生产要素的不同组合方式生产出来。

如表4.2所示，生产50单位的某商品时，投入生产要素可以采取a,b,c,d等各种不同的组合方式。虽然每种组合方式的资本量和劳动量不同，但都能生产50单位产量。

表4.2 等产量表

生产要素的组合	资本的投入(K)	劳动投入(L)	产量(Q)
a	6	1	50
b	3	2	50
c	2	3	50
d	1	6	50

根据表4.2中的数据，以横坐标代表劳动投入量，纵坐标代表资本投入量，在坐标图形中找到a、b、c、d的组合点，将这些点连接起来，就是一条等产量曲线，如图4.3所示。

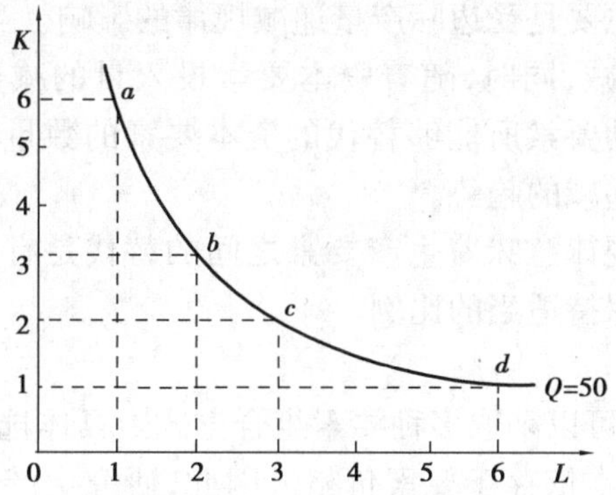

图4.3 等产量曲线

等产量曲线上的各点，代表了投入生产要素的各种组合。在相同产量下，投入要素的各种可能组合的轨迹，就是等产量线。

等产量线具有如下基本特征：

①等产量曲线向右下方倾斜，其斜率为负。这是因为，在产量不变的前提下，两种要素相互替代，增加一种要素的投入量，就要减少另一种要素的投入量，此长彼消。

②在产量不变的条件下，连续等量地增加一种要素投入量，能够减少的另一种要素的数量越来越少。因此，等产量曲线的斜率是递减的，其形状表现为凸向原点。

③离原点越远的等产量曲线代表的产量越高，任意两条等产量曲线不能相交。

等产量曲线与无差异曲线具有类似的几何性质。关键的区别是，无差异曲线表达的是消费者对两种消费品的效用大小的评价，它表现的是能够产生相同效用水平的两种消费品的不同组合；而等产量曲线表达的是生产要素的投入量与产出量之间的纯技术关系，它表现的是生产一定数量的产品需要投入的两种生产要素的不同组合。

2)边际技术替代率递减规律

边际技术替代率(Marginal Rate of Technical Substitution,MRTS),是指在维持既定的产量水平不变的前提下,一种生产要素投入的增加量与另一种生产要素投入的减少量之间的比率。

边际技术替代率是与等产量线相联系的概念。在保持产量不变的情况下,增加的劳动数量 ΔL 与减少的资本数量 ΔK 的比率,就是劳动 L 对资本 K 的边际技术替代率。用公式可以表示为:

$$MRTS_{LK} = -\Delta K/\Delta L$$

公式中的 ΔK 和 ΔL,分别表示资本投入的变化量和劳动投入的变化量,负号表示两种生产要素的投入量是此消彼长的关系,加一负号是为了使结果为正值。等产量线上任意一点的边际技术替代率,实际上就是该点对等产量线所作切线的斜率。

从图 4.2 可以看出,在既定的产量水平下,劳动对资本的边际技术替代率随着劳动投入量的增加而呈现递减的趋势,这就是边际技术替代率递减规律。

边际技术替代率递减规律的基本内容,可以一般表述为:在维持产量水平不变的前提下,当一种生产要素的投入量不断增加时,增加的每一单位该要素所能替代的另一种生产要素的数量是递减的。

边际技术替代率递减主要是受边际产量递减规律的影响。当劳动要素投入量连续增加时,劳动的边际产量 MP_L 递减,同时,随着资本要素投入量的减少,资本的边际产量 MP_K 增加,这样一来,每一单位劳动要素所能够替代的资本要素的数量就会越来越少,劳动对资本的边际技术替代率呈现出递减的趋势。

边际技术替代率递减规律意味着生产要素之间的替代是有限的,任何一种产品的生产技术都要求各要素的投入保持适当的比例。

3)等成本线

为了生产既定的产量,可以采取多种要素组合方式。具体选择何种要素组合方式,取决于要素的成本,而要素的成本依存于要素价格。因此,研究生产要素的最优投入组合,还需要引入等成本线。

等成本线又称企业预算线,是指在生产要素价格一定的条件下,生产者投入一定的总成本可以购买到的两种生产要素的各种不同数量组合的轨迹。等成本线如图 4.3 所示。

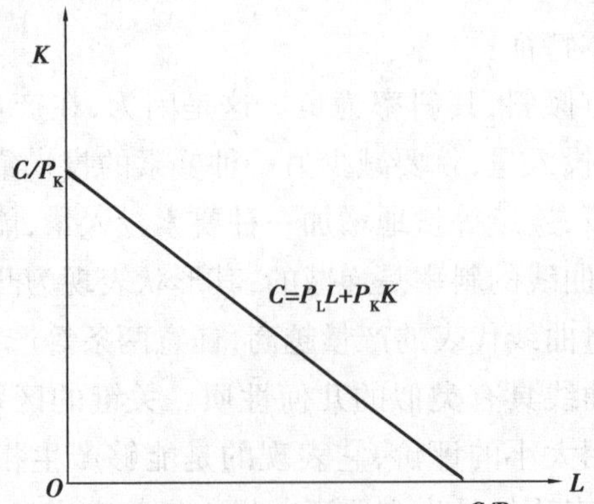

图 4.4 等成本线

如果资本和劳动的价格分别表示为 P_L 和 P_K，资本和劳动的投入量分别表示为 L 和 K，总成本为 C，那么，等成本线可以表示为：

$$C = P_L \cdot L + P_K \cdot K$$

等成本线方程 $C = P_L \cdot L + P_K \cdot K$，也可以写为：$K = C/P_K - (P_L/P_K)L$。由此可以看出，这条直线的斜率 P_L/P_K 是负数，它表示 L 与 K 呈相反的方向变化，即增加 K 的购买量就必须减少 L 的购买量，增加 L 的购买量，就必须减少 K 的购买量。

如果生产要素的价格不变，投入的总成本增加了，等成本曲线将向右上方平行移动；反之，投入的总成本减少，等成本曲线向右下方平行移动。处于较高位置的等成本曲线，总是代表较高的成本。

4）生产要素的最优投入组合

生产要素的最优投入组合，不仅取决于技术上是否可能，还取决于经济上是否合理（即成本状况），厂商的理性决策，就是同时考虑技术上和经济上两方面的因素，使得生产者能够在既定的成本下所生产的产量最大，或者在既定的产量下所花费的成本最小。

（1）在既定的成本下，使产量达到最大

在厂商投入的成本既定，劳动和资本两种要素的价格已知的情况下，厂商面临一条既定的等成本线。将这条等成本线和多条等产量线放在同一个坐标图上，等成本线必定与无数条等产量线中的一条相切于一点，在这个切点上就实现了生产要素的最优组合，如图4.5所示。

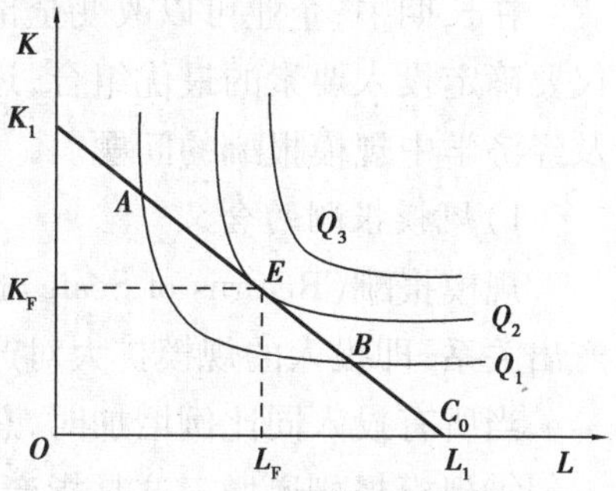

图4.5 既定成本下产量最大

在图4.5中，三条等产量线，产量大小的顺序为 $Q_1 < Q_2 < Q_3$。等成本线 C_0 与 Q_2 相切于 E，这时实现了生产要素的最优组合。这就是说，在生产者货币成本与生产要素价格既定的条件下，E 点所对应的劳动量与资本量的结合，能实现利润的最大化，即既定产量下成本最小或既定成本下产量最大。

为什么只有在这个切点时才能实现生产要素的最优组合呢？从图4.5中可以看出，只有在这一点上所表示的劳动与资本的组合才能在货币成本和要素价格既定的条件下实现产量最大。离原点更远的等产量线 Q_3，代表的产量水平大于 Q_2，但等成本线 C_0 与之既不相交又不相切，这说明，Q_3 产量所需的要素投入组合在既定的条件下是无法实现的。离原点更近的等产量线 Q_1，虽然等成本线 C_0 线同它有两个交点 A 和 B，但 $Q_1 < Q_2$。A 点和 B 点的要素组合并不能实现既定成本下的产量最大。此外，Q_2 除 E 点之外的其他各点均处于成本线 C_0 之外，这也意味着其所需的要素投入组合在既定的条件下是无法实现的。

（2）在既定的产量下，使成本达到最小

在厂商生产的产量既定的情况下，厂商可以用不同的生产要素组合来生产这一既定的产量，即厂商面临一条既定的等产量线。将这条等产量线和多条等成本线放在同一个坐标图上，等产量线必定与无数条等成本线中的一条相切于一点，在这个切点上就实现了生产要素的最优组合，如图4.6所示。

综上所述，生产要素的最优组合就是等产量线与等成本线相切的切点所对应的劳动量

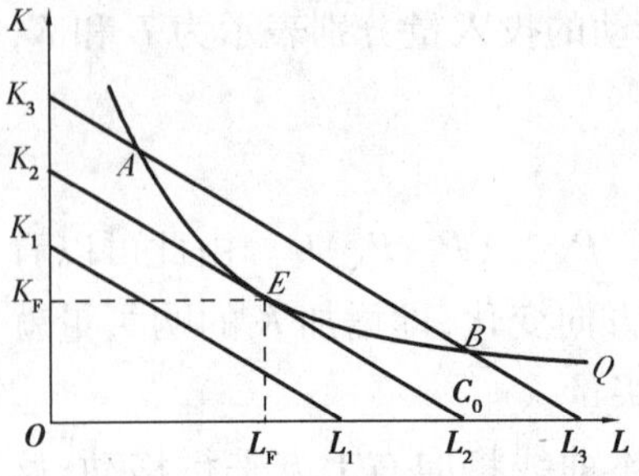

图 4.6　既定产量下成本最小

与资本量的组合。由于切点处两条相切曲线的斜率相等，而等产量曲线的斜率等于边际技术替代率，等成本曲线的斜率等于两种生产要素的价格之比，因此，生产要素最优组合的条件用公式可以表示为：

$$\frac{MP_L}{MP_K}=\frac{P_L}{P_K}$$

整理可得：

$$\frac{MP_L}{P_L}=\frac{MP_K}{P_K}$$

为了在一定的成本限制下使产量最大，或者在一定的产量限制下使成本最小，厂商可以通过对两种生产要素投入量的不断调整，使得每一单位货币所获得的边际产量相等，从而实现两种生产要素的最优组合。

4.3.2　规模报酬

在长期中，企业可以改变全部生产要素的投入，进而影响生产规模。长期生产分析，不仅要确定投入要素的最优组合，还要确定多大的生产规模是最适宜的，这一问题的解决，涉及经济学中规模报酬的问题。

1）规模报酬的含义

规模报酬（Returns of Scale）也称规模收益，是指所有生产要素同时同比例增加的投入与产出关系，即投入的规模扩大对产量或收益的影响。

当所有投入同比例增加时，总产量有 3 种反应：

①规模报酬递增。这是指产出增加的幅度大于规模扩大的幅度。例如，一个小规模化工厂的工程师发现，把劳动和资本等生产要素的投入同比例增加 10%，会引起总产量增长 30%。

【相关链接 4.1】

规模经济：王永庆的成功之道

台塑集团老板王永庆从小不爱读书，小学时的成绩总是在最后 10 名之内，但他具有吃苦耐劳、勤于思考的品质，终于成就了一番事业。王永庆大概没有读过经济学著作，但他的成功之路却与经济学原理是一致的。王永庆的事业是从台塑生产塑胶粉粒 PVC 开始的。当时每月仅产 PVC 100 t，是世界上规模最小的。王永庆知道，要降低 PVC 的成本只有扩大产量，扩大产量、降低成本，打入世界市场是成功的关键。于是，他冒着产品被积压的风险，把产量扩大到 1 200 t，并以低价格迅速占领了世界市场。王永庆扩大产量、降低成本的做法正是经济学中的规模经济原理。

（资料来源：人大经济论坛案例库，有删减）

②规模报酬不变。这是指产出增加的幅度等于规模扩大的幅度。例如，当投入的资本和劳动都同比例增加 10%，产量也增加 10% 时，即为规模报酬不变。这时规模经济已经用完，规模收益难以进一步提高，如果继续扩大生产规模，可能出现规模收益递减。

③规模报酬递减。这是指产出增加的幅度小于规模扩大的幅度。例如，当劳动和资本分别投入20单位时，总产出是100个单位；但是当劳动和资本投入同比例增加100%时，总产出却低于200个单位，投入增加了100%，而产出的增加却低于100%。

【相关链接4.2】

中国家庭农场的适度规模

20世纪80年代以来，我国农业生产普遍实行家庭联产承包责任制。家庭联产承包责任制是指农户以家庭为单位向集体组织承包土地等生产资料和生产任务的农业生产责任制形式。家庭联产承包责任制突破了“一大二公”“大锅饭”的旧体制，个人付出与收入挂钩，极大地提高了农民生产的积极性，解放了农村生产力，创造了令世人瞩目的用世界上7%的土地养活世界上22%的人口的奇迹，对我国农民脱贫起到了重要作用，推动了农业生产的快速发展。

由于每个家庭经营的耕地面积很小，农民还在沿用传统手工劳动工具，生产效率低，抗风险能力弱。超小规模的家庭经营使中国农村经济带有浓厚的小农经济色彩，使农业生产长期滞留在半自给自足的自然经济阶段，导致农产品成本过高，缺乏市场竞争力。随着市场经济的发展，现行的土地家庭承包制度的边际效用急剧递减。特别是中国加入世界贸易组织(WTO)后，外国农产品凭借其质量优势或价格优势进入中国市场，使中国农业遭受到来自外国农产品的强烈冲击及严峻挑战。

2013年中央一号文件首次提出“家庭农场”的概念，提出坚持依法自愿有偿的原则，引导农村土地承包经营权有序流转，鼓励和支持承包土地向专业大户、家庭农场、农民合作社流转，发展多种形式的适度规模经营。家庭农场是指以家庭为主要劳动力，从事农业规模化、集约化、商品化生产经营，并以农业收入为家庭主要收入来源的新型农业经营主体。据统计，截至2016年年底，全国纳入县级以上农业部门名录管理的家庭农场达到44.5万个。

关于家庭农场的规模，山东省第十一届政协委员农业界别首个联名提案中建议：根据山东的具体情况，家庭农场种粮规模控制在200亩(1亩=666.67 m^2)左右为宜。以种粮食为例，有的家庭农场经营规模在500亩以上，自己管不过来，资金又紧缺，只能勉强维持；有的只有二三十亩地，面积太小连农机都不值得买，成本降不下来，难以实现规模化经营。国家应该进行有针对性的扶持，通过政策调整引导家庭农场和种植大户向这个规模靠拢。

(资料来源：邓先娥，汪芳. 经济学基础[M]. 3版. 北京：人民邮电出版社，2019.)

一般认为，在长期生产过程中，规模报酬呈现一定的规律：当企业规模较小时扩大生产，则规模报酬递增。此时企业会扩大规模以得到产量递增带来的好处，将生产保持在规模报酬不变的阶段。此后，如果企业继续扩大生产，就会出现规模报酬递减。

2)规模经济性分析

经济学认为，导致规模报酬变动的原因，主要是内在经济与内在不经济和外在经济与外在不经济。

(1)内在经济与内在不经济

内在经济是指企业在生产规模扩大时由自身内部原因所引起的收益的增加。引起内在经济的原因主要有：

①可以使用更加先进的机器设备。机器设备类生产要素带有一种不可分割性。当生产规模小时，无法购置先进的机器设备，即使购买了也会造成设备不能充分发挥作用，生产能力出现剩余。只有在大规模生产中，大型的先进设备才能发挥作用，使产量更大幅度地增加。

②可以实行专业化生产。在大规模生产中，专业分工可以更细，这样就可以提高工人的技术水平，提高生产效率。

③可以节省管理费用，提高管理效率。各种规模的生产都需要配备必要的管理人员，在生产规模小时，这些管理人员无法得到充分利用，而在生产规模扩大时，可以在不增加管理人员的情况下增加生产，从而提高管理效率。

④可以对副产品进行综合利用。在小规模生产中，许多副产品往往被作为废物处理，而在大规模生产中，就可以对副产品进行再加工，做到废物利用。

⑤可以在筹措资金、购买原材料和半成品、产品销售等方面获得更加有利的条件。

大规模生产可以提高生产效率，降低产品的平均成本，获得规模经济的内部效益，从而导致规模报酬递增。但是，生产规模也不是越大越好。一个企业由生产规模过大而引起收益减少，就是内在不经济。引起内在不经济的原因主要有：

①管理效率降低。随着规模的扩大，管理层次增加，信息从工人到最高管理层以及在相反的传递过程中都有可能产生损失或失真，从而使沟通变得更加复杂和难以把握，使决策的制订需要更多的时间和补充。管理层次过多，也会使组织内部难以协调，管理上出现各种漏洞，从而使生产效率降低，经济效益下降。

②生产要素价格与销售费用增加。生产要素的供给不是无限的。生产规模过大必然导致大幅度增加对生产要素的需求，从而使生产要素的价格上升。同时，生产规模过大，产品大量增加，也增加了销售的困难，需要增设更多的销售机构和人员，增加了销售费用。

(2)外在经济与外在不经济

一个企业的产量与收益，不仅受它本身的生产规模的影响，还存在一个行业生产规模的问题。一个行业是由生产同种产品的厂商组成的，行业生产规模的大小影响着其中的每一家厂商的产量与收益。

外在经济是指整个行业生产规模的扩大，给个别厂商带来的产量与收益的增加。引起外在经济的原因是：个别厂商可以从整个行业的扩大中得到更加方便的交通设施、更多的信息、更好的人才等，从而使产量与收益增加。

当一个行业的生产规模过大使个别厂商的产量和收益减少时，就形成外在不经济。引起外在不经济的原因是：一个行业过大使厂商之间的竞争更加激烈，各个厂商为了争夺生产要素与产品销售市场，必须付出更大的代价。此外，整个行业的扩大，也可能使环境污染更加严重，交通紧张，个别厂商为此要付出更大代价。

3）生产的适度规模

通过以上分析可以看出，一个企业、一个行业的生产规模不宜过小，也不宜过大，即要有适度规模。

对于一个企业来说，适度规模，就是使两种生产要素的增加，即生产规模的扩大正好使规模收益递增达到最大点。当报酬递增达到最大时就不再增加生产要素，并使这一生产规模维持下去。适度规模又称为最优规模，此时企业的单位生产成本最小。

对于不同行业的企业来说，适度规模的大小是不同的，并没有一个统一标准，要根据许多因素确定适度规模。如制造业因需要大量的资本设备投资，适度规模一般比服务行业要大得多。

4.4 厂商的成本与收益分析

4.4.1 成本的基本概念

成本是企业生产和定价决策的关键决定因素，但是，确定什么是成本并不简单。成本(Cost)，又称为生产费用，是厂商为了生产一定数量的商品和劳务所付出的代价。成本到底是多少？经济学家和会计师的回答会有所不同。

1）机会成本和会计成本

经济学家计算成本的目的，是要考察稀缺资源如何有效地分配于各种用途。从经济学的角度看，资源有不同的用途，选择其中一种用途便意味着失去了选择其他用途的机会，因此，经济分析中的成本总和机会成本密切相关。

机会成本(Opportunity Cost)，是指将资源使用于某一种特定的用途而放弃的其他用途的最高收益。例如：当一个厂商决定将一吨原油用作燃料时，就不能再用这一吨原料生产化纤等其他产品。假定一吨原油的价格为1 000元，可发电1 000度，可生产化纤500 t。假定化纤收入是各种产品中最高的，则一吨原油发电的机会成本就是一吨原油所能生产的化纤。假定化纤价格为10元/t，则用货币表示的每一度电的机会成本是5元，而会计成本仅为1元。

会计师计算成本的目的是编制损益表，以此并作为纳税的基础。会计成本(Accounting Cost)，是指在会计账面上反映出来的企业经营过程中所发生的各项费用。会计成本是历史成本，只反映企业通过市场购买或租用生产要素所支付的实际货币支出，不能全面反映企业为使用这些资源而付出的总代价。

【相关链接4.3】

猪粮比价

为健全生猪市场调控机制，缓解生猪生产和市场价格周期性波动，促进生猪生产平稳健康发展，我国于2009年1月颁布实施《防止猪价过度下跌调控预案(暂行)》(2009年第1号公告)。2012年5月，在对暂行预案进行修改完善的基础上，制定了《缓解生猪市场价格周期性波动调控预案》(2012年第9号公告)。2015年10月，在对原预案修订的基础上出台了新版《缓解生猪市场价生猪市场价格周期性波动调控预案》(2015年第24号公告)。这三套预案都将猪粮比价作为判断生猪生产和市场情况的基本指标。

猪粮比价是指生猪出场价格与玉米批发价格的比值。其中,生猪出场价格、玉米批发价格是指国家发展和改革委员会监测统计的全国平均生猪出场价格和全国主要批发市场二等玉米平均批发价格。

猪粮比价介于(5.5~8.5)∶1,生猪生产和价格正常,无须政府干预。高于8.5∶1或低于5.5∶1时,国家发展和改革委员会及时通过中国政府网等媒体向社会发布预警信息,以引导生产。高于9∶1时,生猪供给严重不足,价格过度上涨,政府会适时投放储备肉;低于5∶1时,生猪市场供大于求,政府会通过收购增加储备肉,以防伤害养殖户的积极性。其中猪粮比价介于(5~5.1)∶1,表明生猪价格出现轻度下跌,生猪生产效益下降;介于(4.5~5)∶1,表明生猪市场明显供大于求,价格出现中度下跌,生猪生产明显亏损;低于4.5∶1,表明生猪市场严重供大于求,价格出现重度下跌,生猪生产严重亏损。

需要说明的是,随着生猪饲养成本结构的变化,新版预案相应调整了盈亏平衡点对应的猪粮比价。为更加准确地反映实际情况,对生猪生产盈亏平衡点对应的猪粮比价采取区间设置,根据2012—2014年生产成本数据测算,合理的水平在(5.5~5.8)∶1。

(资料来源:邓先娥,汪芳.经济学基础[M].3版.北京:人民邮电出版社,2019.)

2)显成本与隐成本

按是否形成现金流出,厂商的生产成本可以分为显成本和隐成本两个部分。

显成本(Explicit Costs),又称支出成本,是指厂商在生产要素市场上购买或租用生产要素的实际支出。显成本包括厂商支付所雇用的管理人员和工人的工资、所借贷资金的利息、租借土地、厂房的租金以及用于购买原材料、机器设备、工具和支付交通能源费用等支出的总额。这些支出在实际发生后会逐笔在会计账目上记录,是显而易见的,显成本又叫会计成本。

隐成本(Implicit Costs),又称非支出成本或内在成本,是指厂商自己拥有且被用于该企业生产过程的资源的成本。厂商除了购买和租用市场上的生产要素,还会动用自有资金、土地、自我管理才能等。隐成本实际上是厂商使用自有资源也应得到的报酬,是一种机会成本,并不需要实际向外支付,不会在企业的会计账目上反映出来,所以称为隐成本。从经济学的角度看,隐成本(机会成本)必须按照企业自有资源在其他最佳用途中所能得到的最大收入来支付,否则,厂商就会把自有资源转移到其他用途上,以获得更多的报酬。

3)经济成本与会计成本的关系

经济学从稀缺资源配置的角度考察生产成本,关注企业如何做出合理的生产和定价决策,因此,在衡量成本时必须用机会成本的概念。经济成本是指厂商生产物品与劳务时所使用的全部生产要素的代价,既包括厂商从市场上购买或租用生产要素实际支出的显性成本,也包括厂商使用自有生产要素的隐性成本。

与此相比,会计师的工作是核算资金运动,记录流入和流出企业的货币,在衡量成本时只考虑要求企业实际支出货币的显性成本,但往往忽略了隐性成本。

经济成本与会计成本之间的关系,可以用下列公式表示:

$$经济成本=显成本+隐成本$$

会计成本 = 显成本

机会成本 = 隐成本

会计成本 + 机会成本 = 经济成本

【案例研究】

在“下海”的浪潮中,某服装公司处长小王与夫人用自己的20万元资金办了一个服装厂。一年结束时,会计拿来了收支报表。当小王正看报表时,他的一个经济学家朋友小李来了。小李看完报表后说,我的算法和你的会计不同。小李也列出了一份收支报表。这两份报表如表4.3所示。

表4.3 服装厂的收支报表

会计的报表/万元		经济学家的报表/万元	
		销售收益	100
销售收益	100	设备折旧	5
设备折旧	3	厂房租金	3
厂房租金	3	原材料	60
原材料	60	电力等	3
电力等	3	工人工资	10
工人工资	10	贷款利息	15
贷款利息	15	小王与夫人应得工资	4
总成本	94	自有资金利息	2
利润	6	总成本	102
		利润	−2

思考:会计说服装厂是盈利的,而经济学家则认为服装厂是亏损的,为什么会出现这样的差异?

解析:经济学家所计算的成本中包括机会成本,它与会计成本的差别有以下3点。

①机会成本包括小王与夫人自己办厂,不用向自己支付的工资。会计成本中没有这一项。但从机会成本的角度来看,他们如果不自己办厂,就可以去上班,赚到工资。所以,他们不上班而放弃的工资收入就是把自己的时间与精力用于办厂的机会成本。假设小王及其夫人上班时每年工资收入为4万元,自己办厂的机会成本之一就是放弃的这4万元收入。

②机会成本包括小王办厂自有资金放弃的利息。会计成本中也没有这一项。小王办厂中部分是自有资金(20万元),并不用给自己支付利息,会计报表中当然没有记录。但如果把这笔钱存入银行,可获得2万元利息。把20万元用于办厂而放弃的利息是机会成本之一。

③会计报表与经济学家报表中都有设备折旧一项,但会计成本与机会成本的计算方法不同,因此数值不同。会计是按线性折旧计算的,即全部设备为15万元,设备使用期限为5年,平均每年折旧3万元,设备折旧为3万元;经济学家是按设备资产的现值来计算折旧的。

小王去年买的设备,现在如果拿出去卖只值10万元,所以折旧,即设备资产价值的减少为5万元。这就是用机会成本来计算的折旧。这两种方法计算出的折旧差别为2万元。(应注意的是,用机会成本的方法计算折旧,如果资产升值了,折旧就为负的,例如把房产作为设备时,房产升值,折旧就可以是负的,但在会计看来,折旧绝不可能是负的。)

所以,从会计的角度看,总成本是94万元;从经济分析的角度看,总成本是会计成本94万元加上三项机会成本8万元,一共102万元。销售收益100万元减去经济成本102万元,实际结果为亏损2万元。

(资料来源:张晓华,王秀繁.经济学基础[M].北京:机械工业出版社,2006.)

4.4.2 成本函数

成本函数是企业的总成本与产量之间的变化关系。由于考察时期不同,成本函数可分为短期成本函数和长期成本函数。

短期成本函数是指企业在这个时期内不可能调整全部生产要素,总有一种或几种生产要素的数量固定不变,因而也就有固定成本和变动成本之分。所谓长期成本函数,是指企业在这个时期内可以调整全部生产要素,因而一切生产要素都是可变的,一切成本都是可变的,没有什么固定成本。如果以 C 代表成本,以 Q 代表产量,a 为固定成本,则短期成本函数可以表示为:

$$C = a + f(Q)$$

长期成本函数可以表示为:

$$C = f(Q)$$

可见,短期成本函数与长期成本函数的区别,就在于是否有固定成本和可变成本之分。短期成本分析,主要用于企业日常经营决策;而长期成本分析主要用于指导长期规划。

例如,对一家已经建成的钢铁厂来说,在短期内,无论产量如何变化,厂房和设备不太可能变化,可变的只是劳动力和原材料的数量,在这种条件下形成的产量与成本之间的关系,就是短期生产函数。所以短期成本函数主要用于日常经营决策。

又如,计划新建一家钢铁厂,打算规划20年后的产量和成本。这个厂用什么样的设备,建多大的规模,在设计时都是可以选择的。在全部要素投入量都可变的情况下,企业有可能在各种产量水平上选择最优的投入组合,在这样条件下形成的产量和成本之间的关系,就是长期成本函数。所以长期成本函数一般用于长期规划。

4.4.3 短期成本分析

某乡村旅游景区附近的一家宾馆,有30间客房,每间客房每天的房价为80元,每天的成本包括摊销折旧费15元,管理人员工资10元,打扫人员工资15元,客人早餐15元,一共55元。在淡季时,客房的入住率常常不到20%。某日有个旅行团出价50元,想租10间房间,住3天。如果你是经理,是否同意这项交易?你可以接受的最低价格是多少?门庭冷落可否考虑停止营业呢?

回答这些问题,需要掌握成本的相关理论,运用短期成本分析来指导生产上的决策。

1)短期总成本:固定成本和可变成本

短期总成本(Short-run Total Cost,STC),是指在短期内生产一定数量的产品所需要的成本总和。由于在短期中厂商只能对部分要素进行调整，至少有一种投入要素不能进行调整。因此，短期总成本可以分为固定成本和可变成本。

①固定成本(Fixed Cost ,FC)，是指在短期内不随产量增减变动而变动的那部分成本，主要包括厂房和设备的折旧以及管理人员的工资费用等。固定成本在短期内是不变的，即使暂时停产，产量为零，固定成本仍然存在。在几何图形上，固定成本曲线 FC 表现为一条与横轴平行的直线，如图 4.7 所示。

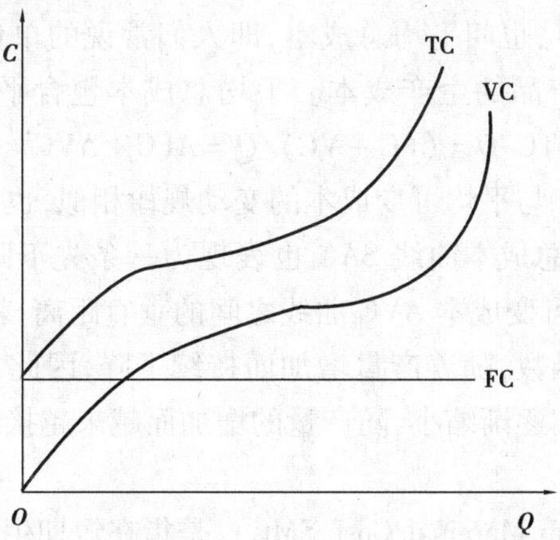

图 4.7 短期总成本、固定成本和可变成本曲线

②可变成本(Variable Cost, VC)，是指短期内随产量的增减变动而变动的那部分成本，主要包括原材料、燃料和动力以及生产工人的工资费用等。可变成本是产量的递增函数，如果产量为零，可变成本也为零。在几何图形上，可变成本曲线 VC 表现为一条自左下方向右上方上升的曲线。如图 4.7 所示，当产量为 0 时，总可变成本为 0；随着产量的上升，总可变成本逐步上升，开始时以递减的速率上升，当产量达到一定水平后，便以递增的速率上升。

③短期总成本，等于短期生产中投入的固定成本与可变成本之和，即 STC = FC + VC。在几何图形上，短期总成本曲线 TC 表现为一条从纵轴上固定成本的截点起，由左下方向右上方上升的曲线。如图 4.7 所示，当产量为 0 时，短期总成本 = 固定成本；随着产量的上升，总成本逐步上升，开始以递减的速率上升，当产量达到一定水平后，便以递增的速率上升。总成本曲线与可变成本曲线上升的速度之间存在着对应关系，说明两者之间变动的规律是一致的。短期总成本曲线是在可变成本曲线之上移动一段等于固定成本的垂直距离。

2）短期平均成本：平均固定成本和平均可变成本

短期平均成本(Short-run Average Cost, SAC)，是指厂商在短期生产中每一单位产品平均所消耗的总成本，它等于平均固定成本与平均可变成本之和。

①平均固定成本(AFC)，是指平均每单位产品所摊付的固定成本，即 AFC = FC/Q 平均固定成本的变动规律是，随着产量增加而持续递减。如图 4.8 所示，平均固定成本曲线 AFC 表现为一条从左上方到右下方逐渐下降的曲线，逐渐向横轴接近。

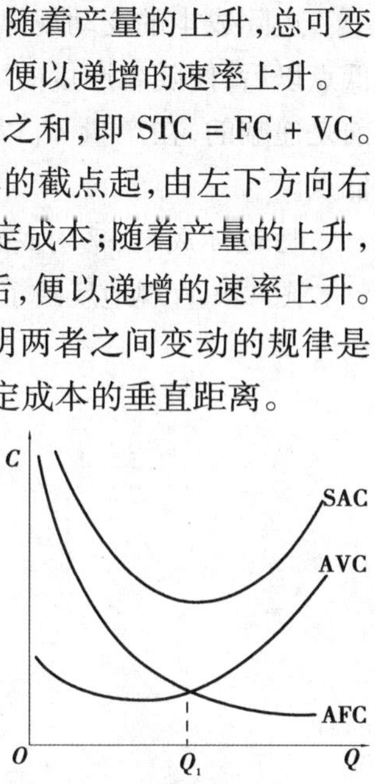

图 4.8 平均可变成本、平均成本、平均固定成本曲线

②平均可变成本(AVC)，是指平均每单位产品所消耗的可

变成本。即 AVC = VC/Q

平均可变成本的变动规律是,开始随着产量的增加和生产要素的充分利用,呈现递减趋势;当产量达到一定水平后,又呈现递增趋势。这是因为,在产量 Q_1 之前,每增加一个单位可变要素所增加的边际产量超过原来每单位可变要素的平均产量,从而表现为平均可变成本随产量增加而递减。当产量在 Q_1 之后,情况正好相反,AVC 曲线也就从递减转为递增。如图 4.8 所示,平均可变成本曲线表现为一条先下降、后上升的 U 形曲线,

③短期平均成本(SAC),也叫平均总成本,即人们常说的单位产品成本,是总成本除以总产量所得的平均每单位产品的生产成本。平均总成本包含平均固定成本和平均可变成本。其定义公式为:SAC = STC/Q = (FC + VC)/Q = AFC + AVC

平均总成本的变动规律与平均可变成本的变动规律相似,也是随产量的增加先下降、后上升。如图 4.8 所示,平均总成本曲线 SAC 也表现为一条先下降、后上升的 U 形曲线。平均总成本 SAC 曲线与平均可变成本 AVC 曲线之间的垂直距离,就是平均固定成本。由于平均固定成本是产量的递减函数,随着产量增加而持续下降,因此,平均总成本曲线与平均可变成本曲线之间的垂直距离逐渐缩小,随产量的增加而越来越接近,呈现为喇叭口形状。

3)短期边际成本

短期边际成本(Short-run Marginal Cost, SMC),是指在短期生产中,厂商每增加一个单位的产量所引起的总成本的增加额。其定义公式为:SMC = ΔSTC/ΔQ

由于在短期中固定成本为一个常数,并不随产量变动而变动,因此,短期边际成本也就是产量变动所引起的可变成本的变动额,上式就可以写为:

$$SMC = \Delta STC/\Delta Q = \Delta VC/\Delta Q$$

边际成本的变动规律是,开始时随着产量的增加而迅速下降,很快就降到最低点,过最低点以后,便随着产量的增加而迅速上升。如图 4.9 所示,边际成本曲线 SMC 在产量 Q_1 以前是递减的,在产量 Q_1 以后转为递增,Q_1 产量是边际成本的转折点,也是边际成本的最低点。

4)边际成本、平均成本、平均可变成本之间的关系

图 4.9 直观地反映了边际成本、平均成本、平均可变成本的变动规律及其相互关系。

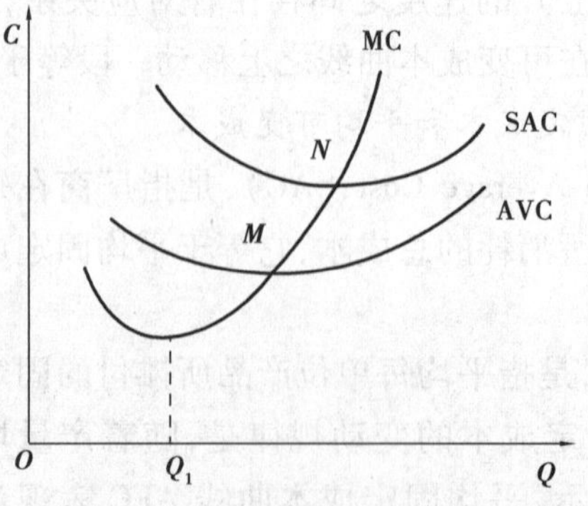

图 4.9 边际成本与平均可变成本和平均成本的关系

①边际成本、平均总成本、平均可变成本的变动规律都是先下降、后上升，但边际成本变动的速率更快。边际成本曲线随产量的增加迅速下降到最低点，在上升时，先通过平均可变成本曲线 AVC 的最低点 M，然后通过平均总成本曲线 SAC 的最低点 N。这是因为平均总成本既包括平均可变成本，又包括平均固定成本。所以受固定成本的影响，平均总成本必定大于平均可变成本。随着产量的增加，平均总成本曲线的最低点 N 必定晚于平均可变成本曲线的最低点 M。

②边际成本曲线 MC 与平均成本曲线 SAC 相交于平均成本的最低点 N 点。在 N 点之前，边际成本低于平均成本；在 N 点之后，边际成本高于平均成本。也就是说，当平均总成本随产量的增加而下降时，边际成本必定小于平均成本；当平均成本随产量的增加而上升时，边际成本必定大于平均成本。当边际成本与平均成本正好相等时，平均成本处于最低点。

③边际成本曲线 MC 与平均可变成本 AVC 相交于平均可变成本的最低点 M 点。在 M 点之前，边际成本低于平均可变成本；在 M 点之后，边际成本高于平均可变成本。当边际成本与平均可变成本正好相等时，平均可变成本处于最低点。

在短期经营决策分析中，边际成本与平均成本的交点 N 点，称为收支相抵点。在这一点上，如果价格等于平均成本时（$P = \text{SAC}$），厂商的总成本（包括正常利润在内）与总收益刚好相等，不赚也不赔。

边际成本与平均可变成本的交点 M 点，称为停止营业点。在这一点上，如果价格等于平均可变成本（$P = \text{AVC}$），厂商所损失的是不生产也要支付的固定成本，生产与不生产亏损是一样的。如果价格低于这一点，则收益还不能弥补可变成本，生产比不生产的亏损更大，厂商无论如何也不应生产了。

4.4.4 长期成本分析

在长期中，厂商可以根据自己要达到的产量来调整全部生产要素，因此，在长期成本分析中没有固定成本与可变成本之分，一切成本都是可变的。长期成本包括总成本、平均成本和边际成本。

1）长期总成本

长期总成本（Long-run Total Cost，LTC），是指厂商在长期中在各种产量水平上通过改变生产规模所能达到的最低总成本。长期总成本随产量的变动而变动。如图4.10所示，没有产量时就没有总成本。随着产量的增加，总成本 LTC 也增加。在开始生产时，要投入大量生产要素，而产量少时，这些产量要素无法得到充分利用，因此，成本增加的比率大于产量增加的比率。当产量增加到一定程度 Q_1 后，生产要素开始得到充分利用，这时成本增加的比率小于产量增加的比率，这也是规模经济的效益。当产量超过 Q_2 后，由于规模收益递减，成本的增加比率又大于产量增加的比率。

2）长期平均成本

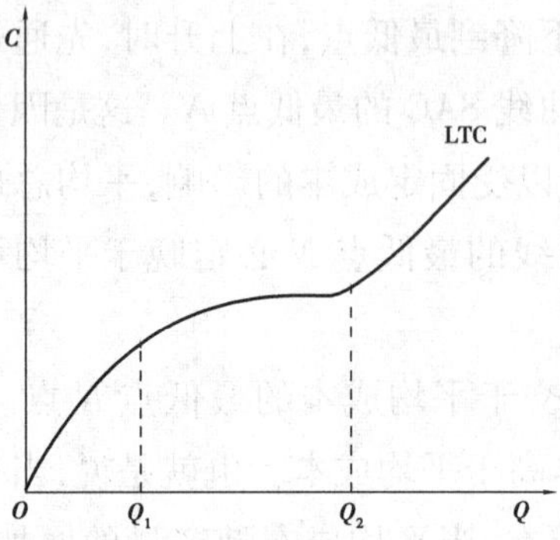

图 4.10　长期总成本

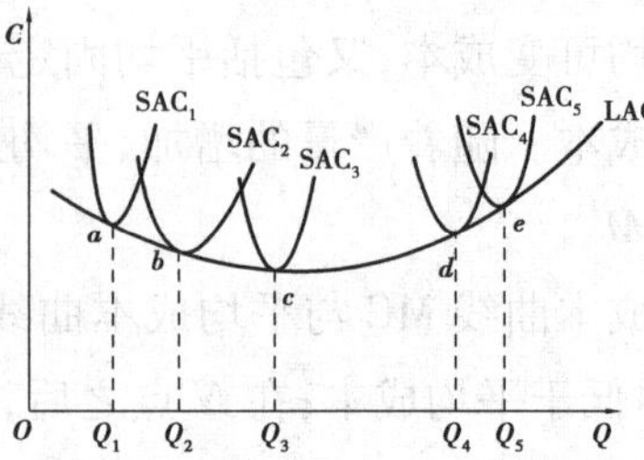

图 4.11　短期平均成本曲线

长期平均成本（Long-run Average Cost，LAC），指在长期中平均每单位产品所花费的成本。长期平均成本是生产各种产量所需的最低平均成本点的轨迹，它是短期平均成本曲线的包络线。

长期平均成本曲线表明了当资本和劳动都可以变动时可以达到的最低平均总成本与产量之间的关系。它随着产量的增加而变动，开始时呈递减趋势，达到最低点后转而递增，是一条先下降然后缓缓上升的"U"形曲线。

从图 4.11 可以看出，5 条短期平均成本曲线分别表示不同生产规模上平均成本的变化情况，越是往右，代表生产规模越大，每条 SAC 与 LAC 不相交但相切，并且只有一个切点，从而形成一条包络曲线。这是生产者为了追求降低成本而选择生产规模的结果。要根据产量的大小来决定生产规模，其目标是使平均成本达到最低。在产量 Q_1 时，要选择 SAC_1 代表的这一规模，因为这时平均成本 aQ_1 是最低的。以此类推，当产量 OQ_2 时，则要选择 SAC_2 代表的这一规模，这时平均成本 bQ_2 是最低的；当产量 OQ_3 时，则要选择用 SAC_3 代表的这一规模，这时平均成本 cQ_3 是最低的等。所以，长期平均成本曲线就是由无数条短期平均成本曲线集合而成的，从而就表现为一条与无数条短期平均成本曲线相切的曲线。在长期中，生产者按这条曲线制订计划，确定生产规模，因此，这条长期平均成本曲线又称为计划曲线。

长期平均成本曲线与短期平均成本曲线的区别在于：长期平均成本曲线无论在下降时还是上升时都比较平坦，这说明在长期中平均成本无论是减少还是增加都变动较慢。这是在长期中全部生产要素都可以随时调整，从规模收益递增到规模收益递减之间有一个较长的规模收益不变阶段，而在短期中，规模收益不变阶段很短，甚至没有。

3）长期边际成本

长期边际成本（Long-run Marginal Cost，LMC），是指长期中增加一单位产量所引起的总成本的增量。长期边际成本也是随产量的增加先减少而后增加的，因此长期边际成本曲线也是一条先下降后上升的 U 形曲线，但它也比短期边际成本曲线要平坦，如图 4.12 所示。

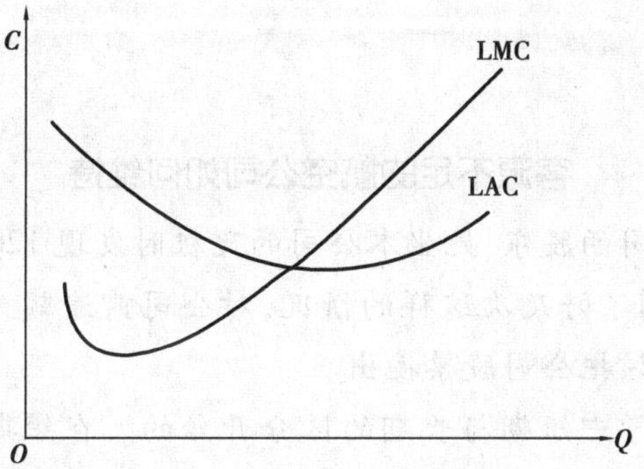

图4.12　长期边际成本与长期平均成本曲线

长期边际成本与长期平均成本的关系，类似于短期边际成本与短期平均成本的关系，即在长期平均成本下降时，长期边际成本必定小于长期平均成本；在长期平均成本上升时，长期边际成本必定大于长期平均成本；在长期平均成本的最低点，长期边际成本等于长期平均成本。

4.4.5　经济利润与会计利润

由于经济学家和会计师用不同方法衡量成本，他们也用不同方法衡量利润。

经济利润(Economic Profit)，是指总收益减去总成本的差额。总成本是厂商生产所销售物品与劳务的所有机会成本，既包括显成本，也包括隐成本。会计利润(Accounting Profit)，是指总收益只减去显成本的差额。

隐成本是厂商自有资源投入任一种用途中所应该得到的正常收入。如果自有资源投入某特定用途上所能得到的收入还抵不上这种资源的正常收入，厂商就会将这部分资源转向其他用途以获得更高的报酬。因此，隐成本又被称为正常利润。所谓正常利润，就是维持企业正常运营所必需的最低利润。如果生产某种产品连正常利润都得不到，资源就会转移到其他用途中去，该产品就不可能被生产出来。

经济利润相当于一种超额利润，是超过正常利润以上的部分。在会计利润的基础上，再减去隐成本即正常利润，才是经济学中的利润概念。厂商追求的利润最大化，是指经济利润最大化。如果某一行业存在着正的经济利润，生产资源会从其他行业转移进入这个行业中；反之，如果一个行业的经济利润为负，生产资源将会从该行业退出。

经济利润对资源配置具有重要指导意义。正的经济利润是资源进入某一行业的信号；负的经济利润是资源从某一行业撤出的信号。如果经济利润为零，其实并不像听起来那么糟糕。经济利润为零，意味着总收益刚好等于所有的机会成本(包括显成本和隐成本)，如果将资源移作他用，也不会带来更多的收益。

上述的经济利润、会计利润与成本之间的关系，可用下列公式表示：

①经济利润 = 总收益 - 总成本 = 总收益 - 显成本 - 隐成本

②会计利润 = 总收益 - 显成本

③隐成本 = 正常利润

④经济利润 = 会计利润 - 正常利润

【课后阅读】

客源不足的航空公司如何维持

维拉女士是某航空公司的股东，她坐本公司的飞机时发现120个座的机舱内也就40人左右。在同一时期，她碰到了好几次这样的情况，对公司前途颇为忧虑。于是，她去请教一位经济学家朋友杰米是否该把公司股票抛出。

杰米的分析是从经济学中短期与长期的区分开始的。在短期中，成本分为固定成本与可变成本。固定成本是不随产量变动而变动的成本，无论飞行次数、乘客人数多少，这些成本是不变的，如航空公司的飞机、工作人员等。可变成本是随产量变动而变动的成本，如飞机所用的汽油，乘客的食物、饮料等。在长期中，一切生产要素都是可变的，飞行次数与乘客多可以多买飞机、多雇工作人员，难以经营也可以卖飞机或解雇工作人员，所以，无固定与可变成本之分。每个企业由于所用固定成本与可变成本多少不同，调整的难易程度不同，短期与长期的时间长度也不同。民航公司增加或减少飞机与专业人员都不容易，长期的时间会长一些。

与此相应，长期中成本都是可变的，但短期中成本要分为固定成本与可变成本。用于固定生产要素的支出的（如民航公司的飞机折旧维修费、工作人员的工资）是固定成本，用于可变生产要素的支出的（汽油费等）是可变成本，这两者之和为短期总成本。分摊到每位顾客的成本为平均成本，包括平均固定成本与平均可变成本。

航空公司和任何一个企业一样，从长期来看如果收益大于成本，就有利润；如果收益小于成本，就会破产；只要收益与成本相等就可以维持下去。这个道理谁都懂，但关键是在短期中，航空公司能维持下去的条件是什么？

短期中也要考虑收益与成本之间的关系，但特别要注意的是，短期中用于固定生产要素的固定成本是不能变动的，只要收益能弥补可变成本，就可以维持下去。这就是说，短期固定成本已经支出了，无可挽回，只要经营能弥补可变成本就可以经营。或者换个说法，就每位乘客来说，只要票价等于平均可变成本，就可以经营。经济学家把平均可变成本等于价格这一点称为停止营业点，意思是在这一点时经营与不经营一样，因为经营时能弥补可变成本，不经营无非不支出可变成本。在这一点之上——价格高于平均可变成本时，经营可以弥补一些固定成本，经营仍然有利；在这一点以下——价格低于平均可变成本时，无论如何也不能经营了。

杰米告诉维拉，她的公司仍在经营说明票价肯定高于（最少等于）平均可变成本。公司买的飞机短期内无法卖出去，雇用的工作人员也不能解雇，即使不飞行，飞机折旧费和工资仍然是要付的。尽管乘客不多，但这些乘客带来的收益大于（或等于）飞行时汽油及其他支出，就可以继续营业。比如，如果飞行一次为成本2万美元，其中固定成本为1万美元，可变成本为1万美元。只要机票为250美元时，乘客人数大于（或等于）40人就可以飞行下去。如果乘客人数为40人，运送每位乘客的平均可变成本为250美元，票价为250美元，这时就是停止营业点。如果顾客再多几个还可以弥补一些固定成本，那么，经营就更有利了。

这就是说，当企业在经营状况不良（飞机乘客不足）时是否停止关键在于可变成本，可以不考虑固定成本。固定成本已经支出，可以说是覆水难收。应该采取的原则是：过去的就让它过去。只要价格等于平均可变成本就可以维持。当然这个原则只适用于固定成本不变的短期。在长期中，无所谓固定成本与可变成本之分，还要考虑总收益与总成本，或者价格与平均成本的关系。

杰米讲完这些道理，维拉明白了，她的公司乘客少是因为在淡季，这时只要能弥补可变成本经营下去，在旺季乘客多时就可以赚钱了。所以，她还是不要抛出公司股票，因为这个公司长期来看业绩还是不错的。

（资料来源：梁小民. 微观经济学纵横谈[M]. 上海：生活 · 读书 · 新知三联书店，2000. 有删减）

本章小结

生产是把各种投入转化为产出的过程。生产函数是在一定时期内，在一定的技术条件下，生产投入的各种生产要素的数量与所能生产的最大产量之间的关系。在短期生产中，生产要素的投入要受到边际产量递减规律的制约。因此，一种可变要素的合理投入区间，是生产的第二阶段。长期内，所有要素的投入都是可变的，为了在一定的成本限制下使产量最大，或者在一定的产量限制下使成本最小，厂商可以通过对两种生产要素投入量的不断调整，使得每一单位货币所获得的边际产量相等，从而实现两种生产要素的最优组合。如果生产要素按一定比例同时增加，称为生产规模的扩大。随着生产规模的扩大会依次出现 3 种情况：规模报酬递增、规模报酬不变和规模报酬递减。生产规模不能过小也不能过大，要实现适度规模。成本是指厂商为了生产一定数量的物品和劳务所付出的代价。短期成本概念包括固定成本、可变成本、总成本、平均固定成本、平均可变成本、平均成本和边际成本。短期边际成本 SMC 与短期平均成本 SAC 的相交点称为收支相抵点。短期边际成本 SMC 与短期可变成本 SVC 的相交点称为停止营业点。长期中没有固定成本与可变成本之分，一切成本都是可变的。长期成本主要包括长期总成本、长期平均成本和长期边际成本。经济利润对于资源配置具有重要指导意义。经济利润是超过正常利润以上的超额利润部分。厂商追求的利润最大化，是指经济利润最大化。

关键概念

生产函数　短期　长期　边际产量递减规律　边际技术替代率　规模报酬

问题讨论与分享

1. 在要素 A 和 B 的当前使用水平上，要素 A 的边际产量 MP_A 是 3，要素 B 的边际产量 MP_B 是 2，每单位 A 的价格是 5，每单位 B 的价格是 4，由于 B 是较便宜的要素，厂商减少 A 的使用量而增加 B 的使用量是否是明智的决策？

2. 在短期生产中一种可变要素的合理投入区间是如何确定的？

3. 会计成本与经济成本有何区别？

4. 什么是经济利润？如何理解经济利润对资源配置的指导意义？

自学自测

一、单项选择题

1. 经济学分析中所说的短期是指(　　)。

A. 一年之内

B. 6 个月以内

C. 全部生产要素都可以随产量而调整的时期

D. 只能根据产量调整可变要素的时期

2. 当总产量达到最大时,边际产量是(　　)。

A. 大于 0　　B. 等于 0　　C. 小于 0　　D. 不一定

3. 当平均产量达到最大值时,下列说法正确的是(　　)。

A. 平均产量大于边际产量

B. 平均产量等于边际产量

C. 总产量达到最大值

D. 边际产量达到最大值

4. 当投入的资本和劳动增加了一倍,而产出增加了 2 倍,这时的规模报酬是(　　)。

A. 递增　　B. 递减　　C. 不变　　D. 不确定

5. 从成本角度看,企业使用自有资金应计算利息,这种利息属于(　　)。

A. 固定成本　　B. 显成本　　C. 隐成本　　D. 会计成本

6. 某厂商生产 5 件服装的总成本为 1 500 元,其中厂房和机器折旧为 500 元,工人工资及原材料费用为 1 000 元,那么平均可变成本为(　　)。

A. 300 元　　B. 200 元　　C. 100 元　　D. 500 元

7. 一厂商产生某种产品,其单价为 10 元,月产量为 100 单位,每单位产品的平均可变成本为 5 元,平均固定成本为 4 元,则厂商的经济利润为(　　)。

A. 500 元　　B. 600 元　　C. 100 元　　D. 0 元

8. 在短期内,随着产量的增加,短期固定成本(　　)。

A. 增加　　B. 减少　　C. 不变　　D. 不一定

9. 某企业产量为 2 个单位时,其平均成本为 1 000 元;当产量增加到 3 个单位时,其平均成本为 700 元,由此可知,边际成本为(　　)。

A. 300 元　　B. 100 元　　C. 150 元　　D. 200 元

10. 以下哪个等式是正确的?(　　)

A. 经济利润 = 总收入 - 会计利润

B. 经济利润 = 总收入 - 显成本 - 会计利润

C. 经济利润 = 总收入 - 隐成本 - 显成本

D. 经济利润 = 会计利润 + 正常利润

11. 长期成本函数与短期成本函数的区别在于(　　)。

A. 企业性质不同

B. 生产要素的数量不同

C. 产量不同

D. 是否有固定成本和可变成本之分

12. 下列各项目中属于企业固定成本的是(　　)。

A. 原材料费用

B. 生产工人的工资

C. 管理人员的工资

D. 燃料和动力费用

13. 短期成本曲线中平行于横轴的一条直线是(　　)。

A. 总可变成本曲线

B. 总成本曲线

C. 总固定成本曲线

D. 平均固定成本曲线

14. 在短期生产中,当平均成本曲线达到最低点时,下列说法正确的是(　　)。

A. 边际成本 = 平均可变成本

B. 边际成本 = 平均固定成本

C. 边际成本 = 总成本

D. 边际成本 = 平均固定成本 + 平均可变成本

15. 下列哪种情况下,厂商必须停止营业(　　)。

A. 价格 $P =$ 平均总成本

B. 价格 $P <$ 平均总成本

C. 价格 $P <$ 平均固定成本

D. 价格 $P <$ 平均可变成本

二、判断题

1. 隐成本实际上是一种机会成本。(　　)

2. 经济利润包含正常利润。(　　)

3. 企业所追求的最大利润,是最大的会计利润。(　　)

4. 边际产量递减规律,是指随着企业投资规模的扩大,边际产量会呈现逐渐下降的趋势。(　　)

5. 虽然很高的固定成本是厂商亏损的原因,但永远不会是厂商关门的原因。(　　)

技能操练

第 4 章自学自测参考答案

1. 某大学毕业生放弃年薪 3 万元的工作选择自己创业。为此,他需要投资 5 万元,附带损失每年 5% 的利息,他还必须收回一套每月能给他带来 1 500 元租金收入的房屋。预计每年的销售收入 117 000 元,每年的广告费 5 000 元,水电及通信费 5 000 元,雇员薪水 4 万元,其他支出 15 000 元。

要求：

(1)计算年度会计利润；

(2)计算年度经济利润；

(3)仅仅从经济决策的角度分析，该大学毕业生辞职创业是否合算？

2. 在短期生产中，总产量、平均产量与边际产量变化的趋势及其相互关系是怎样的？根据各产量变化特征，如何确定短期生产中可变要素的合理投入区间？请结合图形进行分析说明。

小组实训项目　大学生创新创业项目的盈亏平衡分析

结合前期小组讨论确定的大学生创新创业项目，预估投资项目所需的生产要素投入量、项目成本和销售收入，运用生产与成本理论进行项目的盈亏平衡点分析。

实训要求

(1)登录“学习强国”的“慕课”栏目，自学“大学生创业基础”课程的视频“5.2.9 如何撰写财务计划与财务收益模块”；

(2)针对小组讨论确定的大学生创新创业项目进行成本与收益分析，预测项目的盈亏平衡点；

(3)制作 PPT 文件进行成果汇报。

第 5 章　市场结构理论

【知识目标】了解完全竞争、完全垄断、垄断竞争和寡头垄断 4 种市场结构的含义和特征，理解不同类型市场的需求和收益曲线，掌握在不同市场条件下的厂商均衡及实现均衡的条件。

【技能目标】能够运用各种厂商均衡模型进行相关盈亏分析。

【课程思政目标】明确社会效益与经济效益相统一观点，在市场竞争中，以正确价值观、道德观为引领，坚持诚实守信，遵守道德规范。

【思维导图】

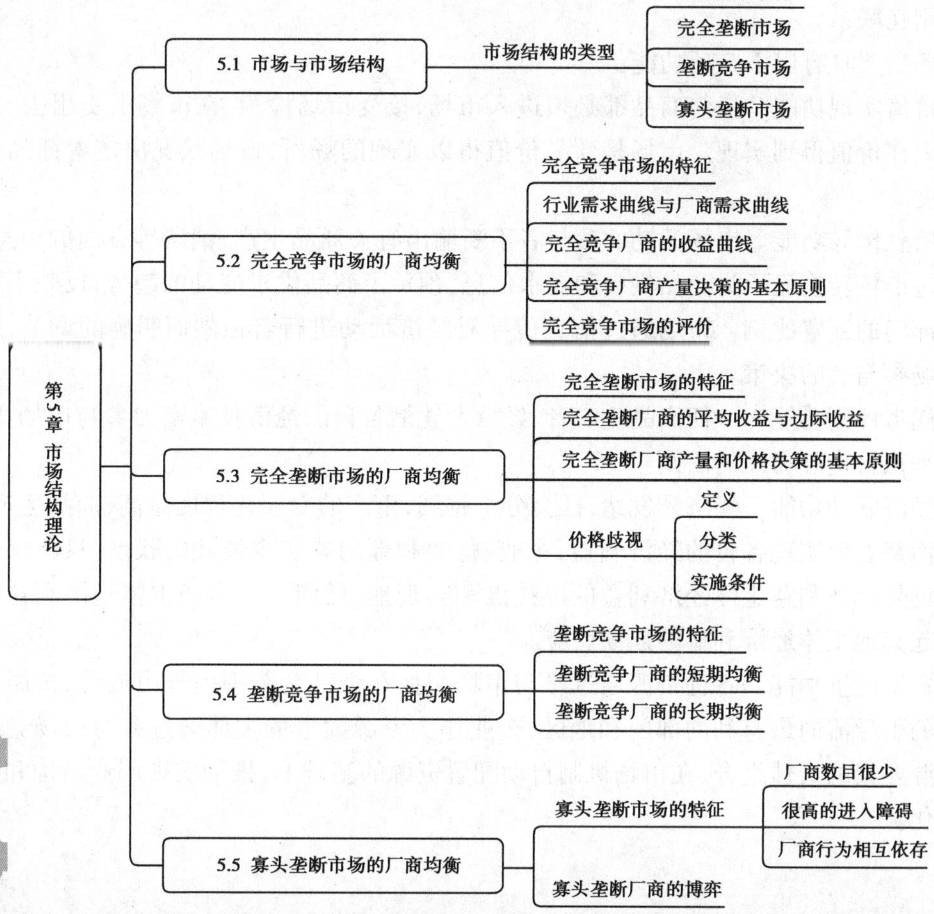

【课程导入】

生产与成本理论分析厂商如何在既定成本下实现产量最大化和如何在既定产量下实现成本最小化，但是并没有说明厂商将如何确定产品的价格和产量，以实现利润的最大化。因为企业的利润最大化决策还要取决于企业所面临的市场结构。各类不同的厂商所面临的市场是不同的：一个小农场面临着无数的小农场的竞争，而一个大汽车制造厂则只面临着几个汽车制造厂的竞争。面对不同的市场，厂商所采取的产量与价格对策也应不同。市场理论的中心就是分析厂商如何根据市场结构类型及其所面临的需求、收益情况来确定产量和价格，以实现利润最大化。

5.1 市场与市场结构

5.1.1 市场的含义与功能

市场(Market)，是指从事某一种商品或劳务买卖的交易场所或接触点，是交易关系的总和。市场可以是一个有形的买卖商品或劳务的场所，也可以是一个利用现代化通信工具进行商品或劳务交易的接触点。任何一种商品都有一个市场，有多少种商品，就有多少个市场，如香蕉市场、汽车市场等。我们也可以把市场看成生产者和消费者为了买卖某种商品而建立的相互联系。

市场主要具有以下5项功能：

①价值实现功能。任何商品都必须进入市场，接受市场检验，在市场上卖出去，才能使商品的内在价值得到实现。市场是商品价值得以实现的场所，市场状况决定着商品价值实现的程度。

②信息传导功能。市场活动的参与者不断输出有关商品生产、消费等方面的信息，这些信息经过市场转换显示为商品供应和需求信息，预示了商品供求变动的趋势，反映了社会资源在各部门的配置比例。市场通过信息传导对经济活动进行着强烈而明确的调节，影响着不同市场参与者的决策。

③优劣评判功能。一切商品生产者、经营者凭借各自的经济技术实力参与市场竞争，并由市场来执行优胜劣汰的法则。

④经济联动功能。经济越发达，社会分工越细，生产的专业化程度越高，商品生产者、经营者和消费者要实现各自的经济利益，企业、行业和部门要实现彼此的联系，只能依赖于市场。市场是经济利益主体经济利益的连接点和实现地，任何一个市场主体经济利益的变化都会引起其他主体经济利益的连锁反应。

⑤资源配置功能。各种资源通过参与市场交换在全社会范围内自由流动，按照市场价格信号的引导流向最有利的部门和地区，企业作为资源配置的主体通过参与市场竞争实现各项资源要素的最佳组合，在市场机制自动配置资源的基础上，推动实现产业结构和产品结构的优化。

5.1.2 市场的构成要素

市场由以下3个要素构成。

1)市场主体

市场主体是指市场上从事交易活动的组织和个人。它既包括自然人,也包括以一定的组织形式出现的法人;既包括为了盈利而进行交易的商品生产者,也包括提供非营利性产品和劳务的机构,还包括为了生活需要而从事交易的消费者。

2)市场客体

市场客体是指市场上交易的对象。产品之所以进入市场成为交易对象,一是因为被交换的商品的使用价值不同;二是因为市场主体有特殊需要。按照交易对象的不同,市场形态可以区分为消费品市场、生产资料市场、劳动力市场、金融市场、技术市场和信息市场等。

3)市场媒介

市场媒介是指市场交易中起媒介作用的工具盒机构,也称市场中介组织(机构)。交易媒介是作为解决交换中的矛盾的手段而出现的,它可以使交换专业化和简单化,并最终提高交换效率,节省交易费用。

5.1.3 市场结构的类型

所谓行业,是指同一商品市场生产和提供产品的所有厂商的总和,而产品和劳务在市场上竞争关系的构成和组合被称为市场结构。

微观经济学认为,影响市场竞争程度一般有五个因素:一是市场上企业的数量;二是各企业提供的产品的差异程度;三是企业进入或退出行业的难易程度;四是单个企业对价格的影响能力;五是信息的完备程度。根据竞争和垄断的程度不同,微观经济学一般把市场结构划分为4种类型:完全竞争市场、完全垄断市场、垄断竞争市场和寡头垄断市场。把处于完全竞争市场、完全垄断市场、垄断竞争市场和寡头垄断市场的企业分别简称为完全竞争企业、垄断竞争企业、寡头企业和完全垄断企业。

以上4种类型的市场结构及其特点,可以用表5.1概括说明。

表5.1 不同市场结构类型及特点

市场类型	厂商数目	产品差异程度	企业进出行业的难易程度	企业对价格的控制	典型实例
完全竞争	无数	完全无差别	很容易	没有	一般农产品
垄断竞争	很多	有些差别	比较容易	有一些	日用家化产品
寡头垄断	几个	有或者无差别	比较困难	相当程度	钢铁、汽车
完全垄断	一个	唯一,无替代品	几乎不可能	很大程度,通常受政府管制	自来水、电力、煤气等

5.2 完全竞争市场的厂商均衡

5.2.1 完全竞争市场的特征

完全竞争市场是一种竞争不受任何阻碍、干扰和控制的市场结构。完全竞争市场具有以下几个主要特征:

①市场上有大量的生产者和消费者。每个生产者和消费者的规模都很小,即任何一个市场主体所占的市场份额都极小,都无法通过自己的行为影响市场价格和市场的供求关系。每个主体都是市场价格的遵循者和接受者,而不是决定者。

②市场上的产品都是同质的,不存在产品区别。在买者看来购买任何一家厂商的产品都是一样的,任何一个厂商都不能因为自己商品具有特色而提高价格。

③进出自由。各种资源都可以完全自由流动而不受任何限制,即劳动可以毫无障碍地在不同地区、不同的部门、不同的行业、不同的企业之间无障碍地流动,任何一个生产要素的所有者都不能垄断要素的投入。新资本可以毫无障碍地进入,老资本可以毫无障碍地退出。

④信息充分。厂商与居民户都可以获得完备的市场信息,双方不存在相互欺骗。每一个消费者和每一个厂商可以根据自己所掌握的完全的信息,做出自己的最优决策,从而获得最大的经济利益。

在现实中,真正意义上的完全竞争市场是不存在的,但农产品市场被认为是比较接近完全竞争市场的。例如,世界小麦市场对每一个参与小麦交易的买者与卖者来讲是完全竞争市场,因为就单个买者或卖者而言,其买卖数量只占整个世界小麦交易的一个很小的比重。所以每一个交易者都是价格的接受者,而无法对价格施加影响。所有小麦生产者所生产的小麦可以认为是同质的。在许多的小麦主要生产国,农业实行自由经营,意味着生产农产品的资源可以自由流动。

5.2.2 完全竞争厂商的需求曲线与收益曲线

1)完全竞争厂商的需求曲线

完全竞争市场上的价格不是由单个市场主体决定的,为此,就必须首先区分整个行业需求曲线和个别厂商需求曲线。

对于整个行业来讲,其产品的价格是由整个行业的需求和供给来决定的,因而行业需求曲线是一条向右下方倾斜的曲线。

在行业市场价格确定之后,对于每个企业来讲,只是这一既定价格的接受者,市场对个别厂商产量的需求是无限的。企业的需求曲线是一条由既定市场价格出发的水平线,无论该企业的产量增加多少,其价格不变,如图 5.1 所示。

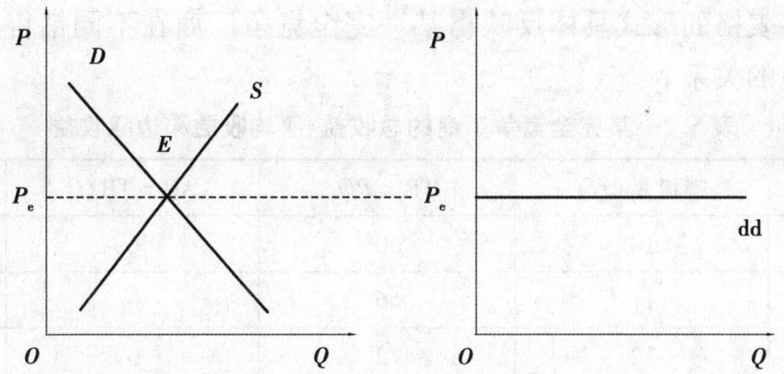

图 5.1　完全竞争厂商的市场需求曲线、厂商需求曲线

2)完全竞争厂商的收益曲线

所谓收益是指厂商销售其产品所获得的货币收入。厂商的收益分为总收益、平均收益和边际收益。

总收益(Total Revenue),是指厂商按一定的价格出售一定数量的产品获得的全部收入,它等于单位产品的销售价格乘以销售量的乘积。以 P 表示既定的市场价格,以 Q 表示销售产品的数量,则总收益为 TR = PQ。

平均收益(Average Revenue),是指厂商销售一定量产品时平均每一单位产品所得到的收益。

$$平均收益\ AR = \frac{TR}{Q} = \frac{PQ}{Q} = P$$

边际收益(Marginal Revenue),是指厂商每增加一个单位的销售量所引起的总收益的增加量。边际收益 $MR = \Delta TR/\Delta Q$。

在不同的市场类型中,厂商的收益曲线的形状是不同的。厂商的收益曲线的形状是由厂商所面临的需求曲线决定的。在完全竞争市场中,由于单个厂商所面临的需求曲线是一条水平线,单个厂商的行为并不能改变既定的市场价格,因此,对完全竞争厂商来说,在既定市场价格下的任何需求量上都有 $MR = P = AR$,需求曲线既代表平均收益曲线也代表边际收益曲线,三条曲线完全重合,即三线合一,如图 5.2 所示。厂商的总收益曲线则是从原点出发,并向右上方倾斜的一条直线,如图 5.3 所示。

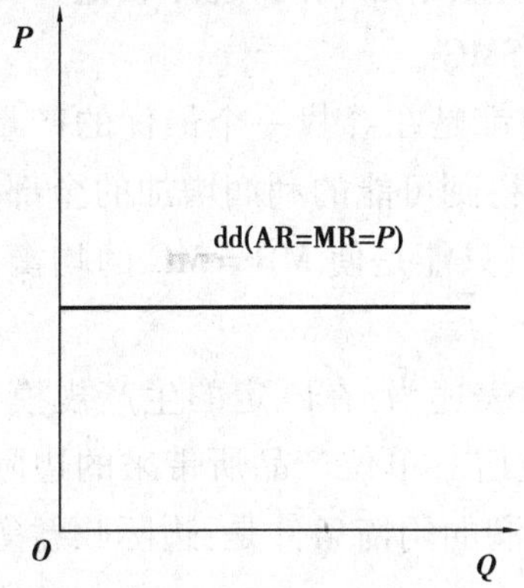

图 5.2　完全竞争厂商的平均收益和边际收益曲线

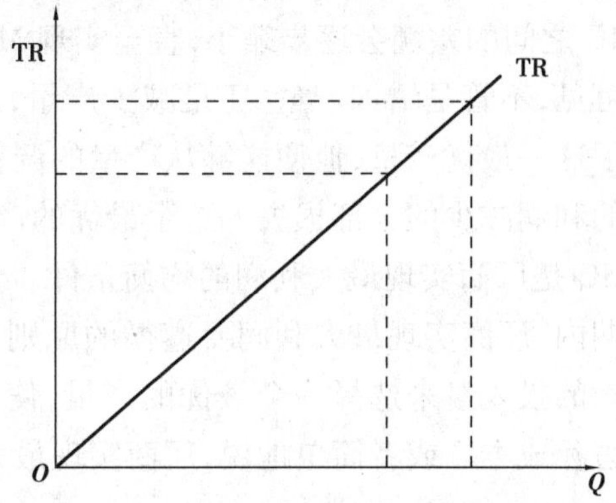

图 5.3　完全竞争厂商的总收益曲线

表5.2用数字表格的形式具体反映出某一完全竞争厂商在不同销售量上的总收益、平均收益和边际收益的关系。

表5.2 某完全竞争厂商的总收益、平均收益和边际收益

价格(P)	销售量(Q)	$TR=PQ$	$AR=TR/Q$	$MR=\Delta TR/\Delta Q$
6	10	60	6	6
6	11	66	6	6
6	12	72	6	6
6	13	78	6	6

5.2.3 完全竞争厂商的短期均衡

1)利润最大化原则

任何企业都有自己的目标,如产量目标、利润目标、生产规模目标、市场占有率目标、工资福利目标等,不同的企业在目标体系方面可能存在差异,但都是以利润最大化作为首要目标。利润既是企业存在的前提和基础,也是企业实现其他目标的条件和保障。

利润等于总收益减去总成本。所谓利润最大化,就是要使总收益与总成本的差额达到最大化。在短期内,厂商只能通过对产量的调整来实现最大利润,那么,在何时即生产和销售多少产量时厂商总收益和总成本之差能够达到最大呢?答案是当边际收益等于边际成本时。

为什么说只有当MR=MC时,厂商才能实现最大利润呢?

如果厂商处于MR>SMC阶段,此时每增加一单位产量所得到的收益增量大于所付出的成本增量,理性的厂商会在这一阶段继续增加产量,以增加利润,边际收益MR和短期边际成本SMC之间的差额逐步缩小,直至实现MR=SMC。而在这一过程中,厂商得到了他所能得到的最大利润。

相反,如果厂商处于MR<SMC阶段,此时每增加一单位产量所得到的收益增量小于所付出的成本增量,理性的厂商必然会不断地减少产量,以增加利润,边际收益MR和短期边际成本SMC之间的差额会逐步缩小,直至实现MR=SMC。

由此可见,不管是增加产量,还是减少产量,厂商都是在寻找一个最优的产量点。只要厂商实现了这一最优产量,他便能够从产量的调整中得到可能的利润增加的全部好处,又能避免可能的利润减少的全部损失。这个最优的产量点只能是使MR=MC的均衡产量点,所以,MR=MC是厂商实现最大利润的均衡条件。

在短期内,厂商实现最大利润要遵循的原则可以表述为:在既定的生产规模下,通过调整可变要素的投入量来选择一个最优的产量,使得最后一单位产品所带来的边际收益等于所付出的边际成本。或者简单地说,厂商实现最大利润的均衡条件是:边际收益等于边际成本,即MR=MC。

在不同的市场条件下,收益变动的规律不同,厂商对最大利润的追求受到不同市场条件的限制,但在总体上,仍然遵循MR=MC的原则。

2）完全竞争厂商的短期均衡

前面已经证明，边际收益等于边际成本，即 MR = SMC，是实现利润最大化的条件。在完全竞争条件下，MR = AR = P，所以，完全竞争厂商短期均衡即取得最大利润的必要条件是 SMC = MR = AR = P。如图 5.5 所示，Q_0是根据利润最大化条件所决定的均衡产量。

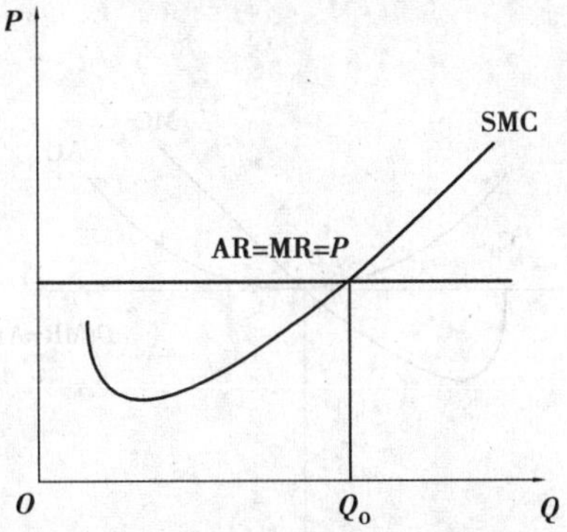

图 5.4　完全竞争厂商短期均衡产量的决定

在短期内，完全竞争厂商不能够随意进出市场。在利润最大化产量上既可能盈利，也可能亏损，还可能是持平，即不亏不盈。这是因为，所谓利润最大化仅仅表明，企业在现有的生产技术条件下，已经做到了最好，但也可能亏损。由于短期内有些要素不能改变，厂商并不能根据市场行情改变生产规模，也不能变换行业。SMC 与 MR 的交点不一定就是 SMC 与 SAC 的交点，即不一定就是 SAC 的最低点。在利润最大化产量上企业到底能不能真正获得盈利，不是看边际成本和边际收益，而要看总成本和总收益，或者看平均成本与平均收益。因此，完全竞争厂商的短期均衡就有可能发生下列 5 种情况。

（1）获得超额利润

当供不应求时，价格必定上涨。SMC 与 MR（ = AR）的交点在 SMC 与 SAC 的交点上方，从而 AR > SAC，此时总收益 TR > 总成本 TC，其值等于 AR · Q_0 – SAC · Q_0 =（AR – SAC）Q_0，就是图中 $P_0EE'P'$。这种情况如图 5.5 所示。

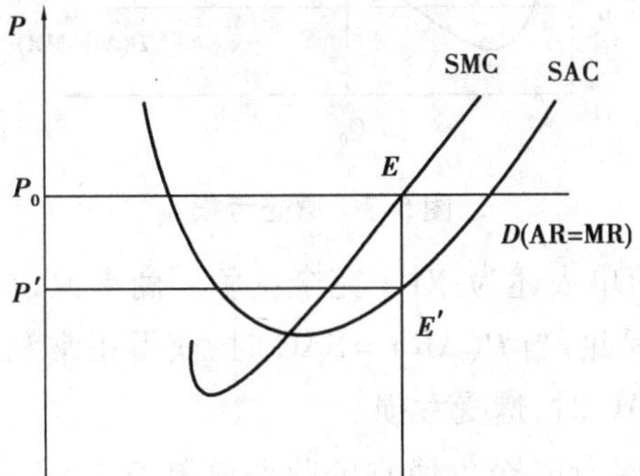

图 5.5　获得超额利润

(2)获得正常利润

当供求平衡时,SMC 与 MR 的交点也正是其与 SAC 的交点,即 MR = SMC = AR = SAC,此时总收益 TR = AR · Q_0,总成本 TC = SAC · Q_0,而 AR = SAC,所以总收益 AR · Q_0 = SAC · Q_0,即总收益 TR = 总成本 TC。此时,厂商获正常利润。这种均衡情况如图 5.6 所示。

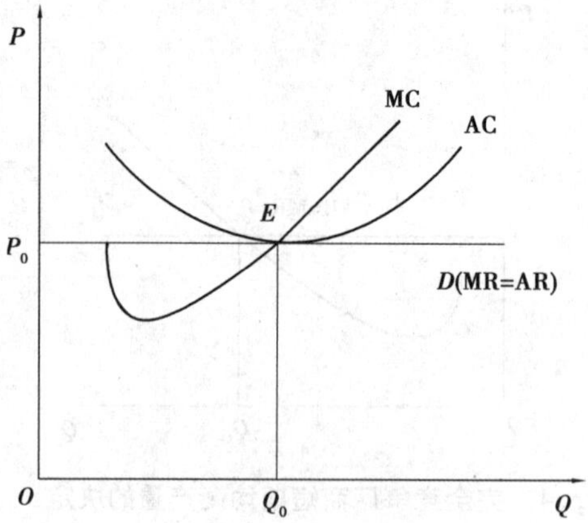

图 5.6 获得正常利润

(3)遭受亏损

当一种商品出于各种原因出现供大于求时,价格必定下跌。SMC 与 MR(= AR)的交点在 SMC 与 SAC 的交点下方,从而 AR < SAC,此时总收益 TR = AR · Q,总成本 TC = SAC · Q_0 而总收益 TR < 总成本 TC,其值等于 SAC · Q_0 − AR · Q_0 = (SAC − AR)Q_0,也就是图中 $P_0EE'P'$,如图 5.7 所示。

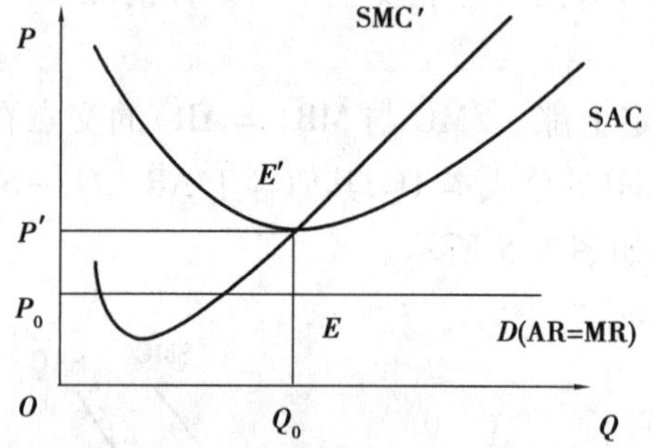

图 5.7 遭受亏损

上述 3 种情况也可以简单表述为:对于完全竞争厂商来说,在既定市场价格下的任何需求量上都有 MR = P = AR,因此,当 P(AR) = SAC 时,获得正常利润;当 P(AR) > SAC 时,获得超额利润;当 P(AR) < SAC 时,遭受亏损。

按说,一家厂商在从事经营时至少使它的收益弥补它的成本,否则,它将停止营业。但是厂商在亏损的一定限度内还会进行生产,这就要联系平均成本的构成来说明。

在图 5.8 中,SAC 为短期平均成本曲线,AVC 为平均可变成本曲线。平均成本曲线与平均可变成本曲线之间的距离就等于平均固定成本。从前一章分析中可知,边际成本曲线 SMC 相交于这两点平均成本曲线的最低点,如 A 点和 C 点所示。当市场价格高于 OP_0(=

Q_1A)，如 Q_2B 时，平均收益高于平均可变成本，但仍小于平均成本。这时，虽然亏损发生，但厂商从事生产还是有利的，因为所得到的收益能弥补一部分固定成本，使得亏损额比不生产时要小些，假若它停止生产，它将负担全部的固定成本损失；当市场价格低于 OP_0 时，厂商所得收益连可变成本也不能补偿，这时，停止生产所遭受的亏损比从事生产所遭受的亏损反而要小些；当市场价格等于 OP_0，平均收益恰好等于平均可变成本，厂商从事生产与不从事生产时所遭受的亏损是一样的，其亏损额都等于固定成本。这时厂商处于营业的边际状态。因此，市场价格等于最低的平均可变成本这一点（图中的 A 点）就叫作停止营业点。由此，我们可以得出这样的结论，完全竞争厂商的短期边际成本曲线上等于或高于平均可变成本 AVC 曲线最低点的部分，就是完全竞争厂商的短期供给曲线。从这里我们也对为什么供给曲线是向右上方倾斜的现象做出了解释。

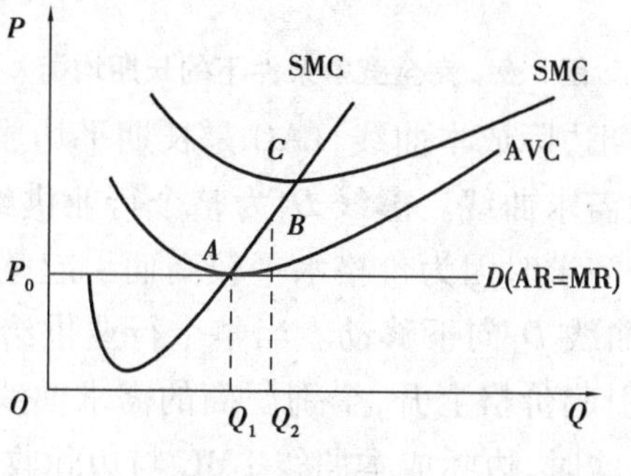

图 5.8　厂商的生产决策与市场价格的关系

在经济分析中，完全竞争市场上厂商的短期均衡，按照以下几步进行分析：

第一步，根据 MR = MC 的利润最大化条件，决定均衡产量。

第二步，根据均衡产量，求得对应的 SAC，SAVC 和 AR。

第三步，比较 SAC 和 AR：如果 SAC < AR，求得对应的利润额；如果 SAC > AR，求得对应的亏损额；如果 SAC = AR，收支相抵。

第四步，如果亏损（SAC > AR），比较 SAVC 和 AR：如果 SAVC > AR，停止营业；如果 SAVC < AR，短期内继续营业；如果 SAVC = AR，这是决定短期内是否继续营业的临界点。

5.2.4　完全竞争厂商的长期均衡

在长期中，企业将按照 LMC = LMR 的利润最大化原则决定最佳生产数量。企业的决策思路跟上面的短期分析相似。只是，现在企业关心的是长期成本曲线，而不是短期成本曲线。

在短期中，厂商只能在既定的生产规模基础上、在市场需求的短期波动中通过调整可变投入要素进行有限的调整，获得短期的利润或蒙受短期的损失。在长期中，各个厂商都可以根据市场价格调整全部生产要素，也可以自由进入或退出该行业。这样，整个行业供给的变动就会影响市场价格，从而影响各个厂商的均衡。具体来说，当行业供给小于需求，价格高时，各厂商就会扩大生产，其他厂商也会进入该行业，从而整个行业供给增加，价格水平下降；当行业供给大于需求，价格低时，各厂商会减少生产，有些厂商会退出该行业，从而整个行业供给减少，引起价格水平上升。由于这两种相反的力量，经过反复调整，最终的价格水平会达到使各厂商既无超额利润也无亏损的零利润状态，各个厂商的产量不再调整，于是就实现了长期均衡，如图 5.9 所示。

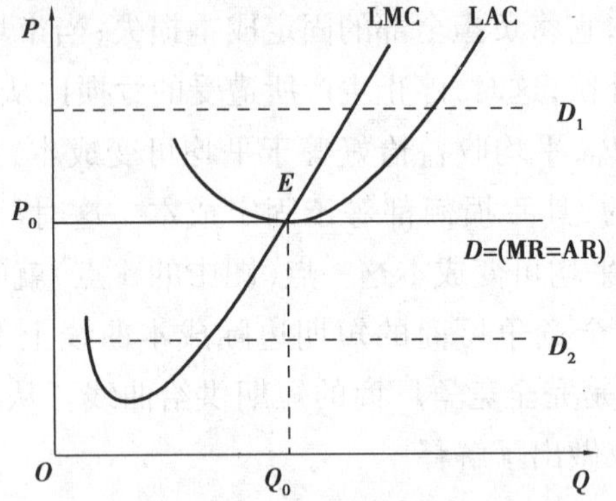

图 5.9 完全竞争条件下的长期均衡

在图 5.9 中，LMC 是长期边际成本曲线，LAC 是长期平均成本曲线。虚线 D_1 为全行业供给小于需求时个别厂商的需求曲线。虚线 D_2 为整个行业供给大于需求时个别厂商的需求曲线。当全行业供给小于需求时因为价格水平较高而引起整个行业供给增加，从而引起价格下降，个别厂商的需求曲线 D_1 向下移动。当整个行业供给大于需求时，由于价格低会引起全行业供给减少，从而引起价格上升，个别厂商的需求曲线 D_2 向上移动。这样的过程最终使需求曲线移动到 D。这时，边际成本曲线 LMC 与边际收益曲线 MR（即 D）相交于 E 点，决定了产量为 OQ_0。此时总收益为图形 OQ_0EP_0（即 TR = AR · Q），总成本也是图形 OQ_0EP_0（即 TC = AC · Q），总收益等于总成本，此时厂商既无超额利润又无亏损，所以厂商就不再调整，即实现了长期均衡。

由图 5.9 可知，实现长期均衡时，长期边际成本曲线与长期平均成本曲线相交于 E 点，也就是长期平均成本的最低点。也就是说，完全竞争厂商实现长期均衡的条件是

$$\text{LAC} = \text{LMC} = \text{MR} = \text{AR}$$

5.2.5 对完全竞争市场的评价

西方经济学认为，完全竞争市场是经济效率最高的市场。因为在这种完全竞争条件下，价格可以充分发挥其“看不见的手”的作用，调节整个经济的运行，使资源得到最优配置。在长期均衡时所达到的平均成本的最低点，使生产要素的效率得到了最有效的发挥，同时，由于完全竞争的作用，可以使市场均衡价格降到最低点，从而对消费者也有利。企业是价格的接受者，为了在竞争中取胜，必须不断降低成本，实现低成本竞争策略。

但是，完全竞争市场也有其缺点：第一，各厂商的平均成本最低并不一定是社会成本最低；第二，产品无差别，这样，消费者的多样需求无法得到满足；第三，完全竞争市场上生产者的规模都很小，这样，它们就没有能力实现重大的科学突破，从而不利于技术进步；第四，在现实中完全竞争的情况是很少的，而且，一般来说，竞争也必然引起垄断。

诚然，完全竞争市场是不现实的，但是完全竞争市场的分析模型，为我们对其他市场的分析提供了理论基础。

【相关链接5.1】

为什么大型养鸡场会赔钱?

前几年有些城市为了实现"市长保证菜篮子"的诺言,都由政府投资建了大型养鸡场,结果这些大型养鸡场却竞争不过农民养鸡专业户,往往赔钱多,为什么大反而不如小呢?

这主要是因为鸡蛋市场是完全竞争市场,即没有任何垄断因素的市场。在鸡蛋这样的完全竞争市场上,短期中如果供大于求,整个市场价格低,养鸡可能亏本;如果供小于求,整个市场价格高,养鸡可以赚钱。但在长期中,养鸡企业(包括农民和大型养鸡场),则要对供求做出反应:决定产量多少和进入还是退出。假设鸡蛋的价格下降,这时养鸡企业就要减少产量或退出养鸡业,假设价格上升,原有养鸡企业就会扩大规模,其他人也会进入该行业。

在完全竞争市场上,企业完全受市场支配。由于竞争激烈,成本被压得相当低。生产者要对市场供求变动做出及时的反应,换言之,在企业一点也无法控制的市场上,成本压不下来或调节能力弱,都难以生存下去。大型养鸡场的不利正在于无法压低成本,适应市场的调节能力远远不如农民养鸡者。在北京鸡蛋市场上,大型养鸡场的鸡蛋就竞争不过北京郊区和河北的农民的鸡蛋。大型养鸡场的成本要高于农民养鸡者。在短期中,养鸡的成本包括固定成本(鸡舍、蛋鸡、管理人员等)和可变成本(鸡饲料、劳动等),大型养鸡场的固定成本(现代化养鸡设备和从场长、党委书记到职员的众多管理人员)远远高于农民(农民养鸡的固定成本除蛋鸡外其他很少)。甚至农民的可变成本也低(用剩饭菜等代替部分外购饲料,自己的劳动也可忽略不计)。这样,当价格低时,大型养鸡场难以维持或要靠政府财政补贴,而农民养鸡户却可以顽强地生存下去。在长期中,大型养鸡场每个蛋的平均成本也要高于农民的鸡蛋,因为现代化大量养鸡带来的收益并不足以抵消巨额投资和庞大管理费用的支出。农民则以低成本和低价格占领了市场。

(资料来源:梁小民.微观经济学纵横谈[M].上海:生活·读书·新知三联书店,2000.有删减)

5.3 完全垄断市场的厂商均衡

5.3.1 完全垄断市场的特征

完全垄断市场又称独占市场,是指整个行业只有一个厂商的一种市场组织结构。完全垄断市场的主要特征是一种产品市场上只有一个卖主,对于垄断者所出售的产品市场上不存在相近的替代品,因此,垄断厂商不受任何竞争者的威胁。其他任何厂商进入该行业都极为困难或不可能。垄断厂商是价格的制定者,而不像完全竞争厂商那样是价格的接受者,但是垄断厂商也不能盲目定价,在定价时必须考虑市场需求状况。垄断者不存在直接竞争者,但可能存在潜在竞争者。

形成完全垄断的原因主要有以下几种:

①独家厂商控制了生产某种商品的全部资源或核心资源的供给。一旦生产者控制了某个产业产品生产的原料,而其他生产者无法获得这种原料,这就让其他想进入的企业"无米

下锅”。例如,从19世纪80年代开始,南非的德比尔斯公司买下了世界上大多数的钻石矿或未加工钻石,在出售加工钻石方面处于近乎垄断地位。

②自然垄断。某些行业可能始终呈现规模报酬递增的特征。在这些行业只需要一家厂商经营就可以满足整个市场的满求。若由两家或两家以上厂商生产将产生较高的平均成本,造成社会资源的浪费。这些行业属于自然垄断行业,例如铁路业和城市的公用事业。

③市场特许权。政府往往授予某个厂商某种产品的特许权,许多国家的邮政业、某些公用事业都是由政府给予某个公司特许的垄断经营权。

④专利权垄断。这使得独家厂商可以在一定时期内垄断该产品的生产。

如果完全竞争的市场是市场组织的一种极端形式,那么完全垄断的市场是市场组织的另一种极端形式。

【相关链接5.2】

发改委对高通公司的反垄断判决

国家发展和改革委员会(以下简称“发改委”)公布了对高通的行政处罚决定书,首次详细介绍了对高通市场支配地位及滥用市场支配地位行为的认定依据。

2月10日,发改委对高通开出60.88亿元人民币的罚单,相当于高通2013年度在华销售额的8%,并责令高通进行五个方面的整改。

此次发布的行政处罚决议书内容包括三部分:当事人(即高通)在无线标准必要专利许可市场和基带芯片市场具有市场支配地位、当事人滥用市场支配地位的行为、行政处罚依据和决定。

决定书称,经查明,在CDMA、WCDMA和LTE(分别为2G、3G、4G标准)无线通信技术标准中,当事人持有的每一项无线标准必要专利许可独立构成的相关产品市场,当事人均占有100%的市场份额;当事人具有控制无线标准必要专利许可市场的能力;无线通信终端制造商对当事人的无线标准必要专利组合许可高度依赖。

此外,高通还在基带芯片市场具有市场支配地位。处罚书援引数据称,2013年高通在CDMA基带芯片市场、WCDMA基带芯片市场和LTE基带芯片市场的销售额市场份额分别为93.1%、53.9%和96%,均超过了50%;在WCDMA基带芯片市场,当事人具有一定程度控制市场的能力;主要无线通信终端制造商对当事人的基带芯片高度依赖。

当事人滥用市场支配地位的行为包括:滥用在无线标准必要专利许可市场的支配地位,收取不公平的高价专利许可费,其中包括对过期无线标准必要专利收取许可费、要求被许可人将专利进行免费反向许可;在无线标准必要专利许可中,没有正当理由搭售非无线标准必要专利许可;当事人滥用在基带芯片市场的支配地位,在基带芯片销售中附加不合理条件。

发改委依据上述调查做出了处罚决定。

(资料来源:发改委全文公布高通案行政处罚决定书,中国新闻网,2015-03-02.有删改)

5.3.2　完全垄断厂商的需求曲线、收益曲线

1）垄断厂商需求曲线

垄断行业中只有一个厂商所面临的需求曲线就是市场的需求曲线，它是一条向右下方倾斜的曲线。如果商品市场的销售量等于市场的需求量，那么垄断厂商所面临的向右下方倾斜的需求曲线表示垄断厂商可以通过改变销售量来控制市场价格，即以销售量的减少来抬高市场价格，以销售量的增加来压低市场价格。也就是说，垄断厂商的销售量和市场价格成反方向的变动。

2）垄断厂商的收益曲线

垄断厂商的收益曲线体现了垄断厂商的平均收益、边际收益和总收益相互之间的关系：图 5.10 中的横轴表示商品的需求量即销售量 Q，纵轴表示商品的价格 P。图中的垄断厂商的收益曲线表现出如下特征：①厂商的平均收益 AR 曲线与需求曲线 D 重叠，它们是同一条向右下方倾斜的曲线，这表示在每一个销售量上厂商平均收益都等于商品的价格。②厂商的边际收益 MR 曲线也是向右下方倾斜的，且位于平均收益 AR 曲线的左下方。这表示在每一个销售量厂商的边际收益都小于平均收益。③厂商的总收益 TR 曲线是先上升，达到最高点以后再下降。因为，在每一个销售量上的 MR 曲线都是相应的 TR 曲线的斜率。所以，当 MR 值为正时，TR 曲线的斜率为正（即 TR 曲线是上升的）；当 MR 值为负时，TR 曲线的斜率为负（即 TR 曲线是下降的）；当 MR 值为零时，TR 曲线的斜率为零（即 TR 曲线达极值点，在此为极大值点）。

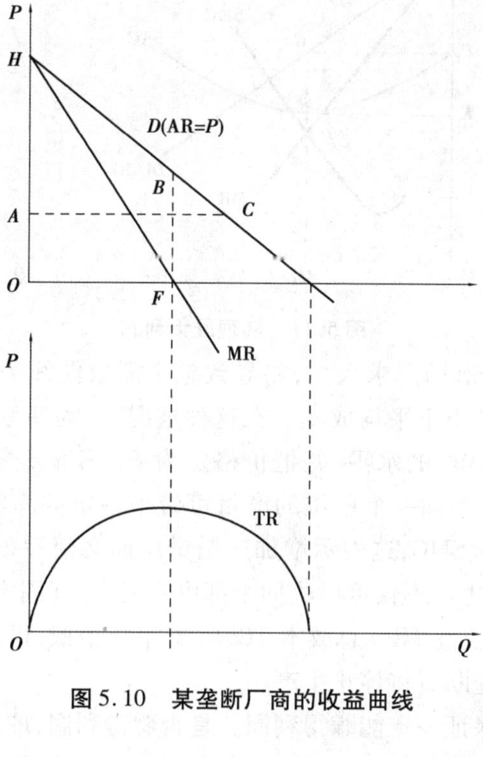

图 5.10　某垄断厂商的收益曲线

5.3.3 完全垄断厂商的短期均衡

作为价格制订者，垄断厂商可以在高价少销和低价多销之间进行选择，自行决定其价格和产量。但是，垄断厂商的决策必然受到既定的市场需求和成本条件的约束，遵循利润最大化原则。因此，在完全垄断市场上，厂商仍然根据边际收益与边际成本相等，即 MR = SMC 的原则来决定产量。这种产量决定后，在生产规模既定的短期内，厂商对产量的调整同样也要受固定生产要素（厂房、设备等）无法调整的限制，它的短期均衡同样可能出现 3 种不同的情况：可能是获得经济利润的均衡，也可能是收支相抵获得正常利润的均衡，甚至还可能是亏损条件下的均衡。

如图 5.11 所示，垄断厂商为了在短期内实现最大限度的利润，将把产销量调整到 MR = SMC 的水平。由此决定了 MR 和 SMC 的交点 E 相应的产量 Q_1 为均衡产量。当产量小于 Q_1 时，MR > SMC，这表示每增加一个单位的产量可带来利润，从而导致利润总量增加；反之，当产量超过 Q_1 时，MR < SMC，这表示扩大单位产量反而导致利润总量减少；所以，MR = SMC 的产量，是带来极大利润的产量。垄断者索取的价格是 P_1（SMC 曲线与 MR 曲线相交之点向上延伸与需求曲线相交之点 G，决定价格水平为 P_1）。这时总收益为平均收益（价格）与产量的乘积，即 OP_1GQ_1，总成本为平均成本与产量的乘积，即 $OKFQ_1$。总收益大于总成本，KP_1GF 为最大的超额利润。

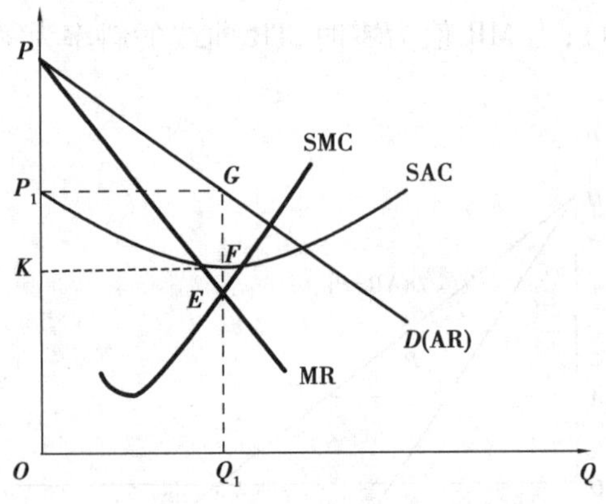

图 5.11 实现最大利润

如图 5.12 所示，如果市场需求太少，将导致整个需求曲线 D（AR）都在平均成本曲线 SAC 以下，即平均收益总是小于平均成本。在这种情况下，为使亏损最小，垄断厂商也会把他的产销量调整到 MR = SMC 的水平，并把价格定为 P_2，亏损金额为 KP_2GF。当产量小于 Q_2 时，MR > SMC，这表示每增加一个单位的产量可带来一定的净收益，从而使亏损减少；反之，当产量超过 Q_2 时，MR < SMC，这表示增加产销量反而会使亏损增加。在这种场合下，只要 AR > AVC，垄断者开工生产不仅可以收回全部可变成本，其固定成本也可得到部分补偿。如果达到 AR = SAC，则总收益 TR = 总成本 TC，收支完全相抵，得到正常利润。但是假如价格太低，以致 AR < AVC，垄断者将停止生产。

由此可见，垄断并不保证一定能赚得利润。是否赚得利润，取决于市场需求所决定的可能的卖价和成本状况。垄断企业亏损的原因可能是现有规模下的生产成本过高，也可能是垄断企业所面临的市场需求过小。

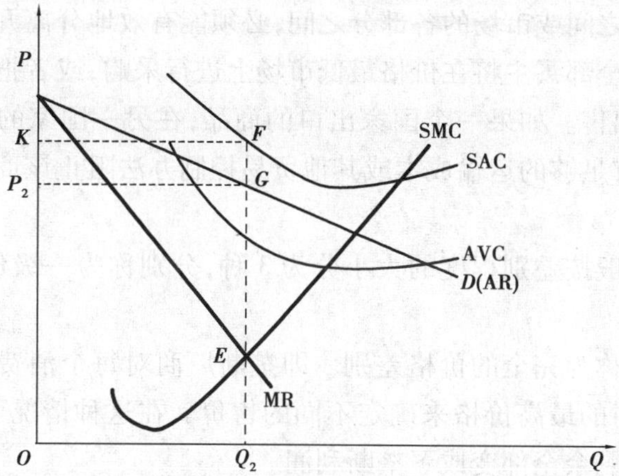

图5.12 避免亏损

5.3.4 完全垄断厂商的长期均衡

由于垄断产业只有一家厂商经营该产业的全部产品，即便垄断者存在超额利润（经济利润），在长期也不可能像完全竞争产业那样通过厂商间的竞争消除超额利润。因此垄断者的长期均衡是指垄断者长期通过自行调整而达到的利润最大化均衡。

垄断厂商在两种情况下可能会进行长期调整。一种情况是垄断者短期内发生了亏损，厂商通过调整企业规模改变亏损状况。如果在长期中，不存在任何可以使它获得利润或至少使亏损为零的最优生产规模，垄断者将退出该行业。另一种情况是垄断者利用原有的生产规模已经获得了短期利润，在长期中利用原有的生产规模可以维持原来的利润水平，同时，通过调整生产规模来进一步降低长期平均成本，可以获得更多的超额利润。

完全垄断厂商长期均衡的条件是：MR = LMC = SMC。

5.3.5 完全垄断厂商的价格歧视

在完全竞争市场上，同一商品有完全相同的市场价格。但是，完全垄断厂商由于特殊的垄断地位，使其可以实行价格歧视。

价格歧视又称价格差别，是指一家厂商在同一时间对同一种产品向不同的购买者索取两种或两种以上的价格，或者对销售给不同购买者的同一种产品在成本不同时索取相同的价格。常见的事例有：医生根据病人不同的富裕程度或收入水平的差别，对相同的治疗收取不同的费用；电力公司把居民用电和商业用电、工业用电等方面的电力市场分隔开来，或者用电表或其他办法把照明、烹饪、热水、取暖分开，对不同用电收取不同的电费；航空公司根据旅游旺季和淡季实行不同的客运价；出口商品制定不同的出口价和内销价等等。

垄断者之所以实行差别价格，是因为这种办法比单一价格能获得更多利润，要使差别价格的垄断切实可行，一般须满足3个前提条件：①市场存在不完善性。在完全竞争条件下，差别定价的办法显然不可能。但是，当市场存在着不完全性，或者当市场的各部分被运输成本、消费者的无知或国家之间的壁垒所阻隔时，卖者能够对各个市场或市场的各个部分分别地实行某种控制，从而对不同的买者索取不同的价格；②各个市场的需求弹性不同。垄断者根据不同的需求弹性对同一产品实行不同的价格，对需求弹性小的市场实行高价，从而获取更多利润；③不同市场之间或市场的各部分之间，必须能有效地分离开来。如果一家厂商无法有效隔离市场，它的全部买主将在价格最低市场上进行采购，或者把低价购进的物品在价格更高的市场上重新出售。如果一个国家出口的商品，在另一国家的销售价格远低于本国出售价格，那么，必须有足够的运输成本或其他贸易控制办法阻止该商品从其他国家再出口到原生产国。

价格歧视类型，一般按差别程度的大小分为3种，分别称为一级价格歧视、二级价格歧视和三级价格歧视。

一级价格歧视，又称为完全的价格差别。即垄断厂商对每个消费者购进每一单位商品都按照消费者愿意支付的最高价格来确定不同的售价。在这种情况下，垄断厂商吞食了全部消费者剩余，消费者剩余全部变成了垄断利润。

二级价格歧视不如一级价格差别那么严重。一级价格差别要求对每一单位的产品都制定一个价格，而二级价格歧视只要求对不同消费数量段规定不同的价格。每个购买相同数量的人支付相同的价格。比如，批量购买可以打折等。实行二级价格歧视，垄断厂商只是把部分消费者剩余变成了垄断利润。

三级价格歧视，是指垄断厂商对同一种产品在不同的市场上（或对不同的消费群）实行不同的价格。这是最常见的价格歧视。例如，对同一种产品，国内市场和国外市场的价格不一样；城市市场和乡村市场的价格不一样；“黄金时间”和“非黄金时间”的价格不一样；对老年公民的折扣优惠、对学生的折扣优惠；等等。在这种情况下，垄断厂商可以把价格高的市场上的消费者剩余变为垄断利润。

【相关链接5.3】

大数据“杀熟”把隐性的价格歧视显性化

近年来，大数据“杀熟”问题一直备受大众关注。一些企业利用包含了个人信息的大数据“杀熟”，对不同群体进行差别定价，实行“价格歧视”，让消费者十分反感。例如，在同样的时间和地点，一个用苹果手机的用户预订一家酒店时，其收到的报价就可能略高于用其他品牌手机的用户收到的报价。一些互联网企业对用户大数据杀熟都曾被推上风口浪尖。

大数据杀熟作为一种价格歧视的手段是否合理呢？首先，从法律上讲，价格歧视本身并不违法。商家针对不同的用户制定不同的价格，是一种合法的定价行为。消费者不必担心商家定价过高，因为只要存在市场竞争，商家的利润就会趋于平均化。反之，商家如果低价倾销，也会在竞争中被挤垮，这可以避免恶意低价。因此，维持公平的竞争是优化营商环境和保护消费者权益的关键。

其次，从经济学上讲，价格歧视未必伤害了消费者的总体利益。对商家来说，他们在高峰时段和低峰时段，或者针对需求弹性不同的客户，制定不同的价格，有利于商家实行灵活供给、灵活用工，降低运营成本。对消费者来说，价格歧视降低了支付意愿较低的一部分人的消费支出，但同时适当提高了支付意愿较高的另一部分人的消费支出。既然后者对支出相对不敏感，那么价格歧视至少提高了前者的消费者剩余。比如，我们看电影的时候会发现周五和周末的票价较贵,周一到周四的票价却很低,这就是价格歧视。因为有了价格歧视,所以时间灵活的消费者在周一到周四去看电影时,就可以享受到更低的优惠价格,从而节约了自己的消费支出,并且减少了周末的拥挤程度,降低了负外部性。可见,基于不同时段定价的价格歧视,不仅降低了商家的生产成本,减少了消费者的部分支出,还给社会带来了正外部性,这是一种多赢的结果。

当然,并非所有的价格歧视都能带来多赢。例如,垄断商家对消费者进行一级价格歧视,即针对每单位商品都收取消费者的保留价格,那么就会导致消费者剩余完全转化成生产者剩余。此时,价格歧视实际上是把消费者的利益转移给了生产者,但对社会福利没有损害。然而,这种一级价格歧视在现实中很难持续。因为只要有市场竞争存在,商家的垄断力量就会被消解。因此,维护消费者权益,关键是引入竞争,打破垄断。

需要反对的不是价格歧视,而是价格欺诈。例如,有的消费者花钱购买了商家的 VIP 会员资格,以为可以得到更优惠的价格,没想到最后价格更贵。这种情况不属于价格歧视,属于信息不对称下的欺骗行为。商家在推出会员资格时,应该明确会员享受的优惠待遇。

消费者不能接受大数据杀熟,更多是一种情感表达,跟经济效益没有关系。其实,消费者很难发现商家存在大数据杀熟的违规行为,因为大数据杀熟跟普通的价格歧视没有本质的区别,无非是手段不一样。过去商家只能对人群进行粗略划分,然后决定对不同的消费者收取不同的价格。现在商家有大数据了,直接就知道你有钱没钱。大数据杀熟无非是把过去隐性的价格歧视显性化了。

总之,大数据杀熟或价格歧视本身并不违法,它是一种普遍存在的营销策略。要保护消费者权益,维护市场秩序,关键是保护公平竞争,优化营商环境。

(资料来源:聂辉华. 大数据“杀熟”把隐性的价格歧视显性化[N]. 北京日报,2022-04-25.)

5.4　垄断竞争市场的厂商均衡

5.4.1　垄断竞争市场的特征

垄断竞争市场是比较现实的市场结构,介于完全竞争市场和完全垄断市场这两种极端形式之间,但更偏向完全竞争市场。垄断竞争市场一般具备以下 3 个特征。

1) 大量的小规模厂商

垄断竞争市场拥有数量众多的生产厂商,每一个厂商占有的市场份额都很小。因为市场上厂商数目众多,且规模都不大,以至于任何一家厂商都认为他们的行动不会被竞争对手关注,从而在制订价格和产量决策时,厂商不会考虑竞争对手的反应。同时,每一个厂商提供的产品是相似的,通常都可以满足消费者某一种用途的需求。因而,对消费者来说,所有厂商的产品都有很强的替代性。

2) 产品差异

数量众多的垄断竞争厂商生产着相似但有差异的产品,这是垄断竞争市场的核心特征。这种产品的差异性主要是从消费者角度考虑的,可能是有形的差异,如技术或材质的不同而导致的质量差异,或是外形、包装设计而导致的外观差异等;也可能是无形的差异,如品牌、售货员的态度、售后服务方式等的不同而导致的差异。垄断竞争厂商因为产品差异而对价格有一定的控制权,但这种控制能力并不强。

3)厂商进入和退出市场相对容易

由于垄断竞争厂商一般规模不大,规模经济不是很明显,也没有法律上的限制,新企业带着某种新品牌进入市场的技术壁垒和资本壁垒比较低,原有企业在其产品无利可图时选择退出市场也比较容易。足够多的厂商数目和相对自由的资源流动,使得厂商之间难以出现诸如瓜分市场之类的共谋,厂商都是独立做出价格与产量决策。

垄断竞争厂商广泛存在于日用洗化行业、食品行业、餐馆、百货店等。比如日常生活中会看到各种各样的众多饮料供我们选择,并且随时又会出现新的饮料,以及某些饮料的消失这些饮料功能类似,质量差异不是太大,只是分属于不同的厂商,或是同一厂商的不同品牌,可能价格不一样,包装不一样,宣传的方式、影响对象等不一样,或者只是在超市摆放的架层次不同,这就可能稍微影响我们的选择。你能说出百事可乐和可口可乐的味道有什么不一样吗?给你9杯可口可乐和1杯百事可乐,你能分辨出哪一杯是百事可乐吗?有时候,有些产品本身几乎没有差异,但是企业愿意做大量广告塑造出一种差异。

5.4.2 垄断竞争厂商的需求曲线

在垄断竞争市场中有许多厂商,每个厂商对自身的产品都有一定程度的价格控制能力,而且每个厂商都有其独自的需求曲线。因为各个厂商的产品相似,可以相互替代,所以这种有差别产品的可替代性就引起了产品之间的竞争。厂商之间产品替代引起的竞争,使得厂商面临弹性较大的向右下方倾斜的需求曲线。

如图5.13所示,假定某厂商的自身需求曲线为 d,如果把原来的价格定为 P_2 时,产品销售量为 Q_2,当厂商把价格降到 P_1 时,在其他生产同类产品的厂商不降价的情况下,该厂商的销售量可以增至 Q_1,即在 d 曲线上从 A 点移到 B 点。当其他厂商也跟着降价时,原厂商的需求曲线就发生了变化,这样其销售量就只能增至 Q_3,即在 D 曲线上从 A 移到 C。

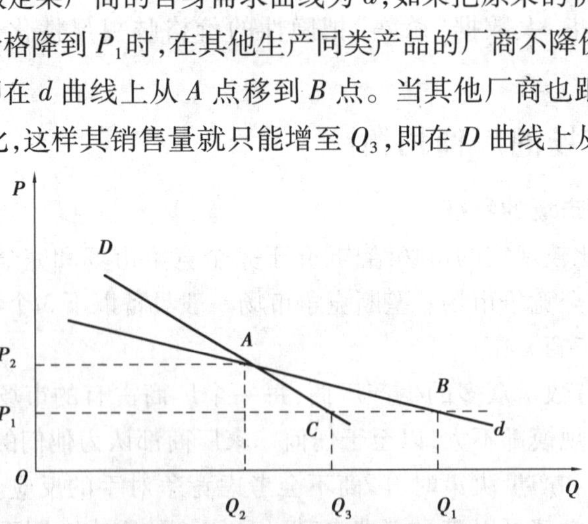

图5.13 垄断竞争厂商的需求曲线

通过上述分析可以看出,垄断竞争厂商面临两条需求曲线:①d 曲线表示在垄断竞争中的某个厂商改变价格,而其他厂商在价格不变的情况下,该厂商的价格和销量之间的关系。这条需求曲线是建立在其他厂商对相关厂商价格变化没有对抗性反应的理论假定基础之上的,称为厂商的主观需求曲线,或者说理论上的需求曲线。②D 曲线表示的是当某个厂商价格改变后，其他厂商的价格也相应都发生改变，此时该厂商的价格和销量之间的关系，这条需求曲线被称为厂商的实际需求曲线。事实上，垄断竞争厂商具备较为充分的信息。为了在价格竞争中处于比较有利的地位，某一厂商降低价格必然引起其他厂商也相应地降价，从而使得率先降价的厂商并不能使销售量增加很大。d 曲线的弹性大于 D 曲线，从 d 到 D 的移动幅度，取决于其他垄断竞争厂商的产品销售量的多少。厂商的实际需求曲线是由其理论需求曲线运动形成的，因此，实际需求曲线和理论需求曲线之间一定存在一个相交点。

5.4.3　垄断竞争厂商的短期均衡

垄断竞争厂商，与完全垄断厂商和完全竞争厂商一样，也要按照利润最大化的原则（即MR = SMC）来确定价格和产量，其短期均衡如图5.14所示。

在短期均衡状况下，垄断竞争厂商可能获得经济利润，或只能获得正常利润，甚至是亏损。这主要取决于它所面临的需求曲线。只要 MR = SMC 所决定的产量和价格水平使得平均成本低于价格，厂商就可获得经济利润。

值得注意的是，当垄断竞争厂商获得经济利润时，它能在一个较长时期内保持，原因在于它的经济利润产生于产品差别。这种情况可看作一种垄断，与之竞争的其他厂商要想进入，除受到时间限制外，还要受消费者的心理限制。它们需要较长时间进行广告宣传和产品变异，才能改变消费者的偏好。

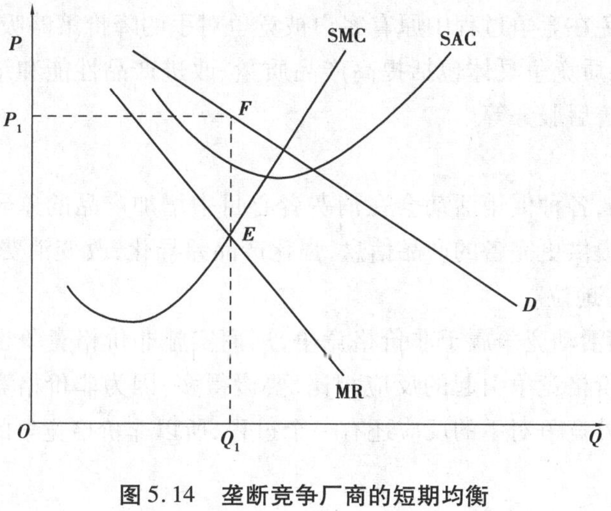

图5.14　垄断竞争厂商的短期均衡

5.4.4　垄断竞争厂商的长期均衡

当垄断竞争厂商在短期均衡存在超额利润时，会吸引新厂商进入。并且，原有厂商为了获取更多的超额利润也会调整生产规模，这样就使长期内整个行业的供给增加，商品价格下降。因为有越来越多的厂商要分享整个市场，每个厂商面临的需求曲线的位置将向左下方移动。与此同时，由于新厂商的加入，竞争更加激烈，彼此都采取一定措施（如加强广告宣传、改进技术、提高质量等），以至产品生产成本和销售成本提高，从而使平均成本曲线及边际成本曲线上升。只要垄断竞争厂商还存在超额利润，新厂商的进入就不会停止，最终结果是超额利润消失，每家企业将只获得正常利润。此时，一方面，该市场对新厂商不再具有吸引力，新厂商不会再进入该市场；另一方面，已经进入该市场的原有厂商，虽然不能获取超额利润,但是还有正常利润足以维持企业的运营,如果退出一定会发生退出成本,也就不会急于从该市场退出。这样,整个市场面临的状况是既没有新厂商进入,也没有厂商退出,一旦市场进入和退出停止,就形成了长期均衡。

由此可见,当垄断竞争厂商处于长期均衡时,只能获得正常利润。垄断竞争厂商长期均衡的条件是:

$$MR = LMC$$
$$AR = LAC$$

5.4.5 垄断竞争厂商的竞争战略

垄断竞争厂商可以通过以下方式开展竞争。

1)价格竞争

垄断竞争厂商可以通过降价来提升销量,但是厂商并不一定会这么做。原因有二:一是产品价格是依据最大利润原则来确定的,如果厂商为了竞争降低价格,利润会减少;二是垄断竞争厂商之间对价格竞争比较敏感,一个厂商降价,其他厂商也有可能随之降价,这样该厂商的销量并不能如愿增加,结果是利润减少。

2)品质竞争

厂商在产品上引进新的、与竞争对手不同的、能更加迎合消费者需要的特征,以吸引更多的消费者,同时避免在竞争过程中原有客户被竞争对手的降价策略吸引走,从而获得某种程度的垄断优势。品质竞争具体包括提高产品质量、改进产品性能和结构、增加产品功能、升级产品包装、改善售后服务等。

3)促销活动竞争

在垄断竞争市场,各种促销活动会在消费者心目中增加产品的差异性。通过广告等促销活动,能向消费者提供更完备的产品信息,强化产品差异化,改变消费者的购买欲望,以此来保持厂商的"垄断"地位。

品质竞争和促销活动竞争属于非价格竞争,厂商实施非价格竞争也会引起竞争对手的反应,但这种反应与价格竞争引起的反应相比,要慢得多,因为非价格竞争因素的变化不易被竞争对手察觉,此外竞争对手的反应还有一个过程,所以非价格竞争的效果更加持久。

【相关链接 5.4】

冰激凌集中上新迎初夏

冰激凌作为炎炎夏日的标配,气温每一次升高,都是冰激凌新品造势的机会。

早在 2 月,冰激凌品牌就开始推出了一轮又一轮的新品。为了抢占市场先机,近日冰激凌品牌迎来了推新高峰期,从 IP 联名到国潮风,再从口味叠加到无乳低糖,冰激凌的花样和噱头是越来越多。快时尚化、甜品化、高端化……冰激凌品牌使尽浑身解数想抓住消费者的芳心。

引入国潮元素 引发消费者共鸣

冰激凌在口味和外形上的更新迭代,可谓是超乎消费者的想象。每次新品出圈,都是冰激凌厂家绞尽脑汁迎合消费者口味的尝试。这几年,文创冰激凌开始崭露头角。其中,既有大政殿、故宫等旅游文创冰激凌,还有瓦片、团扇等中式造型冰激凌,"国潮风"早已成为冰激凌行业内迅速传播的新卖点。

品牌用中国文化引起消费者的深度共鸣,在冰激凌界早已不是什么新鲜的尝试了。在2021年,钟薛高的"瓦片雪糕"就采用了独特的中式瓦片设计,为自己赚足了热度,成为雪糕界的新网红。

诞生灵感源于中国诗词的伊利须尽欢便是随着这股"新国潮"风而建立的。前不久,伊利须尽欢推出了"3D团扇鲜牛奶冰激凌",外包装采用米色和红棕色的古典色,以古人纳凉解暑用的"团扇"为造型,采用3D成型技术形成熊猫和鸟雀的立体雕花,更用了棒签做出词牌造型,刻上经典诗词,将品牌原本的国潮风概念做到极致。

口味创新叠叠乐 把冰激凌"甜品化"

除了造型吸睛,为了在一众冰激凌中脱颖而出,口味创新也是冰激凌品牌的主攻方向。记者走访广州多家生鲜超市和便利店时发现,如今的冰激凌,早已不是以前冰柜里清一色的雪糕、甜筒样式,也不只有经典的香草、巧克力等常规口味了。

据业内人士透露,现在的冰激凌口味创新主要有两种路径:一种是结合时下新风潮,例如普拉拉在3月樱花季推出的"洛樱樱花口味";一种便是将茶饮、甜点的元素挪用到冰激凌上,把冰激凌打造成一种口味叠加的新式甜品。

生打椰鲜果、杨枝甘露……这些在果汁界屡见不鲜的元素,成为冰激凌的新口味之选。例如和路雪推出的新品茉香油柑口味棒冰,作为"真实果汁冰激凌冷饮",将油柑风味夹心与茉莉风味冰壳相结合,清爽的卖点十分突出。

业内人士表示,冰激凌既要好看也要好吃,才能抓住消费者的心。无论是在"凹造型"上绞尽脑汁,还是在口味上愈加像甜点,都是冰激凌的快时尚打法,瞄准了年轻人的消费市场。

冰激凌也玩"低糖低脂"　健康成为新主流

随着消费者健康意识的提高,高糖、高脂、高热量的传统冰激凌让甜品爱好者们心有忌惮。如何减轻消费者的甜蜜负担,成为冰激凌市场的创新风向。天猫《线上冰品消费趋势报告》显示,2020年线上冰激凌市场中,低糖产品销量同比增长128%,低脂肪产品销量同比增长131%,低糖低脂的冰激凌尤其受"90后"及"95后"的关注。

近年来,一些外资和本土品牌也纷纷推出健康冰激凌产品:"可米酷"作为国内无蔗糖冰激凌代表品牌,用麦芽糖醇液和赤藓糖醇等热量更低的新型代糖作为甜味来源;和路雪旗下品牌"轻优"坚持健康冰激凌理念,推出低糖系列和低脂系列雪糕;中街1946瞄准中产家庭消费场景,主打健康无添加的高端中式雪糕;丹迪当根据市场需求,研制了低卡路里雪糕配方,一杯丹迪当雪糕的热量还不及一包紫菜。

记者从电商平台上看到,今年依旧有不少冰激凌从低脂、低糖等方面入手,减少糖分和脂肪的含量。譬如钟薛高与国家奥林匹克体育中心合作的"少年系列雪糕",其五款口味中,两款糖含量均低于5 g/100 g,一款脂肪含量仅为3 g/100 g。

与此同时,还有一些冰激凌品牌在做原料加法,譬如添加益生菌、胶原蛋白等功能性原料,增加枸杞等养生食材,通过丰富成分来营造一种更健康的理念。像光明的"谷风"系列雪糕,三种口味都融入了中国传统饮食中的养生食材,如藜麦、枸杞、灰枣、青稞、桑叶等。

同时,各家冰激凌品牌也在无糖赛道布局。记者注意到,像八喜的轻卡系列产品、和路雪的"轻优"系列在终端冷柜的占位越来越多。一位冰激凌业内经销商告诉记者,消费者会追求健康的产品感官体验,也会关注产品的营养成分表、配料表。"配料表越少、越干净越好。在体验方面,有新意的包装、独特的造型、多变的口味和丰富的口感,都是影响消费者体验的重要因素。"

(资料来源:王敏,郑舒雨. 国潮风、低糖低脂、口味叠加……冰激凌集中上新迎初夏[N]. 羊城晚报羊城派,2022-05-05. 有删减)

5.5 寡头垄断市场的厂商均衡

5.5.1 寡头垄断市场的特征

寡头垄断市场,是指某种产品市场中只有几家厂商占据绝对优势。它是存在着竞争因素,但垄断因素明显更多的一种现实的市场结构。同垄断竞争市场一样,寡头垄断市场也介于完全竞争市场和完全垄断市场这两种极端形式之间,但更偏向完全垄断市场。寡头垄断厂商广泛存在于现实生活中,如钢铁行业、汽车行业、石油行业、电器行业等。

寡头垄断市场一般具备以下特征:

1)厂商数目很少

寡头垄断市场上通常只有几家生产厂商,每一家厂商占有的市场份额都很大,每一家厂商的定价与生产战略都会对这个市场的价格和生产数量产生影响,即单个生产厂商的行为能够在很大程度上影响市场。

2)很高的进入障碍

由于寡头垄断厂商一般规模较大,规模经济明显,少数几家厂商已经在市场上占有绝对多的份额,要想轻易进入此行业,与原有厂商争夺市场比较困难。寡头垄断行业一般是生产高度集中的行业,在一定时期内,大厂商数目基本固定。为防两败俱伤,各大厂商之间可能会出现诸如瓜分市场之类的共谋。

3)厂商行为相互依存

这是寡头垄断市场最明显的特征。为数不多的寡头厂商控制着市场,任何一家厂商行动对市场都有不可忽视的影响。因而一旦某个厂商做出一个新决策,竞争对手必然密切关注,并随即做出相应的反应。所以,任何一家寡头厂商在行动之前都要深思熟虑,都要预测竞争对手的反应,并估算这种反应对自己利润的影响。

寡头厂商之间的相互依存和策略互动,使得寡头垄断市场的价格和产量决定相当复杂。经济学家曾提出了各种解释寡头市场上价格与产量决定的理论或模型,但没有一种理论能解释我们在这种市场上所观察到的各种不同类型的行为。模型的结论依赖于对寡头行为的假定,对寡头行为的假定不同,模型的结论也就不同。因此,寡头模型是厂商均衡理论中最不定型的模型。

5.5.2 寡头垄断市场的形成原因及分类

1)寡头垄断市场的形成原因

寡头垄断市场之所以存在,归根结底是因为该市场存在明显的进入障碍。

①规模经济。许多工业部门具有大规模生产的经济利益,其平均成本随着产量的增加而下降。平均成本的降低不会毫无止境,当成本在一个很大的产量范围内降低时,它鼓励了大厂商的发展。如果产量还没有达到市场总需求量,平均成本已上升,那就不可能再鼓励大厂商继续扩大规模,发展成为独家垄断的局面,而是由几家厂商都在最低的平均成本情况下从事经营,以满足整个市场的需要,形成了寡头垄断。

②行业中现有寡头垄断厂商拥有重要原材料或关键技术,阻止了竞争者进入该行业,少数几家厂商就可实现寡头垄断。

③几个厂商控制了分销渠道,如果厂商能够说服分销商不去销售任何其他厂商的竞争性产品,就可以增加厂商在市场中的控制能力。

④现有寡头垄断厂商可能受到政府的保护。

2)寡头垄断市场的分类

①按产品差别程度划分,寡头垄断市场可以分为两种类型:一种是纯粹寡头垄断,另一种是差别寡头垄断。

纯粹寡头垄断是指各厂商所生产的产品性质一致,产品彼此之间没有差别,如钢铁、尼龙、铜、铝、石油等行业。顾客购买这类产品可以不选具体品牌,只需根据品种规格等技术指标和价格订货。

差别寡头垄断是指各厂商所生产的产品性质一致,但存在一定程度的差别,如汽车、飞机、空调等。此类寡头垄断厂商一般通过广告宣传、增加产品特点等方法扩大自己的市场。

②按行动方式划分,寡头垄断市场可以分为两种类型:一种是勾结(或共谋)行为的寡头垄断,另一种是独立行为的寡头垄断。

勾结(或共谋)行为的寡头垄断是指各寡头厂商相互勾结,形成一个像垄断厂商那样的整体,各厂商可以联合获取最大利润。这里所谓的勾结,是指在一个行业中厂商相互间有着明示或暗示的不再竞争的协议。共谋行为可以分为公开的共谋或隐蔽(或私下)的共谋或者说默契。共谋行为的寡头垄断,厂商之间会避免价格竞争,一般会采取非价格竞争战略。

独立行为的寡头垄断是指各寡头厂商相互竞争、独立决策。各厂商只考虑自己的利益,而不顾及行业的利益。各寡头厂商之间的竞争策略不仅涉及价格,还涉及广告、研究开发等方面。

5.5.3 寡头垄断企业的博弈

1)博弈论概述

博弈论诞生于20世纪50年代,它被用于分析个人或组织在目标相互冲突时的决策行为。决策者都希望问题的解决对自己有利。

决策者在博弈过程中,一是试图通过博弈行动使自己达到最优地位;二是充分认识到在博弈过程中参与者相互影响的特性;三是预测其他决策者的行为。在博弈论中,最重要的就是策略和收益。策略是指博弈的参与者所采取的行动方案,收益是策略实行的结果。

2)现代博弈论的经典模型:“囚徒困境”

A和B两人共谋偷一辆汽车而被捕,地方警长在与他们谈话时感到他们两人可能参与了几个月前的银行抢劫案,但是缺少指控的证据。于是警长把两名囚犯分开来审问。警长分别告诉两名囚犯:警察认为他们参与了银行抢劫案,如果他们两人都交代了这一罪行,每人会判5年;如果其中一人交代了,另一个人不交代,那么交代的人就可以只判刑1年,而没有交代的人要判10年;如果两人都不交代,则由于缺乏指控证据,他们就只会因偷车而各自被判处2年。在这种情况下,两个囚犯对警长的话会有什么反应呢?我们可以用博弈矩阵来分析这一问题。

表5.3中,方框中的数字组合左边为B的结局,右边为A的结局。对两个囚犯来说,最好的选择当然是都选择不交代,但是信息的不对称,囚犯无法知晓同伴的行为,则在自身利益最大化的原则下只有选择都交代。因为对A来说,不管B选择“交代”还是“不交代”,他的最优选择是“交代”;对B来说,不管A选择“交代”还是“不交代”,他的最优选择也是“交代”。结果就形成了一个对两个囚犯整体来说并不是最优的选择。

表5.3　囚犯的两难问题

项目		A的战略	
B的战略		交代	不交代
	交代	(5,5)	(1,10)
	不交代	(10,1)	(2,2)

3)寡头厂商的非合作性博弈

寡头之间也存在类似的相互争夺、相互依存的关系。与囚犯都拒绝认罪一样,寡头之间达成协议,采取一致行动,对大家都有利,此为寡头厂商的上策。但是由于对其他厂商的意图和采取的行动无法预知,它们往往会对形势做出最悲观的估计,因此都采取保护自己的措施,其结果是对大家都不利。

如果有A、B两家寡头企业瓜分市场,它们面临4种市场情况:如果双方都采取高价政策,双方都可以得到700万元;如果A采取高价政策,B采取低价政策,B会将A的大部分生意抢过来,最后A得到100万元,B得到1 000万元;如果B采取高价政策,A采取低价政策,A会将B的大部分生意抢过来,最后B得到100万元,A得到1 000万元;如果双方都采取低价政策进行价格竞争,那么,双方都只能得到300万元。

A开始计算:假如B采取高价政策,它的最佳反应是采取低价政策;假如B采取低价政策,它的最佳反应仍是采取低价政策。由此可见,不管B怎么做,A的最优策略似乎都是低价政策。同样的道理,B也采取了低价政策。很遗憾,最后的结果是双方都只能赚到300万元。

假如A和B能够达成某种默契,勾结在一起,结果双方都高价,双方都获得了700万元。两家的总收益是1 400万元,这是最理想的结果。

假如B背信弃义,偷偷采取低价策略,这样,B赚到了1 000万元,而浑然不知形势变化的 A 就只能得到 100 万元。过了一段时间,A 发现收益减少,才察觉到 B 的背叛,于是立即改为低价政策,结果又回到每人各得 300 万元的结果。

从经济学的角度分析,其实囚徒困境说明的就是:个体的理性选择,往往带来的是集体的非理性选择。

【课后阅读】

爱克斯罗德试验中的针锋相对策略

如果没有外部强制力,囚徒困境中的参与者怎样才可以维持合作呢?这是一个非常实际的问题。比如在国际事务上,国家与国家之间经常就某些问题达成一定的协议,这种协议由于不存在一个世界性的政府,约束力往往很小。

这个问题有这样一种答案。如果一方采取不合作的策略,另一方随即也采取不合作策略并且永远采取不合作策略,在博弈论里面称为触发策略(Trigger Strategy),或称冷酷策略。如果对方知道你的策略是触发策略,那么对方将不敢采取不合作策略,因为一旦他采取了不合作策略,双方便永远进入不合作的困境。所以,只要有人采取触发策略,双方均愿意采取合作策略。但是这个策略面临着这样一个问题:如果双方存在误解,或者一方有选择性错误,而错误是无意的,那么结果将是双方均采取不合作策略。也就是说,这种策略不给对方一个改正错误或解释错误的机会。

美国密西根大学罗伯特·爱克斯罗德教授的那个著名试验,给出了这个问题更好的答案。20 世纪 80 年代,他写信给不同学科的学者,让他们提供自以为最佳的行为规则,然后编成电脑程序,相互竞赛。这个游戏共进行了两轮,在第一轮游戏中,共有 14 个程序参加竞赛,并附上爱克斯罗德自己的一个随机程序(即以 50% 的概率选取合作或不合作),总共运转了 200 次。结果最终胜出的程序是加拿大学者罗伯布编写的针锋相对策略(tit - for - tat),也就是"一报还一报"。这个程序的特点是:第一次对局采用合作策略,以后每一步都紧紧跟随对方上一步的策略,你上一次合作,我这一次就合作,你上一次不合作,我这一次就不合作。爱克斯罗德发现,得分排在前面的程序有三个特点:第一,从不首先背叛,即"善良的";第二,对对方的背叛行为一定要报复,不能总是合作,即"可激怒的";第三,不能他人一次背叛,你就没完没了地报复,以后人家只要改为合作,你也要合作,即"宽容性"。

为进一步验证第一轮游戏得到的结论,爱克斯罗德又组织了第二场锦标赛。这次他征集了 62 个程序,还有不少程序针对"一报还一报"做了专门改进。一场混战的结果是,"一报还一报"再次排名第一。

这两次锦标赛充分证明了"一报还一报"策略的威力。爱克斯罗德后来曾公开征集可能打败它的策略程序,但 20 多年过去,还没有程序能做到这一点。针锋相对策略的优越性向我们充分展示了一个纯粹自利的人何以会选择"善行",只因为合作是自我利益最大化的一种必要手段。

阿氏把"一报还一报"所体现的精神归纳为"KISS"(Keep It Simple,Stupid)原则,即尽可能简单、愚蠢。简单到可以用一句话概括,又愚蠢到不记忆对手的历史行为,这正应了"大智若愚”的中国老话。

我们可以把“一报还一报”策略归纳为以下5点：

第一，要保持善良。即坚持不先背叛对方，开始总是以善意的态度选择合作，而不是一开始就选择背叛或主动作弊。

第二，是可激怒性。即如果对方出现背叛行动，它能够及时识别并一定要采取背叛的行动来报复，不会让背叛者逍遥法外。

第三，具有宽容心。它不会因为别人一次背叛，长时间怀恨在心或者没完没了地报复，而是在对方改过自新、重新回到合作轨道时，能既往不咎地恢复合作。

第四，简单性。它的逻辑思维清晰，易于识别，能让对方在较短的时间内辨别其策略所在。即观点鲜明，当对方选择背叛时，他就会报复，让对方明白背叛的后果。

第五，不生妒忌心。它不耍小聪明，不占对方便宜，不在任何双边关系中争强好胜。人们往往习惯于考虑零和博弈，倾向于采取相对的标准，常常把对方的成功与自己的成功对立起来。这种标准导致了嫉妒，企图抵消对方已经得到的优势。在囚徒困境下，抵消对方优势只能通过背叛的方式来实现，但是背叛会招致更多的背叛及对方的惩罚。因此嫉妒就是自我毁灭。

比如在爱情中的博弈原则应该是善意而不是恶意地对待恋人；是宽容而不是尖刻地对待恋人，关键是能够彼此宽容，即宽容对方的缺点；是强硬而不是软弱地对待恋人，就是要在我永远爱你的善意的前提下，做到有爱必报，有恨也必报，以眼还眼，以牙还牙，以其人之道还治其人之身。简单明了而不是山环水绕地对待恋人，在博弈中过于复杂的策略使对手难理解，无所适从，因而难以建立稳定的合作关系，明晰的个性、简练的作风和坦诚的态度是制胜的要诀。

在生活中一样可以运用这种方法。当一个人伤害了你时，你知道即便报复了他也并不能消除已对你形成的伤害。如果你还希望两个人的关系能够继续，那么最好是宽恕他。但是，若他知道即便伤害了你也会获得宽恕时，他就可能一直有意无意地不停伤害你。

就像我们在一些影片中看到某些心地善良却遇人不淑的女子。那些女子一次又一次地原谅胡作非为的丈夫，希望用真情打动他令他回心转意；但结果丈夫反而得寸进尺，因为他知道只要一些花言巧语扮可怜就会获得妻子的宽恕。

所以，有时候，人们会对伤害选择报复。当别人打你一拳，你若打回一拳，这本身并不能减轻你已挨那一拳的疼痛，而且用力打回一拳通常也得不到快感。那为什么还会回击呢？原因在于，你知道打不还手只会让对手更加猖狂，而选择回击是遏制对方进一步侵犯的方式。

所以，有时候宽大为怀不一定好，有时候毫无回旋余地也不见佳，这就是奇妙的人类互动世界。

（资料来源：思考林的想法，知乎，有删减）

本章小结

根据竞争和垄断的程度不同,一般把市场分为 4 种类型:完全竞争、完全垄断、竞争垄断。各厂商为了实现各自利润最大化,总是选择边际收益等于边际成本的均衡点来确定生产规模和商品售价。

在完全竞争的市场条件下,个别厂商需求曲线是一条水平线,短期均衡条件是 LAC = LMC = MR = AR。

在完全垄断市场条件下。厂商的平均收益曲线的下方。其短期均衡的条件是 SMC = MR,长期均衡条件也是 SMC = MR。在完全垄断市场上常常发生价格。差别价格按差别程度的大小分为一级价格差别,二级价格差别和三级价格差别。

垄断竞争是市场中既存在竞争因素,又存在垄断因素。垄断竞争厂商的短期均衡与完全垄断厂商的短期均衡类似,即厂商按照利润最大化的原则(MR = SMC)进行生产和销售,长期均衡的条件同样是 MR = LMC,此时垄断竞争厂商的长期超额利润为零,只能获得正常利润。

寡头垄断市场进行分析的关键在于研究厂商如何对付其他厂商的行为为做出反应,自己又是怎样行动的。古诺的双头垄断以及经典的“囚徒困境”模型分别从不同角度对寡头垄断市场进行了分析。

关键概念

市场结构　总收益　平均收益　边际收益　价格歧视

问题讨论与分享

1. 如何理解厂商实现利润最大化的基本原则?

2. 完全竞争厂商的短期均衡会不会出现亏损?为什么?

3. 如果你是一家服装企业的经理,试想一下:你在这个垄断竞争市场上如何创造自己的产品差别?

4. 以我国的白酒行业为例,分析其市场结构的特点。

自学自测

一、单项选择题

1. 垄断竞争厂商短期均衡时(　　)。

A. 厂商一定获得超额利润

B. 厂商一定不能获得超额利润

C. 厂商只能得到正常的利润

D. 获得超额利润、发生亏损及获得正常利润三种情况都可能发生

2. 假如一个完全竞争厂商的收益不能弥补可变成本,为了减少损失,它应该(　　)。

A. 减少生产　B. 增加生产　C. 提高价格　D. 停止生产

3. 寡头垄断厂商的产品是(　　)。

A. 同质的　　　　　　　　　　　　　　B. 有差异的

C. 既可以是同质的也可以是有差异的　　D. 以上都不对

4. 在(　　)项条件下一个完全竞争厂商处于短期均衡。

A. AVC = MC　　B. AC = MC　　C. P = AC　　D. P = MC

5. 博弈论的方法分析寡头行为的结果说明了(　　)。

A. 每个寡头在做出决策时,都不考虑其竞争对手的反应

B. 每个寡头都能得到最好的结果

C. 每个寡头为了避免最差的结果,将可能不能得到最好的结果

D. 一家寡头做出的决策不会对其他寡头产生影响

6. 垄断企业采取价格歧视时(　　)。

A. 对不同商品向不同消费者收取不同的价格

B. 对不同商品向不同消费者收取相同的价格

C. 对同一种商品向不同消费者收取不同的价格

D. 对同一种商品向不同消费者收取相同的价格

7. 最需要进行广告宣传的市场是(　　)。

A. 完全竞争市场　　B. 完全垄断市场　　C. 垄断竞争市场　　D. 寡头市场

8. 完全竞争市场和垄断竞争市场的主要区别在于(　　)。

A. 企业是否可以实现利润最大化

B. 产品的差别程度

C. 是否存在政府管制

D. 消费者的需求价格弹性大小

9. 关于完全竞争市场的说法,错误的是(　　)。

A. 企业的需求曲线和行业的需求曲线相同

B. 市场价格由整个行业的供求曲线决定

C. 企业是价格的接受者

D. 企业的需求曲线是一条水平线

10. 为了实现利润最大化,垄断竞争企业产量决策应遵循的基本原则是(　　)。

A. 按照价格弹性进行价格歧视

B. 边际收益大于边际成本

C. 边际收益等于边际成本

D. 边际成本等于平均成本

二、判断题

1. 所有完全竞争的企业都可以在短期均衡时实现利润最大化。　　(　　)

2. 可以把每个企业的供给曲线水平相加而得出短期行业供给曲线。　　(　　)

3. 在长期均衡时,完全竞争行业中的每个企业的经济利润为零。　　(　　)

4. 凡是厂商的垄断都是不好的,都是要打破的。　　(　　)

5. 因为完全垄断厂商具有垄断权力,所以可以“价格不封顶,质量不保底”。　　(　　)

6. 自然垄断产生的原因之一是规模经济。　　(　　)

技能操练

第5章自学自测参考答案

1. 一个生产小麦的农场主向他的工人发布了以下坏消息：今年的小麦价格很低，而且我从今年的粮食中最多能获得3.5万美元。如果我付给你们与去年相同的工资（3万美元），我就会亏本，因为我不得不考虑3个月之前已经为种子和化肥花了2万美元。如果为了那些价值3.5万美元的粮食而让我花5万美元，那我一定是疯了。如果你们愿意只拿去年一半的工资（1.5万美元），我的总成本将为3.5万美元，至少可以收支相抵。如果你们不同意降低工资，那么我就不打算收割这些小麦了。工人们围坐在一起以投票来决定是否同意降低工资，这时，尚特列很快地进行了一番计算，然后说："农场主在吓唬我们。即使我们不同意降低工资，他也会收割小麦的，我反对降低工资。"尚特列说得对吗？是农场主在欺骗大家吗？如果工人们反对降低工资，那么他们是否会失去工资呢？

2. 某垄断厂商的短期成本函数为 $STC=0.1Q^3-6Q^2+140Q+3\ 000$，成本用美元计算，$Q$ 为每月产量。为使利润极大，它每月生产40 t产品，由此赚得的利润为1 000美元。求满足上述条件的边际收益、销售价格和总收益。

小组实训项目　生活中的博弈分析

利用互联网，上网查找并阅读博弈论相关材料，了解现代博弈论的基本观点及其在日常生活中的应用，联系日常生活中的博弈问题撰写一篇心得体会。

第 6 章　收入分配理论

【知识目标】理解要素供给和需求的特点及其价格的决定；掌握劳动市场不同于其他要素市场的特殊性；理解工资、利息、地租和利润的有关原理；理解洛伦茨曲线和基尼系数如何衡量收入差距。

【技能要求】能够运用要素价格理论进行一般生产要素价格决定问题的分析。

【课程思政目标】理解我国收入分配制度改革的理论逻辑，深刻理解按劳分配为主体、多种分配方式并存的收入分配制度和共同富裕政策，学生树立起坚定走中国特色社会主义道路的理想信念，增强其使命感和责任感。

【思维导图】

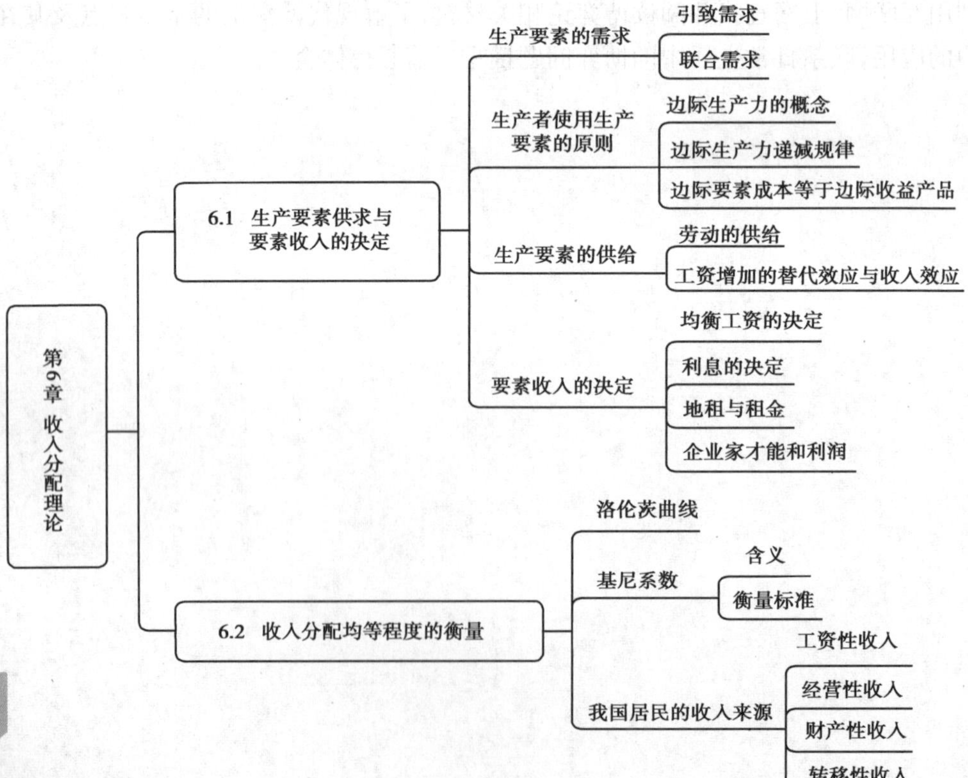

【课程导入】

我国的收入分配制度改革

为贯彻落实党的十八大提出的"实现发展成果由人民共享,必须深化收入分配制度改革"的要求,完善收入分配结构和制度,增加城乡居民收入,缩小收入分配差距,2013 年 2 月 3 日,国务院批转了《关于深化收入分配制度改革的若干意见》(以下简称《意见》),标志着我国以财税体制改革为突破口推进收入分配体制改革正式启动。其中关于生产要素市场的管理运行机制改革,以及包括劳动在内的生产要素参与分配的制度改革等,关系到每个国民的切身利益。《意见》提出了要实现居民收入在国民收入分配中的比重、劳动报酬在初次分配中的比重逐步提高,劳动报酬增长和劳动生产率提高同步等目标,并明确提出相关的改革措施。

2019 年 10 月 28 日,党的十九届四中全会把"按劳分配为主体、多种分配方式并存"作为社会主义基本经济制度的同时,进一步指出要"健全劳动、资本、土地、知识、技术、管理、数据等生产要素由市场评价贡献、按贡献决定报酬的机制"。这是对分配制度、对生产要素构成等认识的持续深化。健全这一制度,对于调动各类生产要素参与生产的积极性、主动性、创造性,让各类生产要素的活力竞相迸发,让一切创造社会财富的源泉充分涌流,具有极其重要的理论意义和实践价值。

2020 年 10 月 29 日,党的十九届五中全会审议通过的《中共中央关于制定国民经济和社会发展第十四个五年规划和二〇三五年远景目标的建议》提出,"十四五"时期经济社会发展必须遵循坚持以人民为中心的原则,坚持人民主体地位,坚持共同富裕方向,始终做到发展为了人民、发展依靠人民、发展成果由人民共享,维护人民根本利益,激发全体人民积极性、主动性、创造性,促进社会公平,增进民生福祉,不断实现人民对美好生活的向往。

6.1 生产要素供求与要素收入的决定

生产要素市场是指以各种生产要素为交易对象的市场,简称要素市场。在要素市场上,要素(劳动、资本、土地和企业家才能)的需求和供给的相互作用决定了要素的均衡价格。要素的价格既决定了使用这些要素的厂商的生产成本,又决定了收入在要素所有者之间的分配。居民或家庭的收入(工资、利息、地租、利润),就是由要素的供求及要素市场价格所决定的。所以,生产要素价格理论又被称为收入分配理论,它研究的是"为谁生产"的问题。

6.1.1 生产要素的需求

生产要素市场与产品市场非常相似,都是由生产者和消费者的行为共同决定价格,在价格的形成过程中发挥市场"看不见的手"的调节功能,使资源得到有效配置,其中最根本的一点莫过于它们的均衡点都是由供给曲线与需求曲线的交点所决定的。不同的是,在两个市场上参与者的角色正好相反,在要素市场上,需求者是生产者或厂商,供给者是产品市场上作为买方的消费者或居民。生产要素市场与产品市场之间的联系可以用图 6.1 表示。

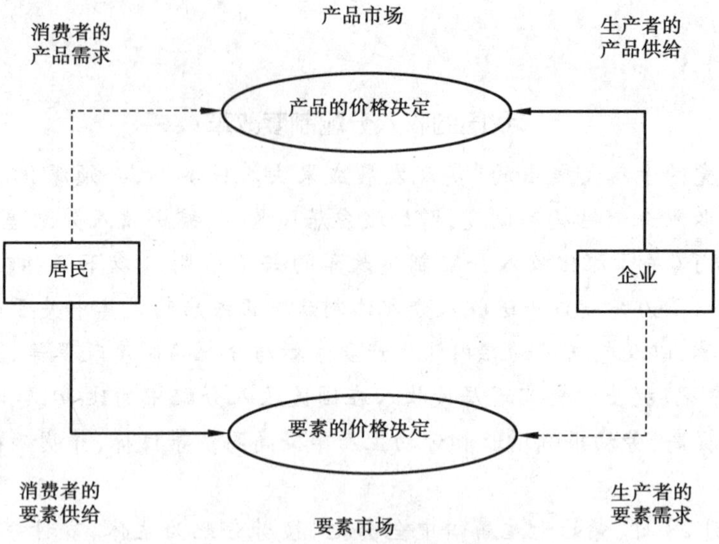

图 6.1　微观经济学的市场循环流动模型

不同于产品市场上消费者对消费品的需求,在生产要素市场上,生产者或厂商对生产要素的需求具有以下两个突出特点:

1)引致需求

在产品市场上,需求来自消费者,消费者是为了满足自己的消费需要而购买产品的,因此,对产品的需求是直接需求。

在要素市场上,需求来自厂商,但厂商购买生产要素并不直接得到效用,只是增加了生产能力,并由此来生产和出售能够满足消费者欲望的产品,以便获得利润。如果不存在消费者对产品的需求,则企业就无法从生产和销售产品中获得收益,从而也不会去购买相应的生产资料。因此,厂商对劳动、土地等生产要素的需求,是从消费者对最终消费品的需求中派生出来的一种间接需求,也称为引致需求。也就是说,追求利润最大化的生产者需要一种生产要素时,其原因在于该生产要素可以使之生产出消费者现在或将来愿意购买的产品。

引致需求的概念反映了生产要素市场和产品市场之间的联系。生产者对生产要素的需求量在很大程度上取决于消费者对产品的需求量。因此,不但消费者的需求曲线会影响生产要素的价格,生产者在产品市场和要素市场上所处的市场状态也会影响生产要素的需求,并最终影响生产要素的价格。

2)联合需求

生产者对生产要素的需求不仅是一种派生需求,而且是一种联合需求,即对生产要素的需求具有相互依赖性。

任何一种产品的生产,都不是一种生产要素单独能够生产出来的,必须由各种生产要素共同合作才能完成。同时,各种生产要素之间还存在着相互替代或互补的关系。例如,对炼钢炉需求的增加,可能导致对炼钢工人的需求上升;当人工的劳动成本较高时,厂商就会用机器来代替人力。

这种联合需求的一个重要结果就是,生产者对每一种生产要素的需求数量不仅取决于该要素的价格,还要受到其他要素需求数量的影响。

6.1.2　生产者使用生产要素的原则

1)边际生产力的概念

"边际生产力"是由 20 世纪初美国经济学家约翰·贝茨·克拉克(J.B.Clark)首创并进一步用于其分配理论分析的。它指的是在其他条件不变的前提下,每增加一单位生产要素投入所带来的产量增量,即边际物质产品,简写为 MPP。边际物质产品也称为边际产量。特别地,最后雇用的那个工人所带来的边际产量,称为劳动的边际生产力;最后增加的那个单位资本所带来的边际产量,称为资本的边际生产力。

2)边际生产力递减规律

如果其他生产要素投入量不变,只有一种可变要素,那么,随着可变要素的不断增加,其边际生产力最初上升,超过某一点后,开始下降。

以劳动作为可变要素为例,劳动投入量和劳动的边际生产力之间的关系,可用图 6.2 中的边际生产力曲线表示。同样地,如果假定资本是可变要素,也可用图 6.2 来大致表示资本的边际生产力曲线,即资本的边际生产力最初上升,达到某一点后出现下降。

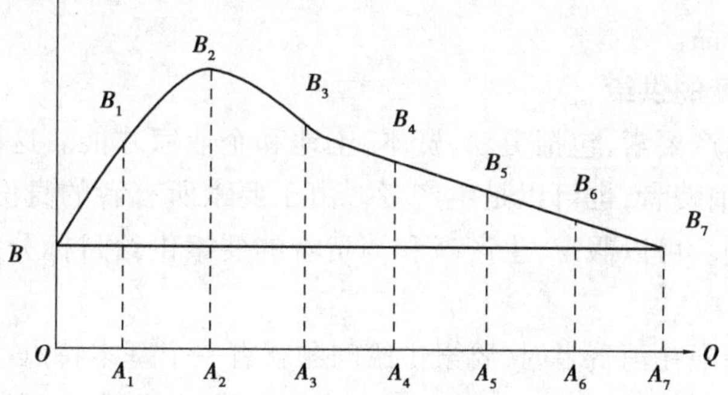

图 6.2　生产要素的边际生产力曲线

生产要素的边际生产力曲线之所以呈现先上升后下降,实质上是因为边际收益递减规律作用的结果。"边际生产力递减规律"只不过是"边际收益递减规律"的表现形式。

3)生产者使用生产要素的原则

生产者的要素需求是引致需求,生产者使用要素的目的是生产出消费者需要的产品,以获取最大利润。因此,生产者使用要素的原则就是在一定时间内、在一定条件下,根据企业内部的生产状况和市场情况,确定要素的使用量,以实现利润最大化。满足生产者利润最大化的条件是边际要素成本等于边际收益产品,用公式表示为:

$$MFC = MRP$$

边际要素成本(MFC),是指增加单位要素的投入所带来的成本增量。它等于边际物质产品乘以边际成本。如果用 MFC 表示边际要素成本,则:

$$MFC = MPP \cdot MC$$

边际收益产品(MRP),是指增加单位要素的使用所带来的总收益的增量。它等于边际物质产品乘以边际收益。如果用 MRP 表示边际收益产品,则:

$$MRP = MPP \cdot MR$$

如何理解 MFC = MRP 是生产者利润最大化的条件呢？我们知道，当边际收益产品大于边际要素成本时，意味着每增加使用一单位的要素给生产者带来的收益就会大于这个要素给生产者带来的成本，于是，生产者就会继续使用更多的生产要素，直到边际收益产品等于边际要素成本时为止。相反，当边际收益产品小于边际要素成本时，意味着每增加使用一单位的要素给生产者带来的收益就会小于这个要素给生产者带来的成本，于是，生产者就会减少要素的投入，直到边际收益产品等于边际要素成本时为止。MFC = MRP 是生产者使用生产要素的基本原则。

例如，现在考虑企业将雇用多少工人。假定采茶工人的市场工资是每周 500 元。在这种情况下，企业雇用第一个工人是盈利的：第一个工人产生 1 000 元的收益，获 500 元的盈利。同样，第二个工人产生 800 元的新增收益，获 300 元的盈利。第三个工人产生 600 元的新增收益，获 100 元的盈利。但是，在第三个工人之后，雇用工人就不赢利了，第四个工人只产生 400 元的新增收益，但企业支付工人的工资是 500 元，雇用第四个工人意味着利润减少 100 元，因此，理性的企业决策者只会雇用 3 个工人。

基本结论：一个竞争性的、利润最大化企业，选择生产要素使用量的决策原则是边际要素成本 = 边际收益产品。

6.1.3 生产要素的供给

经济学分析的生产要素，包括劳动、资本、土地和企业家才能。这些要素分别属于不同的所有者，既可以是消费者，也可以是生产者。由于要素所有者的身份不同，因此要素供给行为的目的就有差别。可以假定，生产者和消费者的要素供给目标分别是利润最大化和效用最大化。

当要素供给者局限在消费者时，要素供给问题就有一个基本特点，即要素数量在一定时期内是固定不变的。例如，每个人每天只有 24 小时，但显然没有人可以每天提供 24 小时的劳动。由于要素资源是既定的，消费者只能将其中一部分作为生产要素提供给市场，剩下的部分可称为“保留自用”的资源。因此，要素的供给问题就是消费者在一定要素价格下，将其全部资源在要素供给和保留自用两种用途上如何进行分配，以实现效用最大化。一般来说，供给曲线是一条向右上方倾斜的曲线，但不同的生产要素性质不同，其供给规律也不同。

1）劳动的供给原则

劳动的供给和时间的保留自用，实际上是每个人都必须在工作与闲暇之间做出某种组合的选择：既可以选择较多的工作以增加收入，也可以选择较多的闲暇以增加可自由支配时间。在这里，闲暇是指时间的非市场性质的使用，不仅包括吃饭、睡觉、娱乐等，也包括所有的家务劳动。经济学认为，劳动的供给和闲暇，对消费者都具有效用和边际效用。

劳动的效用体现在劳动可以给消费者带来收入，劳动的效用，实际上是收入的效用；劳动的边际效用等于劳动的边际收入与收入的边际效用的乘积。

与劳动的效用和边际效用相比，闲暇的情况比较复杂。闲暇既可以带来直接效用，也可以带来间接效用。如果消费者不把时间用于劳动，则可以做家务，或者休息、娱乐，而从事家务劳动可以节省相关开支，带来间接效用。在其他情况下，闲暇一般直接带给消费者满足，即直接效用。

劳动的边际效用等于闲暇的边际效用是消费者的劳动要素的供给原则。消费者要素供给的目的是实现效用最大化,显然,为了获得最大效用,必须满足的条件是:劳动的边际效用=闲暇的边际效用。如果劳动的边际效用小于闲暇的边际效用,则可以通过减少劳动、增加闲暇来增加消费者的总效用;反之,如果劳动的边际效用大于闲暇的边际效用,则可以通过减少闲暇、增加劳动来增加消费者的总效用。

2)劳动供给曲线

在劳动的供给问题上,消费者的效用来自劳动的收入和闲暇,因此,要素所有者在不同工资率上愿意提供的劳动数量,取决于他对收入与闲暇的比较。当工资低而收入少时,提高工资,则劳动供给增加,劳动的供给曲线向右上倾斜;当工资提高到超过一定程度时,劳动供给反而减少,劳动的供给曲线向后弯曲,如图6.3所示。

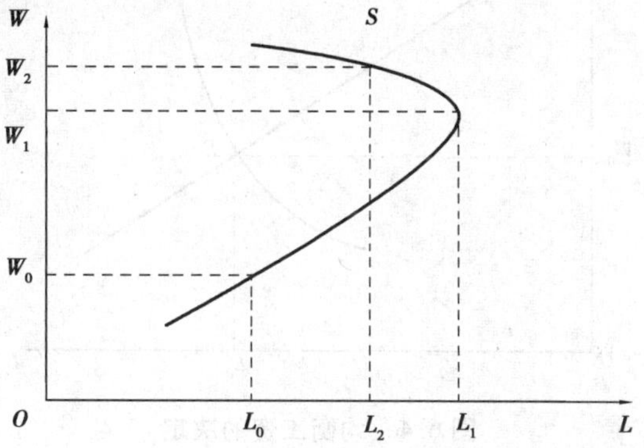

图6.3 向后弯曲的劳动供给曲线

劳动的供给曲线为什么向后弯曲?可以用收入效应和替代效应来解释。当工资增加时,会产生两种效应:替代效应和收入效应。工资增加的替代效应是指,由于工资上升,收入增加,闲暇所蒙受的损失(代价)增大,劳动者愿意以更多的劳动来替代闲暇。工资增加的收入效应是指,由于工资上升,收入增加,消费者相对更加富有而追求闲暇,从而会减少劳动的供给。

一般来讲,当工资低而收入少时,如果工资增加,其替代效应大于收入效应,消费者的劳动供给会增加,劳动的供给曲线向右上方斜率,斜率为正;当工资提高达到一定程度时,消费者相对比较富有,工资增加的替代效应小于收入效应,消费者的劳动供给会减少,劳动的供给曲线从向右上倾斜转而向左上倾斜,斜率为负。因此,便会形成一条“后弯的”劳动供给曲线。

6.1.4 要素收入的决定

要素收入即生产要素的租赁价格或使用价格,它是由生产要素的需求与供给共同决定的。

1)均衡工资的决定

将所有单个消费者的劳动供给曲线水平相加,即得到整个市场的劳动供给曲线。尽管许多单个消费者的劳动供给曲线可能会向后弯曲,但整个市场的劳动供给曲线却不会弯曲。

劳动要素的流动性强，在较高的工资水平上，现有的工人也许提供较少的劳动，但高工资也会吸引新的工人进来，因而总的市场劳动供给一般还是随着工资的上升而增加，从而市场劳动供给曲线仍然是向右上方倾斜的。

由于要素的边际生产力递减和产品的边际收益递减，要素的市场需求曲线通常总是向右下方倾斜，劳动的市场需求曲线也不例外。

要素价格由要素的市场需求和市场供给相互作用的均衡决定，劳动市场也不例外。将向右下方倾斜的劳动需求曲线和向右上方倾斜的劳动供给曲线综合起来，即可决定均衡工资水平，如图6.4所示。

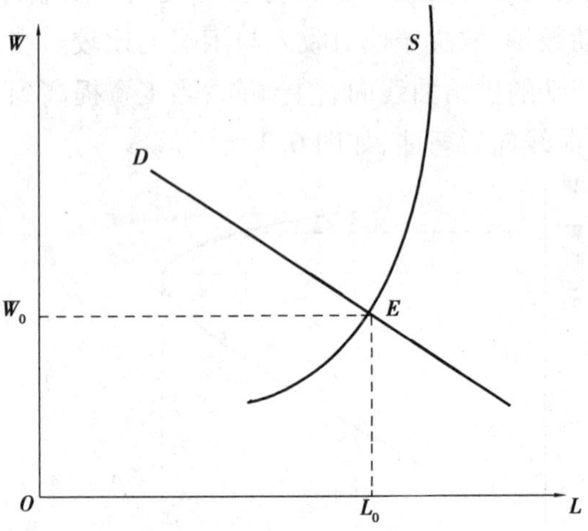

图6.4　均衡工资的决定

图6.4中，劳动需求曲线 D 和劳动供给曲线 S 的交点 E 是劳动市场的均衡点。该均衡点决定均衡工资为 W_0，均衡劳动数量为 L_0。

均衡工资水平由劳动市场的供求曲线决定，并且随着这两条曲线的变化而变化。

劳动供给曲线位置的变化，主要有如下几个原因：①非劳动收入即财富。较大的财富增加了消费者保留时间以自用的能力，从而减少了他的劳动供给；②社会习俗。例如某些社会中不容许妇女参加工作而只能做家务。改变这个习俗将大大增加劳动供给；③人口。人口的总量及其年龄、性别构成显然对劳动供给有重大影响。

劳动需求曲线位置的变化，主要受边际产量值的影响。边际产量值是指每增加一单位的要素投入所增加的价值，即边际物质产品量乘以企业产品价格。如果用VMP表示边际产量值，则有：$VMP = MPP \cdot P$。影响边际产量值的诸多因素，包括产品价格、技术进步、其他要素供给等，都会引起劳动需求曲线的移动。

【知识拓展】

如何帮助穷人？

有发达和不发达的两个地区，工资水平存在明显差距，该怎样帮助不发达地区的工人提高收入？

通常可以从最低工资标准、免税、补贴、捐款、慈善等方面思考对策。所有这些方法都有成本，制定“最低工资标准”伤害的会是最弱势的、没有任何技能的工人，不仅没有提高他们的收入，还使他们找工作更加困难。

放松管制，降低人、财、物流动成本，取消劳动力流动限制也许是更加可靠的方法。例如，两地的劳动市场供给函数如下：

A 地区，$D_A = 26 - 4P$，$S_A = -4 + 6P$，均衡工资水平为 3 元每小时，就业量 14 万人；

B 地区，$D_B = 80 - 4P$，$S_B = 20 + 6P$，均衡工资水平为 6 元每小时，就业量 56 万人。

政府取消劳动力流动限制后，两地区劳动市场的供求函数合并为：

$D = D_A + D_B = 106 - 8P$，$S = S_A + S_B = 16 + 12P$，均衡工资水平为 4.5 元每小时，就业量 70 万人。

所以，放松管制，没有花纳税人的钱，也没有增加政府的财政负担，A 地区的工人的工资水平提高了，B 地区的用工成本降低了，总就业量没有下降。

结论：对于劳动市场需求方即厂商而言，用工成本有降低有升高，上下抵消；对于劳动市场供给方不发达地区的工人而言，既提高了收入又没人失业，这才是真正帮助穷人。

2）利息的决定

利息是厂商在一定时期内为利用资本的生产力所付出的代价，或者说是资本所有者在一定时期内因让渡资本使用权，承担风险所索取的报酬。利息不涉及资本所有权，不是资本品的价格，而是使用资本（或资本服务）的价格。

资本的需求来自厂商。厂商对资本的需求取决于资本的边际生产力。如果利息既定，厂商对资本的需求量将会决定在这样的水平上：在该水平上，资本的边际生产力亦即资本的预期利润恰好等于利息率。比如，在市场利息率为 8% 时，厂商借入一单位资本的预期利润如果是 10%，则表明厂商借入一单位资本即可获利 2%，从而增加资本对厂商来说是有利的。但是，由于报酬递减规律的作用，资本投入的增加必然会降低其预期利润率。因此，当预期利润与利息相等时，厂商将不再增加或减少资本的投入。将所有的单个厂商对资本的需求曲线（以横轴表示资本需求量，以纵轴表示资本利息率的坐标图形上的一条曲线）汇总即形成资本的市场需求曲线，这种需求曲线也是向下倾斜的。它表明利率与投资呈反方向变动，利息率下降时对资本的需求会增加。

资本的供给是资本的所有者在各个不同的利息率水平上愿意而且能够提供的资本数量。资本供给来源于家庭把收入中的一部分储蓄下来从而使得资本数量增加。家庭之所以提供资本主要取决于借出资本的机会成本及风险成本。一旦借出资本所获的利息报酬可以补偿这些成本，资本供给才成为现实。对于提供资本的人来说，利息是对于他们抑制或推迟眼前消费的一种补偿，利息率越高，这种报偿越多，人们愿意提供的资本也越多，因而资本的供给与利率同方向变化，资本供给曲线在以纵轴表示利率，以横轴表示资本数量的坐标图上表现为一条向右上倾斜的曲线，但资本供给曲线同样有着劳动供给曲线类似的后弯形状，原因同样是替代效应和收入效应共同作用的结果。

在这里，替代效应指利率提高时，把钱不作储蓄而用作当前消费的机会成本上升，因而利率上升的替代效应使资本供给增加；收入效应指利率提高时，表明较少的资本供给就可以获得较多的利息收入，从而保证较高的消费，因而不用拼命节省当前消费就可以得到未来较多的利息收入和较高的消费。这样，利率上升的收入效应倾向于使人们减少资本供给，利率变动时，替代效应和收入效应共同起作用，当替代效应大于收入效应时，利率上升使资本供给增加，从而会使资本供给曲线向右倾斜；当替代效应小于收入效应时，利率上升会使资本供给减少，从而会使资本供给曲线向左上倾斜。这样，当利率上升到一定高度时，资本供给曲线就会出现像劳动供给曲线那样向后弯曲的形状。

资本需求曲线与供给曲线相交时，资本市场中储蓄就等于投资，由此决定了市场的均衡利率水平。

3）地租与租金

地租是指使用土地这种生产要素而支付的价格。地租不涉及所有权，不是指土地本身的价格，而是土地提供服务的报酬。经济学上讲的土地，实际上泛指一切自然资源，短期中，它们是固定不变的（几何图形表现为垂直供给曲线）。

土地的需求和供给相互作用决定均衡的地租率。土地的需求同其他生产要素的需求一样最终取决于边际产品价值等于生产要素的价格。对土地而言就是土地边际产品出售后的收益增量等于租用土地所支付的地租。当土地边际产品售后收益大于地租时，厂商为使利润最大化，就增加土地租用；反之，厂商则减少土地租用。因此，地租与土地需求呈反方向变动。从全社会来看，土地的数量是固定的，既不能增加，也不能减少。因此，土地供给量无弹性，其供给曲线是一条垂直于横轴的线。土地供求曲线可以用图 6.5 说明。

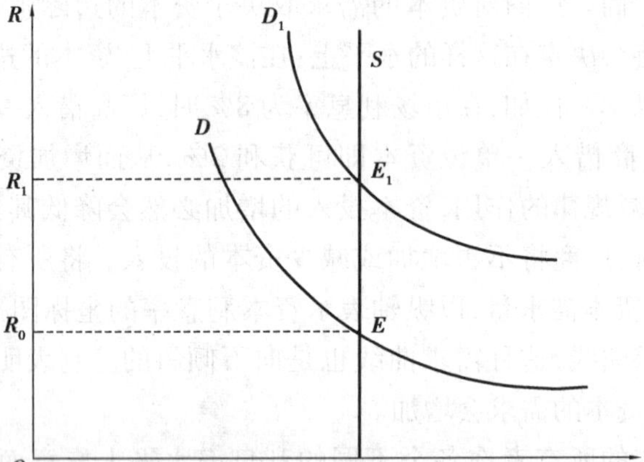

图 6.5　土地供给曲线

图中横轴代表土地量，纵轴代表地租，S 代表土地供给曲线，D 为土地的需求曲线，D 和 S 相交于 E 点，决定了地租为 N，N 为固定的土地供应量。随着经济的发展，对土地的需求量不断增加，土地的供给固定，地租就有不断上升的趋势。图 6.5 中，土地需求曲线有 D 移动到 D_1，而供给曲线 S 不变，D_1 与 S 不变，D_1 与 S 相交于 E_1 点，决定了地租为 R_1，R_1 高于 R_0 说明由于土地需求增加导致地租上升。

租金是指固定供给的一般资源的服务价格。为了与地租相区别，可以把供给同样固定不变的一般资源的服务价格叫作“租金”。换句话说，地租是当所考虑的资源为土地时的租金，而租金则是一般化的地租。

准租金(Quasi-rent),是指在短期内使用土地以外的,其他固定不变的资源或生产要素(如机器设备、厂房等)所获得的收益。准租金只是针对短期而言的,准租金是固定生产要素的收益。在长期中,由于要素的供给数量可以充分变化,因此不存在准租金。

准租金表现为总收益扣除总可变成本之后的余额。在总可变成本不变时,如果商品的价格和厂商的总收益增加,准租金会相应上升;如果商品价格和厂商的总收益下降,准租金会相应减少;如果总收益与总可变成本相等,准租金为零,在这种情况下企业将停止生产。如果厂商处于盈利状态,准租金为固定成本与经济利润之和;如果经济利润为零,准租金便等于固定成本;如果厂商亏损但继续经营,这意味着存在准租金但准租金小于固定成本。

有许多要素的收入尽管从整体上看不同于租金,但其收入的一部分却可能类似于租金,亦即如果从要素的全部收入中减去这一部分并不会影响要素的供给。我们将这一部分要素收入叫作经济租金。

经济租金(Economic Rent),是要素所有者实际得到的收入高于他愿意接受的收入部分。用经济学语言表述,经济租金就是要素收入与其机会成本之差。

经济租金也称为生产者剩余,它类似于消费者剩余,两者的相同点是:二者都是由实际发生的数额与自己所想象的数额之差形成的,因此都认为自己得到了一种“剩余”。它们的区别是:消费者剩余是产品的消费者购买产品时得到的一种心理上的感受,并非实际收入的增加;生产者剩余则是由生产要素的所有者得到的一种额外收入,是一种实际收入的增加。

经济租金、租金、地租的关系,可以归纳如下:

经济租金、租金、地租,都是资源的服务收入。当资源供给不固定、供给曲线向右上倾斜时,资源的服务收入与机会成本的差额就是经济租金;当资源供给固定、供给曲线垂直、机会成本为零时,资源的服务收入是租金;当资源供给固定、供给曲线垂直、机会成本为零、资源特指土地时,资源的服务收入就是地租。

4)企业家才能和利润

劳动、资本、土地等生产要素并不能自己创造出利润,必须由企业家有效地把它们组织起来。企业家才能的高低,直接影响企业的资源配置效率,进而影响企业利润。因此,企业家才能是一种特殊的生产要素。

正常利润是企业家才能的价格。正常利润包含在成本中,其性质与工资类似,是由企业家才能的供求关系所决定的。由于企业家在生产经营过程中起着重要作用,因此,社会对企业家才能的需求很大。又由于企业家才能是经过特殊训练和培养才获得的,其成本也很高。因此,企业家才能的供求曲线的交点所决定的正常利润就远高于一般劳动者的工资。

超额利润是指总收益和总成本的差额,这里的成本不仅指显性成本,也包括隐性成本。因此,超额利润也就是超过正常利润的那部分利润,又称为经济利润。

在完全竞争的条件下和静态社会中,不会有超额利润。只有在动态的社会中和不完全竞争条件下,才会产生超额利润。关于超额利润的形成,经济学家解释的来源有三个方面:风险、创新和垄断。

(1)超额利润是承担风险的报酬

在一个动态经济中,未来总是不确定的,厂商必须承担由此产生的风险,利润就是承担风险的报酬。厂商对无法控制和难以预测的供求变动所造成的风险,包括经济波动和经济结构变动所造成的风险;对不可抗拒原因的损失,必须自己承担,自负盈亏。

(2)超额利润是创新的结果

创新是指提供新产品和新服务、引进新生产方法采用新原料、开辟新市场和建立新企业组织等行为。西方经济学家认为,从创新能够提高生产率增加投资刺激经济增长,从而带来超额利润方面说,它是社会进步的动力应予鼓励。加上创新能否取得预期成果,以及能否继续进行下去,要受多种因素影响,难以确定,因此应以超额利润的形成对创新者予以鼓励和补偿。

(3)垄断获得超额利润

由于垄断厂商能够限制产量,控制价格,限制其他厂商进入,因此可以减少某些不确定性,长期保持垄断利润。

6.2 收入分配均等程度的衡量

前面分析了生产要素价格决定理论,这些理论构成经济学中分配理论的重要基础。但是还有一个重要问题,那就是每个人拥有的资源不一样,个人天赋和从小所受的教育不同,勤劳的程度不同,因而在经济社会中所能得到的收入存在很大的差别,这就是收入分配的不平等问题。一个经济社会如果收入分配过于不平等,国民收入的大部分落到少数人手里,而大多数人一贫如洗,这样的社会必然是一个不稳定的社会;如果一个经济社会收入分配过于平均化,每个人无论工作的勤劳程度如何、工作业绩如何,都得到同样的收入,这个社会一定是一个缺乏效率的社会。正因为如此,建立一个能够衡量一个国家收入分配不平等程度的标准或指标就是至关重要的。

6.2.1 洛伦茨曲线

洛伦茨曲线(Lorenz Curve),是由美国统计学家洛伦茨1905年提出来的,用来衡量社会收入或财产分配平均程度的曲线。洛伦茨按照经济中人们的收入由低到高的顺序排队,然后统计经济中收入最低的10%人群的总收入在整个经济的总收入中所占比例……,依此类推,再分别在横坐标和纵坐标上标出人口百分比和收入百分比。注意:这里的人口百分比和收入百分比在统计时都是累计百分比。将得到人口累计百分比和收入累计百分比的统计数据投影在图6.6中,得到一系列的点,将这一系列点用平滑的曲线连接得到一条曲线,这条曲线就叫作洛伦茨曲线。洛伦茨曲线是根据实际统计资料而做出的反映人口比例与收入比例对应关系的曲线。

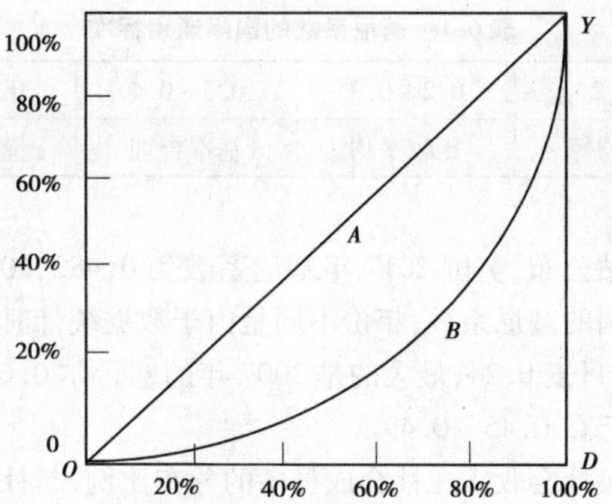

图 6.6　洛伦茨曲线

在图 6.6 中，对角线 OY 具有特殊的含义，因为 OY 是 45°线，在这条线上横坐标与纵坐标相等，即经济中收入最低的 10% 的人得到社会总收入的 10%，收入最低的 20% 的人得到社会总收入的 20%……也就是人口累积百分比等于收入累积百分比，因此 OY 表示了经济社会中每一个人得到了同样的收入，因而 OY 又叫作绝对平均线。而折线 OPY 则表示了相反的收入分配状况，它意味着经济中极少数的人得到了社会 100% 的收入，因而这条线又叫作绝对不平均线。

一个国家的收入分配状况既非绝对平均，又非绝对不平均，因而实际的洛伦茨曲线位于绝对平均与绝对不平均线之间。洛伦茨曲线将 OYP 三角形分成了两部分，一部分为 A，另一部分为 B。显然 A 的面积越小，洛伦茨曲线与绝对平均线越接近，说明收入分配越平均；A 的面积越大，即洛伦茨曲线弯曲的弧度越大，它与绝对不平均线越接近，它所代表的收入分配就越不平等。

6.2.2　基尼系数

基尼系数（Gini Coefficient），是由意大利统计学家基尼提出的，根据洛伦茨曲线为基础计算出来的反映收入分配的平均程度的指标。基尼系数用 A、B 的面积之比来表示一个经济社会收入分配的平均程度，其计算方法是：

$$G = \frac{A}{A + B}$$

当 $A = 0$ 时，基尼系数等于 0，这时意味着收入分配绝对平均；当 $B = 0$ 时，基尼系数等于 1，这时意味着收入分配绝对不平均。实际的基尼系数是一个大于 0 且小于 1 的数。基尼系数越大，说明一个国家收入分配越不平等及贫富悬殊程度越高；基尼系数越小，说明一个国家的收入分配越平等。

按照国际通用标准，基尼系数在 0.2 以下，表示高度均等；0.2 ~ 0.3，表示比较平均；0.3 ~ 0.4，表示基本合理；0.4 ~ 0.5，表示差距较大；0.5 ~ 0.6，表示差距悬殊；0.6 以上表示高度不均。通常情况下，人们认为 0.4 是一个合适的门槛，高于 0.4 则认为应该值得社会警惕。国际上普遍采用的基尼系数评价标准可以用表 6.1 表示。

表6.1 基尼系数的国际通用标准

基尼系数	<0.2	0.2~0.3	0.3~0.4	0.4~0.5	≥0.5
均等程度	高度均等	比较平均	基本合理	差距较大	差距悬殊

美国国家统计局网站公布,美国2017年基尼系数为0.482,2018年基尼系数为0.485。世界银行公布有世界各国的基尼系数,年份不同是由于数据统计时间的不同,公布的基尼系数值最小的是2005年的丹麦0.24,最大的是2007年的塞舌尔0.658。数据显示,中美两国这些年基尼系数基本运行在0.45~0.49。

由于基尼系数只依赖社会收入在社会成员中的分布比例,与社会收入值无关,不受计量币种的影响,便于人们对一个国家不同时期的收入分配均等程度进行比较,也可以对不同国家的收入分配的平均程度进行比较。但是,基尼系数不能说明不平等的全部情况;同时,不同国家可能采取不同的统计口径和资料,国家之间的可比性较差。鉴于洛伦茨曲线和基尼系数的计算难度,也有一些国家用收入最高的20%家庭的财富与收入最低的20%家庭的财富之比来衡量分配的不平等程度。此外,还可以用劳动分配率(劳动收入在国民收入中的占比)与工资差异率衡量收入分配的不平等程度。

6.2.3 我国居民的收入来源

根据国家统计局的统计指标解释,家庭总收入是指家庭成员得到的工资性收入、经营性收入、财产性收入、转移性收入之和。

【相关链接】

全国居民人均可支配收入

2021年上半年,全国居民人均可支配收入17 642元,同比名义增长12.6%,名义增速比一季度放慢1.1个百分点;扣除价格因素影响,实际增长12.0%,实际增速比一季度放慢1.7个百分点,受上年同期居民收入低基数影响,增速较快。与2019年上半年相比,居民人均可支配收入两年平均名义增长7.4%,扣除价格因素影响,两年平均实际增长5.2%。从收入来源看,全国居民人均工资性收入、经营净收入、财产净收入、转移净收入同比分别名义增长12.1%,17.5%,15.0%,9.0%。

分城乡看,城镇居民人均可支配收入24 125元,同比名义增长11.4%,扣除价格因素,实际增长10.7%;农村居民人均可支配收入9 248元,同比名义增长14.6%,扣除价格因素,实际增长14.1%,农村居民人均可支配收入名义增速和实际增速分别快于城镇居民3.2和3.4个百分点。上半年,城乡居民人均可支配收入之比为2.61,比上年同期缩小0.07,城乡居民相对差距继续缩小。

1)工资性收入

工资是以货币及其他形式支付给劳动者的劳动报酬,即劳动者提供了劳动,获得了作为收入的工资。对于普通家庭来说,工资性收入是最主要的收入来源,约占总收入的70%。

根据报酬的性质,工资可以分为狭义的工资和广义的工资。狭义的工资仅仅指雇用劳动者的报酬,广义的工资包括雇用劳动者和独立劳动者一切劳心、劳力的报酬。

工资性收入除工资外,还包括奖金、津贴、过节费、来自单位的实物收入等。工资性收入是带动居民收入增长的基石。2021 年上半年,全国居民人均工资性收入 10 104 元,增长 12.1%(以下如无特别说明,均为同比名义增长),与 2019 年上半年相比,两年平均增长 7.2%。分城乡看,城镇居民人均工资性收入增长 10.0%,两年平均增长 5.8%;农村居民人均工资性收入增长 19.0%,两年平均增长 10.5%。随着国民经济持续恢复,居民就业形势不断向好,带动工资性收入较快增长。外出务工农村劳动力规模继续恢复,全国农民工监测调查结果显示,2021 年二季度末外出务工农村劳动力人数比上年同期增长 2.7%,规模与 2019 年同期基本持平,外出务工农村劳动力月均收入比上年同期增长 17.6%,两年平均增长 4.7%。

在市场经济中,工资的高低由劳动力市场的供求状况决定。当劳动力市场供过于求时工资较低,而"年薪 20 万招高级技师"和"月嫂月薪上万"的背后,则是劳动力市场供不应求。劳动力市场的供求状况不受个人意志改变,我们要想获得高工资,不仅要把握整个劳动力市场的供求规律,还可以通过人力资本投资、提升个人能力和努力来获得高报酬。

2)经营性收入

经营性收入包括城镇家庭经营性收入和农村家庭经营性收入,是指通过自主经营活动而获得的净收入,由全部生产经营收入中扣除生产成本、固定资产折旧和税金后所得。

农村家庭经营性收入是指农村居民以家庭为生产经营单位进行生产筹划和管理而获得的收入。农村家庭经营活动按行业可划分为农业、林业、牧业、渔业、工业、建筑业、交通运输业、批发零售贸易业、餐饮业、社会服务业、文教卫生业和其他,农民可以通过多种途径增加经营性收入。城镇居民的经营性活动则主要有个体工商户经营、投身服务业等。市场经济的不断发展和繁荣使得越来越多的城镇居民加入自主经营的行列中来,经营性收入已成为城镇居民的重要收入来源。

2021 年上半年,全国居民人均经营净收入 2 752 元,增长 17.5%,两年平均增长 5.6%。其中,城镇居民人均经营净收入增长 23.2%,两年平均增长 5.2%;农村居民人均经营净收入增长 10.5%,两年平均增长 6.0%。在疫情影响下,2020 年上半年居民人均经营净收入同比下降较多。2021 疫情防控较好,居民经营活动逐步恢复,市场活力持续回升,带动居民经营净收入实现较快增长。分产业看,居民第一产业经营净收入增长 10.3%,第二和第三产业经营净收入分别增长 17.0% 和 21.0%。

3)财产性收入

财产性收入指家庭从拥有的动产(如银行存款、有价证券)、不动产(如房屋、车辆、土地、收藏品等)所获得的收入,包括出让财产使用权所获得的利息、租金、专利收入,财产营运所获得的红利收入、财产增值收益等。长期以来,以租金、股息、红利为代表的财产性收入由于在城乡居民收入中所占比重较小而并未得到相应重视,但是随着《关于深化收入分配制度改革的若干意见》的出台,扩大居民财产性收入对于切实保障和改善民生、持续扩大中等收入群体、实现"收入倍增"目标来说,具有了十分重要的现实意义。

4）转移性收入

转移性收入指国家、社会团体及居民家庭间的转移性收入扣除转移性支出后的净收入，主要包括养老金和离退休金、社会救济和补助、赡养收入等。转移性收入是拉动居民收入持续增长的重要支撑。2021 年上半年，全国居民人均转移性收入 3 204 元，增长 9.0%；与 2019 年上半年相比，两年平均增速为 8.6%，比 2019 年上半年同比增速快 1.8 个百分点。各地区继续加大民生保障力度，加强困难群体基本生活保障，及时做好社会救济和临时救助，上半年全国居民人均社会救济和补助收入增长 9.6%，人均政策性生活补贴收入增长 22.8%。随着外出务工人员务工时间和收入增加，居民人均家庭外出成员寄回带回和人均赡养收入分别增长 15.0% 和 18.5%。

【课后阅读】

要素流动与乡村精英

19 世纪末 20 世纪初，社会科学领域出现了研究"精英"的热潮，并产生了众多具有影响力的成果，其中以意大利社会学家帕累托的"精英理论"运用最为广泛。帕累托认为，"精英是指最强有力、最生气勃勃和最精明能干的人"。在此基础上，乡村精英可以理解为生活在农村，与一般村民相比，拥有能力、技术、资本、社会关系、文化、政治资源等优势，并凭借自身优势获得成功与权威，因而对村民的思想观念与行为方式产生影响力与号召力，最终推动和引领乡村建设的群体。依据不同划分标准，如按是否被纳入村民自治组织，可分为体制内精英与体制外精英；按是在某一领域还是多个领域具有比较优势，可分为单一精英与多重精英；依据领域的区别，又可分为政治精英、经济精英与文化精英。在原有分类基础上，以精英从未离开乡村、离开后再回归乡村、首次进入乡村为标准，将其划分为原生型、回归型及外来型三类精英。他们在带动农村经济发展中，引入城市高级要素参与乡村生产，使技术、人才、设备等要素向乡村扩散，完成城市对乡村从"输血"到"造血"的转变过程。这里的乡村精英并不仅仅指经济精英，而是对乡村精英在经济领域的行为研究，他们或许有多重身份。

2013 年以来，伴随中央一号文件鼓励和引导"民间资本下乡"，受数额巨大的项目资金吸引，城市工商资本纷纷涌入农村发展现代农业。考虑到直接与分散农户交易必将面临高额成本风险，资本与乡村精英建立合作关系，乡村精英充当资本与乡土社会"中间人"角色，在此过程中，高新农业技术、成熟的销售渠道、企业化的管理也随着资本流入农村，参与农村生产。此外，社会关系重心及主要利益空间在农村场域外的部分回归型精英，因利益需要及自我乡土情怀，积极响应并配合国家乡村振兴战略，整合产业资源，投资种养业、畜牧业、渔业等领域，实现了非农资本向农业资本的转变。

当前，对乡村精英的讨论与研究多与乡村治理相联系，强调乡村精英在村庄选举、村务决策及事务管理、村务监督中的参与形式与成效，并不过多着墨于乡村精英在乡村治理某一环节的具体行为特征。而产业经济的发展是乡村振兴的物质基础，直接决定了美丽乡村发展的可持续性。因此，实现乡村振兴必须发挥乡村精英的载体功能，推动城乡要素充分流动、合理配置，从而提高农业劳动生产率，消除城乡因产业的不同带来的发展不平等。

（资料来源：沙欧. 要素流动视域下乡村精英助推乡村振兴产业实践研究：以广西M县14个乡镇为例[J]. 南宁职业技术学院学报，2020，25（3）：71-76.）

本章小结

收入分配理论探讨生产要素所有者取得收入的过程，也就是讨论生产要素的价格决定。根据边际生产力理论，工资决定于劳动的边际生产力，即厂商雇用的最后那个人所增加的产量。同理，最后追加一单位资本的边际产出，称为资本的边际生产力，它决定利息的高低。而以均衡理论为基础的分配理论的观点认为要素市场均衡点是由生产要素的供给曲线与需求曲线的交点所决定的。劳动需求曲线向右下方倾斜，劳动供给曲线受替代效应和收入效应的影响是一条右上方倾斜并向后弯曲的曲线。利息是厂商在一定时期内为利用资本的生产力所付出的代价，或者说是资本所有者在一定时期内因让渡资本使用权，承担风险所索取的报酬。利息也是由资本的供求关系所决定的。资本需求曲线与供给曲线相交时，资本市场中储蓄就等于投资，均衡的利率就被决定。土地的供给曲线是一条与横轴垂直的线，土地需求增加将导致地租上升。正常利润是企业家才能的报酬，包含在产品成本中；超额利润是总收益和总成本的差额，一般认为超额利润来源于风险、创新和垄断。洛伦茨曲线和基尼系数可以用来比较和分析一个国家在不同时代，或者不同国家在同一时代的收入和财富的平等情况。

关键概念

边际生产力　准租金　经济租金　基尼系数

问题讨论与分享

1. 在乡村振兴战略背景下，乡村精英如何拓展乡村内生动力，使城乡生产要素实现有效匹配与良性结合？

2. 生产要素需求有何特点？影响生产要素需求的因素主要有哪些？

3. 劳动供给曲线为什么向后弯曲？

自学自测

一、单项选择题

1. 在完全竞争市场上，生产要素的需求曲线向右下方倾斜是由于（　　）。

A. 要素生产的产品的边际效用递减

B. 要素的边际产品递减

C. 投入越多，产出越大，从而产品价格降低

D. 要素所生产的产品的需求减少

2. 假定一个厂商在完全竞争的市场中，当投入要素价格为5万元，该投入的边际产品量为0.5吨时，厂商获得了最大的利润，那么，商品的价格一定是（　　）。

A. 2.5万元　　B. 10万元　　C. 1万元　　D. 0.1万元

3. 使土地价格不断上涨的原因是（　　）。

A. 土地的供给与需求共同增加

B. 土地的供给不断减少，而需求不变

C. 土地的需求不断增加，而供给不变

D. 土地的供给与需求共同减少

4. 增加单位要素使用所带来的收益的增量是(　　)。

A. 边际收益　B. 边际成本　C. 边际收益产品　D. 边际要素成本

5. 基尼系数是从洛伦茨曲线计算出的，基尼系数的提高表示(　　)。

A. 收入分配不平均程度的增加　B. 收入分配不平均的减少

C. 洛伦茨曲线向45°线移动　D. 收入分配不平均程度没有变

6. 按照国际上通用的标准，表示收入差距悬殊时的基尼系数是(　　)。

A. 0.2 ~0.3　B. 0.2 以下　C. 0.3 ~0.4　D. 0.5 以上

7. 工资率的上升导致的替代效应是指(　　)。

A. 工作同样长的时间可以得到更多的收入

B. 工作较短的时间也可以得到同样的收入

C. 工人宁愿工作更长的时间，用收入带来的享受替代闲暇带来的享受

D. 以上均对

8. 某工人在工资率为每小时 2 美元时，每周挣 80 美元；每小时 3 美元时，每周挣 100 美元，由此可以断定(　　)。

A. 收入效应起着主要作用

B. 替代效应起着主要作用

C. 收入效应和替代效应都没有发生作用

D. 无法确定

9. 劳动的供给原则，即消费者为获得最大效用必须满足的条件是(　　)。

A. 劳动的边际效用等于闲暇的边际效用

B. 劳动的边际成本等于闲暇的边际成本

C. 劳动的边际效用大于闲暇的边际效用

D. 劳动的边际效用等于劳动的边际成本

10. 生产者对生产要素需求的特点，下列说法不正确的是(　　)。

A. 直接需求　B. 引致需求　C. 联合需求　D. 派生需求

二、判断题

1. 利润最大化的生产者使用生产要素的原则是边际要素成本等于边际收益产品。(　　)

2. 工资增加的替代效应表现为劳动供给增加。(　　)

3. 劳动供给曲线表明，当工资较低时，提高工资，则劳动供给增加；当工资提高到一定程度时，劳动供给减少。(　　)

4. 一种要素在短期内存在准地租，并不意味着长期内存在经济利润。(　　)

5. 经济租金是要素所有者实际得到的收入高于他愿意接受的收入部分。用经济学语言表述，经济租金就是要素收入与其机会成本之差。(　　)

6. 地租不是指土地本身的价格,而是土地提供服务的报酬。 ( )

7. 租金是指固定供给的一般资源的服务价格。 ( )

8. 如果厂商亏损但继续经营,这意味着存在准租金但准租金小于固定成本。 ( )

技能操练

第6章自学自测参考答案

已知某厂商的短期生产函数为 $Q = -0.01L^3 + L^2 + 36L$,Q 为厂商每天产量,L 为工人的日劳动小时数。所有市场均为完全竞争的,单位产品价格为0.10美元,小时工资率为4.8美元,试求当厂商利润极大时:

(1)厂商每天将投入多少劳动小时?

(2)如果厂商每天支付的固定成本为50美元,厂商每天生产的纯利润为多少?

小组实训项目　大学生就业状况与薪酬水平调查分析

大学生就业状况与薪酬水平一直是大众关注的焦点,因为这关乎人们对读大学、对自己未来的影响,是许多大学生目前最关注的问题。请实地调查本校大学生就业状况与薪酬水平,分析其现状差异及产生差异的原因。

实训要求

(1)了解你所在地区的最低工资标准。

(2)了解你所就读专业相关工种在全国不同地区的工资价位。

(3)调查你所就读专业本校毕业生的就业状况与薪酬水平。

(4)在团队协作和小组讨论的基础上形成调研分析报告,并制作PPT进行成果交流。

第 7 章　市场失灵与政府干预

【知识目标】了解市场失灵的含义及其表现,理解市场失灵的主要原因,掌握几种典型的市场失灵及相应的矫正措施。

【技能目标】能够运用所学知识对市场失灵问题进行分析,并运用微观经济政策解决实际问题。

【课程思政目标】了解政府对市场经济不可替代的重要作用,充分认识社会主义市场经济体制的优越性,树立高质量发展的理念和敢于担当的社会责任意识。

【思维导图】

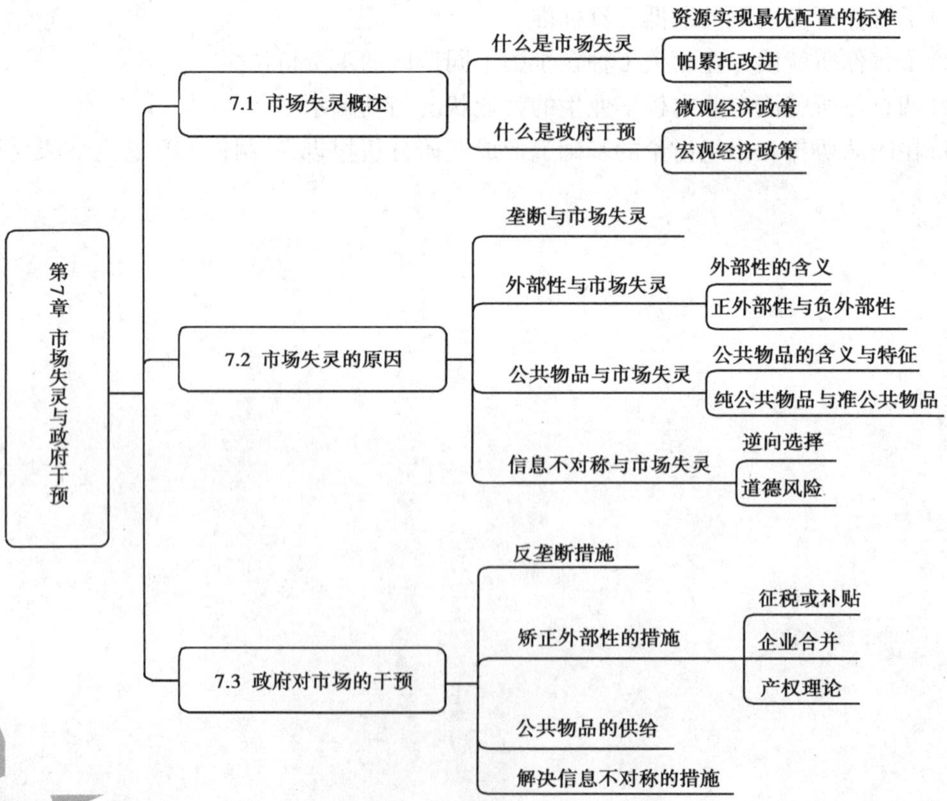

【课程导入】

在没有出现廉价手表以前,大部分人都没有自己的表。许多城镇通过在市中心建造钟塔来帮助市民知道时间。这些钟塔的建造都是通过自愿捐赠来筹集资金的。美国东北部的一个城镇建了一个四面钟塔却只在塔的三面安上了钟,对于许多人来说,这看起来十分费解。解开这个谜的关键在于搭便车问题。原因在于这个城镇的一个有钱的市民拒绝为修钟塔捐款,城镇的官员决定不在钟塔面向他家的那一侧安置钟表,以此来惩罚他。换句话说,即这个市民试图搭便车但没有成功。搭便车是市场失灵众多问题中的一个,本章主要介绍市场失灵的表现及其解决办法。

7.1　市场失灵概述

在市场机制的作用下,如果居民和企业作为市场主体分别实现了效用最大化和利润最大化,并且在此基础上,产品市场和生产要素市场既不存在过剩,也不存在短缺,即整个经济的价格体系恰好使所有的商品供求都相等时,经济就处于一般均衡状态或瓦尔拉斯均衡状态。当经济处于一般均衡状态时,资源便实现了最优配置。

资源实现最优配置的标准是:当一种资源的任何重新分配已经不可能实现在不使一个人福利减少的情况下使任何一个人的福利增加。换言之,社会已经达到这样一种状态,如果资源在某种配置下,不可能由重新组合生产和分配来使一个人或多个人的福利增加,而不使其他任何人的福利减少,那么社会就实现了资源的最优配置,这种状态称为"帕累托最优"状态;反之,如果既定的资源配置状态能够在其他人福利水平不下降的情况下,通过重新配置资源,使得至少有一个人的福利水平有所提高,则这种资源重新配置称为"帕累托改进"。

7.1.1　什么是市场失灵

在一个经济社会中,整个经济实现一般均衡,并且资源配置达到帕累托最优状态是有条件的。这些条件包括:经济主体是完全理性的、信息是完全的、市场是完全竞争的、经济主体的行为不存在外部影响等。符合这些条件的完全竞争市场显然是不现实的,而当这些条件不具备者即使存在完全竞争条件,市场机制在很多场合不能实现资源最优配置,就会出现所谓的市场时,资源最优配置或者帕累托最优状态通常不能得到实现。如果完全竞争的条件受到破坏,或者即使存在完全竞争条件,市场机制在很多场合不能实现资源最优配置,就会出现所谓的市场失灵。简单地说,市场失灵就是指市场机制不能充分地发挥作用而导致的资源配置缺乏效率或资源配置失当的情况。

7.1.2　什么是政府干预

政府干预是指政府为实现一定的经济目标,通过采取适当的措施和手段对市场失灵进行治理的行为。政府干预经济的政策有两类:一类是宏观经济政策;一类是微观经济政策。宏观经济政策以宏观经济理论为依据,着眼于对经济总量的调控。微观经济政策以微观经济理论为依据,着眼于对市场经济主体和客体做出各种直接或间接的具有法律或行政效力的限制、约束与规范。本章只涉及微观经济政策。

微观经济政策的目标主要有3个。

(1)维持正常的市场秩序

正常的市场秩序是经济正常运行的基本前提。政府运用其各种强制性权力，建立并维持使市场机制能有效发挥作用的经济环境。这主要表现在两个方面：一方面，政府通过制定各种法律和规章条例，如企业法、反垄断法、劳动法、食品和药品法、金融法等，直接约束和规范经济主体的经济行为；另一方面，政府作为执行者，维护和强制执行经济活动的规则，对违反者予以处罚，如对排污量超标的企业进行罚款等。政府采用直接和间接的手段，创造诚信和有安全保障的经济环境。

(2)促进资源有效配置

促进整个社会资源得到有效配置是微观经济政策的重要目标之一，政府通过促进竞争、解决外部性、提供公共产品等方式来提高资源配置效率，实现人尽其才、物尽其用。

(3)促进社会公平

市场机制的调节作用在促进经济效率提高的同时，往往会产生不平等的收入分配状况，可能导致贫富悬殊，从而带来严重的经济社会问题。政府通过税收政策和转移性支付等方式进行收入再分配，促进社会公平。

7.2 市场失灵的原因

市场失灵的原因主要有垄断、外部性、公共物品和信息不对称等，下面我们对市场失灵主要原因进行具体的分析。

7.2.1 垄断与市场失灵

垄断(Monopoly)一词源于孟子“必求垄断而登之，以左右望而网市利”，原指站在市集的高地上操纵贸易，后来泛指把持和独占。从理论上讲，垄断意味着在一个市场上只有一个买者，或者只有一个卖者，也就是“只此一家，别无分店”。但在实践中，我们也常常把由几家企业控制整个市场的大部分份额的情况叫作垄断。根据这个标准，我们常常也把现在的一些包括电力、电信、铁路、供水等在内的行业叫作垄断行业。《中华人民共和国反垄断法》2008年8月1日起施行，根据我国反垄断法的规定，垄断行为是指排除、限制竞争以及可能排除、限制竞争的行为。

一般认为，只有在完全竞争市场上，企业的生产成本从长期来看才是最低的，市场机制才能实现资源的有效配置，资源得到充分利用，产量最大，价格最低，消费者获取最大满足。

但在现实生活中，完全竞争市场只是一种理论假设。大部分产品都是处于不完全竞争市场或完全垄断市场，或寡头垄断市场和垄断竞争市场。在这些不完全竞争市场上，生产者不再是完全的价格接受者，而是完全的或不完全的价格决定者，存在着各种各样的进入障碍，资源已不可能在部门之间自由流动。生产者生产的产量不是最大的产量，市场价格也不是最低的价格，长期来看，成本也比完全竞争市场条件下的生产成本要高，消费者将不再可能获取最大满足。例如,在完全垄断市场上,企业按照边际成本等于边际收益的原则选择最优产量,并按照这一最优产量来制定销售价格,有时垄断企业还要对不同的买主实行价格歧视即差别定价。这样,垄断企业的产量就会低于社会的最优产量,而它所制定的价格却会高于市场均衡价格,使消费者的剩余减少而生产者的剩余增加,社会福利受到损害。

因此,由于不完全竞争市场的广泛存在,市场机制就很难充分有效地发挥作用,资源就不可能实现最优配置。

7.2.2 外部性与市场失灵

所谓外部性或外部影响,是指某个人或某个企业的经济活动对其他人或其他企业造成了影响,却没有为此付出代价或得到收益。这里所说的影响,是指一种活动所产生的成本或利益未能通过市场价格反映出来,而是无意识地强加于他人。施加这种成本或利益的人并没有为此付出代价或得到收益。外部性可以分为外部经济与外部不经济两种。所谓外部经济,就是某人或某企业的经济活动会给社会上其他成员带来好处,但该人或该企业却不能由此得到补偿。所谓外部不经济,就是某人或某企业的经济活动会给社会上其他成员带来损害,但该人或该企业却不必为这种损害进行补偿。根据经济活动的主体是生产者还是消费者,外部性可以分为生产的外部性和消费的外部性。

由于外部性或外部影响的存在,市场机制就不能有效地进行资源配置。对产生外部经济的生产者来说,由于其私人收益小于社会收益(因为社会收益等于私人收益与外部收益之和,而外部收益却不能为生产者通过市场价格获得),因而缺乏生产积极性,其产出水平就会大于社会最优产出水平。而对于那些产生外部不经济的生产者来说,由于其边际私人成本低于边际社会成本(社会成本等于私人成本与外部成本之和),于是倾向于扩大生产,其产出水平就会大于社会最优产出水平。因此,外部性将导致资源配置失当。即使在完全竞争条件下,由于存在外部性影响,整个经济的资源配置也不可能达到帕累托最优状态。

可以通过图 7.1 来说明外部不经济对资源配置效率的影响。

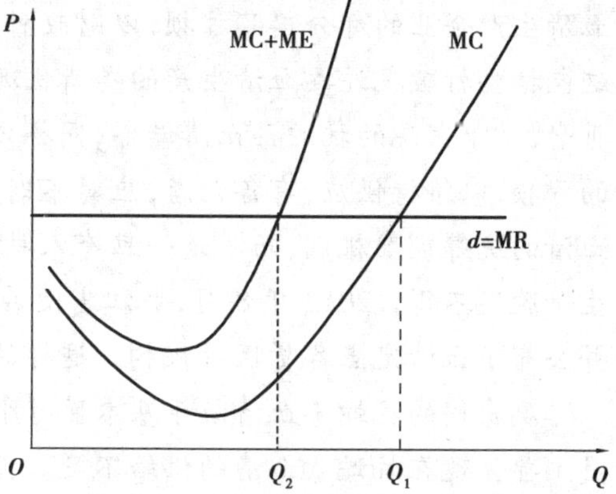

图 7.1 外部不经济导致的市场失灵

在图 7.1 中,水平直线 $d = MR$ 是某一竞争企业的需求曲线和边际收益曲线,MC 则为其私人边际成本曲线。由于存在着生产上的外部不经济(如生产造成的污染),故社会边际成本高于私人边际成本,从而使社会边际成本曲线位于私人边际成本曲线的左上方。假设私人边际成本为 MC,外部不经济的影响为 ME,则社会边际成本为 MC + ME。竞争性企业按照利润最大化条件决定的均衡产量为 Q_1,而从社会角度看,社会利益最大的产量应该是社会边际收益等于社会边际成本时的产量 Q_2,显然$Q_1 > Q_2$。这表明生产的外部不经济造成产品供给过多,超过了帕累托最优所要求的产量水平。这就是资源的无效率配置。因此,对于产生外部影响的经济活动,市场机制就不能实现资源的有效配置。

7.2.3 公共物品与市场失灵

【相关链接 7.1】

救命血清一剂难求,背后是"市场失灵"

据报道,北京市一名16岁男孩被眼镜蛇咬伤,情况危急,急需抗眼镜蛇毒血清救治,但北京的医院普遍没有这种血清。后来其家属和媒体多方寻找,却被多地医院告知"已用完"。查《国家基本药物目录》,抗蛇毒血清中抗眼镜蛇毒血清赫然在列,但像涉事男孩这样一剂难求、各大医院遍寻无着的案例,近年已多次发生。目前,我国只有上海赛伦公司生产抗蛇毒血清,别无分号。抗眼镜蛇毒血清自2010年停产,至2013年底再启生产,保质期至多3年,生产周期则要9个月,这也造成近年抗眼镜蛇毒血清频频告急。而短缺的更深层次原因,则在于被剧毒蛇咬伤毕竟属于偶发,赛伦公司在血清生产上长期处于单品亏损状态。由于需求量和利润都有限,涉事企业难免不感兴趣。而使用率偏低、保质期偏短、报废率较高,需在特定温度下才能保存,也会让医院选择弃用。正因"市场失灵",抗眼镜蛇毒血清才会一剂难求。2013年媒体曾报道,苏州市21岁小伙被蝰蛇咬伤,因血清遍寻无着,抢救三天三夜,生命终为蛇毒吞噬。而抗蝰蛇毒血清在10多年前就停产了。要知道,抗蛇毒血清有无之间,治疗结果大不一样。有专家就说,有之,治愈率更高,几千元解决问题;若没有,以蝰蛇为例,综合治疗成本将高达数十万元,还不一定治得好。

剧毒蛇的抗蛇毒血清,本应带有公共物品的性质,既然被剧毒蛇咬伤,公民凭一己之力难以解决,市场也"失灵"了,那么,就该由政府提供公共物品来填补短板。首先,对于抗蛇毒血清生产企业的部分单品亏损,以财政补贴的方式来弥补,维持这些救命单品的生产供应。这包括要打破抗蛇毒血清生产的垄断状况、规避"所有的鸡蛋都放在一个菜篮子里"的风险。再者,对于医院的抗蛇毒血清储备,同样以财政补贴来弥补其因使用率低、报废率高等导致的亏损,以维持供应,有备无患,应对不时之需。再有一点,至少以省为单位,建立起抗蛇毒血清的统筹调配机制,而不是一旦有人被剧毒蛇咬了,抗蛇毒血清遍寻无着。救命如救火,生命耽误不得。2012年8月,浙江省便着手建立了全省范围内的抗蛇毒血清应急调剂机制,并公布了血清定点备货医疗机构。这样的先进经验理应加以推广。

剧毒蛇的抗蛇毒血清属于基本医疗服务,它带有准公共物品的性质。此案例中,市场失灵主要体现在抗蛇毒血清的供给不足。据统计,在我国,抗蛇毒血清的供给量只有需求量的五分之一。

基本医疗服务面向的主体最广泛,在整个医疗卫生物品中所占的比例也最大。此类服务具有社会效益高、经济效益低的特点,其供给状况主导着人们的健康质量。这类医疗卫生服务是容易出现市场失灵的领域,所以需要国家的介入和积极作用。

1)公共物品的含义与特征

公共物品是指满足社会公共需要的物品。公共物品是和私人物品相对应的。私人物品具有两个明显的特征:一是竞争性,二是排他性。所谓竞争性,是指在其他条件不变的情况下,对于既定的可供消费的产品而言,增加一个人的消费就必然减少另一个人的消费;所谓排他性,是指私人物品在财产所有权上的独占性。某人合法地占有了某种商品,别人就不能同时占有它。私人物品可明确产权上的归属,而产权必然具有排他性。因此,可以说具有竞争性和排他性的商品就叫作私人物品。公共物品的特征是具有非竞争性和非排他性。所谓非竞争性,是指消费者对某一种公共物品的消费并不影响其他人对该公共物品的消费。为实现对公共物品的消费,消费者之间没必要展开竞争或争夺,即公共物品可以被许多人同时消费,它对某一人的供给并不会减少对其他人的供给:某人分享某公共物品的利益,通常也不会减少其他人分享该公共物品的利益。例如,国防、道路、环境治理、电视广播等公共物品都有这种特点。所谓非排他性,是指公共物品可以由任何消费者进行消费,其中任何一个消费者都不会被排除在外。某些公共物品虽然存在技术上排他的可能性,但是排他的成本非常昂贵,以致在经济上不可行。

上述公共物品的这些基本特征决定了在绝大多数的公共物品消费中必然经常出现"搭便车"现象。"搭便车"是指某个人不进行购买而消费某种物品。私人物品的消费具有竞争性和排他性,不购买就无法消费,不存在"搭便车"问题。公共物品由于非竞争性和非排他性的存在,导致公共物品无须购买就能消费,而且一个人的消费并不会减少其他人的消费,因此就存在"搭便车"问题。之所以产生"搭便车"问题,是因为如果一个人支付多少费用对他能消费的物品量没有影响,那么就会刺激这个人不为这种物品付费。换言之,如果一个人不用购买就可以消费某种物品,他就不会去购买。

2)公共物品的分类

公共物品可以分为两大类,即纯公共物品和准公共物品。纯公共物品是指具有完全的非竞争性和非排他性的物品,一般认为,国防、治安等都是最典型的纯公共物品。纯公共物品一般通过纳税间接购买而被动消费,消费时无法分割,只能由政府提供。

准公共物品是指具有有限的非竞争性和非排他性的物品。准公共物品具有一定程度的拥挤性,即消费准公共物品的消费者人数增加到一定程度时,会出现拥挤而产生消费的竞争。准公共物品可以部分间接购买、部分直接购买,消费时可以部分地分割,政府和私人皆可以提供。准公共物品有很多,典型的如教育、医疗卫生、收费公路等。

3)公共物品和市场失灵

与私人物品不同,公共物品在消费上不具有排他性,因此决定了公共物品的市场需求曲线的形成不同于私人物品的市场需求曲线。

对一个特定的消费者而言,对于某一特定的价格,消费者选择使自身效用最大的需求量。但是,由于公共物品是所有消费者同时消费同一数量的商品,因此公共物品的市场需求曲线并不是所有消费者沿需求量方向横向相加,在既定的数量下所有消费者愿意支付的价格才是该数量下的需求价格。换言之,公共物品的市场需求曲线是所有消费者需求曲线沿纵向相加得到的。

从图7.2(a)中可以看到,私人物品的市场需求曲线是个人需求曲线在水平方向,即数量上的求和,这表明私人物品在一定价格下的市场需求是该价格下每个消费者需求数量的总和。从图7.2(b)中可以看到,公共物品的市场需求曲线是个人需求曲线在纵向,即价格上的求和,这是货币量之和。表明市场为一定数量的公共物品支付的货币量是市场上每个消费者为这些公共物品支付的货币量之和。

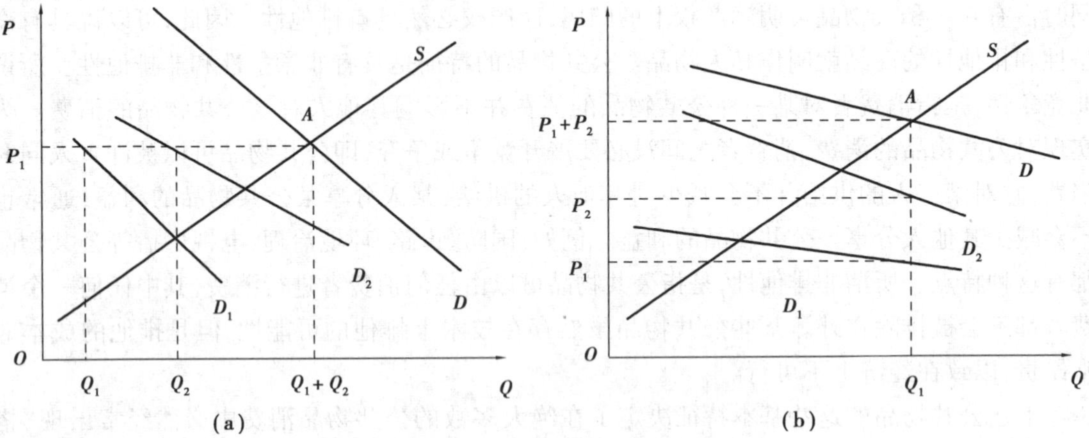

图7.2 私人物品和公共物品的需求曲线

如果有了公共物品的市场需求曲线和市场供给曲线,就可以决定公共物品的最优供给量。如图7.2(b)所示,D表示公共物品的市场需求曲线,S表示公共物品的供给曲线。与私人物品一样,公共物品的最优供给量也由该物品的需求与供给所决定。从供给的角度来看,生产公共物品与生产私人物品并没有任何区别,因而公共物品的供给曲线也是由生产这种公共物品的厂商的边际成本曲线横向加总得到的。于是,D与S的交点决定公共物品的均衡供给量为Q_1。实际上,Q_1也代表着公共物品的最优数量。因为当公共物品的数量为Q_1时,根据供给曲线公共物品的边际成本为P_1+P_2;而根据需求曲线,消费者在消费量为Q_1时的边际利益分别为P_1和P_2,因此总的社会边际利益为P_1+P_2。边际利益等于边际成本,公共物品的数量达到最优。

但是应当看到,图7.2(b)中的公共物品的最优数量并没有实际意义。因为消费者并不清楚自己对公共物品的需求价格,更不可能准确说明他对公共物品的需求与价格之间的关系。并且,由于公共物品存在非竞争性和非排他性,消费者更愿意搭便车,低报或者隐瞒自己对公共物品的偏好。因此,无法知道每个消费者的需求曲线,消费者表明的需求曲线一般低于其实际水平,进而无法加总消费者的需求曲线,也不能求得公共物品的最优数量。

当然,对于那些准公共物品来说,如教育、医疗服务等,市场机制可以发挥一定作用,因为准公共物品或者具有消费的竞争性但无排他性,或者具有消费的排他性却无竞争性。准公共物品领域,应当而且能够实行市场机制来引导资源的配置。例如,通过收取适当水平的学费来为非义务教育提供一定的经费投入,通过适当的收费来维持医院系统的正常运行。

7.2.4 信息不对称与市场失灵

1)信息不对称的定义

完全竞争的市场中,作为经济活动参与者的生产者和消费者对影响其选择的相关经济变量都拥有充分的并且是完全相同的信息。但在现实经济中,往往存在这样一种情况:在某项经济活动中,某一参与者比对方拥有更多影响其决策的信息,这就是信息不对称现象。例如,医疗保险市场的投保人对自己的健康状况比保险公司拥有更多信息,因此,医疗保险的买方(投保人)与保险公司之间就会出现信息不对称,劳动力市场的求职者对自己的能力比雇主拥有更多信息,因此,劳动力市场上供求双方之间也会出现信息不对称。信息不对称的存在,必然影响经济活动参与者对真实的供给曲线和需求曲线的了解,从而影响资源的有效配置。

2)信息不对称对资源配置效率的影响

在论证完全竞争的市场能够实现资源帕累托最优配置时,我们假定信息是完全的,这意味着不存在上述信息不对称问题。因此,当现实经济中出现信息不对称时,市场机制实现资源帕累托最优配置的功能必然受到影响,进而导致市场失灵。信息不对称的具体表现形式多种多样,旧车市场、保险市场、劳动力市场等都会出现信息不对称的情况。但这些不同的表现形式可以归结为两大类:逆向选择和道德风险。逆向选择是指在买卖双方信息不对称的情况下,差的商品总是把好的商品驱逐出市场的现象,即"劣币驱逐良币",劣胜优汰。道德风险是指当签约一方当事人不完全承担风险后果时所采取的自身效用最大化的自私行为,这种行为有可能损害另一方当事人的利益。

下面分别以旧车市场和保险市场为例,说明在这两类信息不对称的情形下,市场失灵是如何发生的。

(1)旧车市场与逆向选择

在旧车市场,如果卖方和买方都对旧车具有充分的、相同的信息。那么,在完全竞争条件下,买方必然愿意对质量高的旧车支付较高的价格,对质量低的旧车支付较低的价格,卖方也能够以较高的价格出售质量高的旧车,以较低的价格出售质量低的旧车,于是旧车市场在完全竞争机制的作用下实现了帕累托最优配置。但现实情况通常是,卖方对自己的旧车具有充分的信息:他完全了解自己的旧车质量好不好,有什么缺陷。但买方对卖方的旧车则很难获得充分的信息:他不能完全了解旧车的质量和缺陷。在这种情况下,买方只能按照平均质量支付旧车价格,这个价格就是"较高价格"与"较低价格"的平均价格。于是,市场状况发生变化:拥有高质量旧车的卖方不愿意按平均价格出售自己的旧车,而拥有低质量旧车的卖方则迫切地愿意按平均价格出售自己的旧车。这样做的结果是:旧车市场只剩下低质量旧车,低质量旧车把高质量旧车驱逐出市场。随着市场上旧车质量的整体下降,买方会进一步降低自己愿意支付的价格,还会减少自己购买旧车的数量,这会导致市场上旧车质量进一步下降,对旧车的需求也会下降,此时,旧车的需求曲线反常地向左下方弯曲,即价格越低,需求量越少。最终结果可能是:只有少量低质量旧车可供出售,甚至没有任何旧车可以出售,以致旧车市场萎缩甚至彻底消失。与此同时,大量希望出售旧车和希望购买旧车的人同时存在,但他们无法实现交易。这时的资源配置显然不是帕累托最优的。这就是信息不对称导致旧车市场失灵的过程。

上述旧车市场的例子表明,由于卖方和买方之间信息不对称,市场机制会导致某些商品或服务的需求曲线向左下方弯曲,最终结果是劣质商品或服务驱逐优质商品或服务,以致市场萎缩甚至消失,这就是逆向选择,逆向选择不仅存在于旧车市场,而且存在于一切可能出现信息不对称的商品或服务市场中,如保险市场、劳动力市场等都会出现逆向选择问题。

(2)保险市场与道德风险

在保险市场上,信息不对称不仅会因为上述逆向选择问题导致市场失灵,还会因为另一种机制导致市场失灵。例如,当一个人购买了健康保险后,他很可能就不再像此前那样注意自己的生活方式、维护自己的身体健康,于是他发生健康问题的概率就会上升;当很多人都这样做时,保险公司就不得不提高保险费甚至拒绝出售保险,否则它就会亏损;但提高保险费会使一部分购买意愿较低的投保者退出。这个时候市场机制形成的保险服务数量就会偏离帕果托最优水平:如果信息是充分的、完全的,保险公司就没有必要统一制定较高的保险费,而只需要针对具有不良生活方式的投保者收取较高保险费,对其他投保者仍然收取较低保险费,这样就会有更多的投保者购买保险并获得相应的效用满足,保险公司也可以获得更多的利润,这显然是一种帕累托改进。

上述例子中,由于信息不对称,市场中的一方不能观察到另一方的行动,而另一方就可能采取不利于对方的行动,这就是道德风险问题。道德风险不仅存在于保险市场,而且存在于一切可能出现信息不对称的商品或服务市场中,如劳动力市场等。

7.3 政府对市场的干预

为了克服市场失灵,弥补市场机制的缺陷或不足,优化资源配置,政府需要对市场进行干预和调控,用"看得见的手"来弥补"看不见的手"。政府应对某些微观经济活动进行干预,主要有以下几个措施。

7.3.1 反垄断措施

为了限制和消除垄断,保护和促进竞争,提高资源配置的效率,政府可以通过法律手段来限制垄惭和反对不正当竞争,这是西方国家早已采用的手段。反垄断法主要由3个方面的内容构成:①禁止垄断协议;②禁止具有市场支配地位的市场主体滥用市场支配地位;③控制企业合并。在借鉴国际经验和充分考虑我国实际情况的基础上,《中华人民共和国反垄断法》确立了垄断协议豁免制度、市场支配地位推定制度、经营者集中申报制度、经营者承诺制度等,并对滥用行政权力排除、限制竞争行为,即行政性垄断行为做出了禁止性规定。政府对垄断进行干预的另一种手段是对垄断行业进行公共管制,主要是对垄断行业的产品或服务的价格进行管制,可以规定限价,或者规定利润率。在我国,政府管制主要适用于电力、天然气、自来水、城市公共交通等自然垄断行业。

【相关链接 7.2】

阿里巴巴反垄断落锤,被罚款182亿元

2021年4月10日,市场监管总局依法对阿里巴巴集团控股有限公司(以下简称"阿里巴巴集团")在中国境内网络零售平台服务市场实施"二选一"垄断行为做出行政处罚。市场监管总局责令阿里巴巴集团停止违法行为,并处以其2019年中国境内销售额4 557.12亿元4%的罚款,计182.28亿元。

2020年12月,市场监管总局依据《中华人民共和国反垄断法》对阿里巴巴集团在中国境内网络零售平台服务市场滥用市场支配地位行为立案调查。经查,阿里巴巴集团在中国境内网络零售平台服务市场具有支配地位。自2015年以来,阿里巴巴集团滥用该市场支配地位,对平台内商家提出“二选一”要求,禁止平台内商家在其他竞争性平台开店或参加促销活动,并借助市场力量、平台规则和数据、算法等技术手段,采取多种奖惩措施保障“二选一”要求执行,维持、增强自身市场力量,获取不正当竞争优势。

调查表明,阿里巴巴集团实施“二选一”行为排除,限制了中国境内网络零售平台服务市场的竞争,妨碍了商品服务和资源要素自由流通,影响了平台经济创新发展,侵害了平台内商家的合法权益,损害了消费者利益,构成《中华人民共和国反垄断法》第十七条第一款第(四)项禁止“没有正当理由,限定交易相对人只能与其进行交易”的滥用市场支配地位行为。

7.3.2 矫正外部性的措施

治理外部性的基本原则,是使经济主体的私人利益等于社会利益或私人成本等于社会成本。

消除外部性的传统方法,包括使用税收和补贴、合并相关企业从而使外部性内部化等手段。首先,政府可以使用税收手段对那些产生外部不经济的企业进行干预,例如,对产生严重污染的企业征收适度的赋税即排污税或排污费,这种税的数额应等治理污染的费用。这样,就会使企业的私人成本等于社会成本,企业的生产成本和产品的价格就会相应提高,这不仅会使市场对这些企业的产品的需求得到抑制,而且会使企业的生产收缩,从而最终引导资源转移到其他用途上或效率更高的企业中去,使资源得到更有效的利用。对那些产生外部经济的企业,政府应给予财政补贴,使其私人收益等于社会收益。这样,就可以鼓励企业增加产量,以实现资源的优化配置。其次,政府也可以通过合并相关企业的方法使外部性得以“内部化”。例如,A企业是产生外部不经济的企业,而B企业则是其受害者,或者A企业是产生外部经济的企业,而B企业是免费受益者,在上述两种情况下,如果把A、B两个企业合并,外部不经济或外部经济都会因此而消失。

随着产权理论的出现和发展,明确和界定产权已经成为消除外部性的重要途径。按照美国经济学家科斯的产权理论,很多外部性的产生都是产权不清晰导致的。例如,造纸厂无偿地向河流中排放废水,对下游的养鱼场造成损失。应当由造纸厂赔偿养鱼场,还是应当让养鱼场补偿造纸厂使其减少污染,要视河流产权而定。如果把河流的产权清晰地界定给其中任何一方,并允许造纸厂与养鱼场之间进行自由的谈判,且这种交易本身不发生额外的费用,则养鱼场和造纸厂可以就河水污染损失达成一个最佳解决方案,而不需要额外的政府干预。这就是说,如果产权即受益权或受损权及一方给予另一方的补偿权是明晰的,外部性就可能不会发生。关于科斯定理,通常说法是:只要财产权是明确的,并且交易成本为零或者很小,那么,无论在开始时将财产权赋予谁,市场均衡的最终结果都是有效率的,进而实现资源配置的帕累托最优。进一步看,还可以认为,一旦考虑到交易成本,产权的初始界定对于经济运行的效率就会产生十分重要的作用,从而可以引申出一个重要结论:不同的产权制度,会导致不同的资源配置效率。

【相关链接 7.3】

著名经济学家、诺贝尔经济学奖得主——科斯

罗纳德·H. 科斯(Ronald H. Coase,1910 年 12 月 29 日—2013 年 9 月 2 日),新制度经济学的鼻祖,美国芝加哥大学教授、芝加哥经济学派代表人物之一,法律经济学的创始人之一,曾提出"科斯定理",1991 年诺贝尔经济学奖的获得者。

1932 年,科斯获伦敦政治经济学院经济学学士学位。1951 年,获英国伦敦大学博士学位,移民美国,开始任教于纽约州立大学水牛城分校。1955 年,任教于弗吉尼亚大学。1964 年后,主要任教于芝加哥大学。

科斯对经济学的贡献主要体现在他的《企业的性质》和《社会成本问题》中:《企业的性质》以交易成本概念解释企业规模;《社会成本问题》主张完善产权界定可解决外部性问题,该文的发表标志着现代法与经济学诞生。罗纳德·H. 科斯不但启发了大批后续论著诞生,而且促成了经济学中新制度经济学、法学中经济分析法学两大学派的创立和发展。

当然,在现实中,科斯定理所要求的前提往往是不存在的,财产产权常常不清晰,交易成本也不可能为零,有时甚至是比较大的。因此,依靠市场机制矫正外部性是有一定困难的。但是,科斯定理毕竟提供了一种通过市场机制解决外部性问题的新的思路和方法。在这种理论的影响下,美国等国家先后开展了污染物排放权或排放指标的市场交易活动。

7.3.3 公共物品的供给

由于公共物品具有非竞争性和非排他性,因此无法通过竞争性市场来确定其适当的供给量。为了提供适当水平的公共物品,政府承担了主要提供者的职责,如国防、治安、消防和公共卫生。

公共物品由政府提供,并不等于全部的公共物品都由政府来直接生产。纯公共物品和自然垄断性很强的准公共物品,通常采取政府直接生产的方式来提供,一些公共物品则可以引入竞争机制,让私人部门参与生产,此为政府间接生产。

7.3.4 解决信息不对称的措施

信息不对称直接影响人们做出正确的决策。为了解决因信息不对称所造成的市场失灵,政府的作为主要表现为提高市场透明度。政府对许多商品的说明、质量标准和广告都做出了具体的法律规定。此外,政府还通过各种方式为消费者提供信息服务。

值得注意的是,政府通过制定正确的微观经济政策,在很大程度上能够消除市场失灵对经济运行的影响,从而提高资源的配置效率。但是,如果政府不能有效地承担或有效地履行这一责任,那么在存在市场失灵的同时,还会出现"政府失灵",也会导致资源配置无效。

【课后阅读】

碳中和与碳达峰

2021 年"两会"上新生了两个热词——碳中和、碳达峰,这两个词也被首次写入了政府工作报告中。虽然这两个词被频繁讨论,但是还是有很多人不明白到底什么是"碳中和"和

“碳达峰”。

碳中和是指国家、企业、产品、活动或个人在一定时间内直接或间接产生的二氧化碳或温室气体排放总量，通过植树造林、节能减排等形式，以抵消自身产生的二氧化碳或温室气体排放量，实现正负抵消，达到相对“零排放”。

所谓碳达峰即是以二氧化碳为衡量标准的温室气体达到历史最高值，而后开始陆续下降。中国承诺在 2030 年前实现碳达峰，2060 年前实现碳中和。那么，我们为什么要提出碳中和的愿景呢？气候变化是人类面临的全球性问题，随着各国二氧化碳的排放，温室气体猛增，对生命系统形成威胁。在这一背景下，世界各国以全球协约的方式减排温室气体，我国由此提出碳中和和碳达峰目标。

我国作为“世界工厂”，产业链日渐完善，国产制造加工能力与日俱增，同时碳排放量加速攀升。但我国油气资源相对匮乏，发展低碳经济，重塑能源体系具有重要安全意义。近年来，我国积极参与国际社会碳减排，主动顺应全球绿色低碳发展潮流，积极布局碳中和，已具备实现碳中和条件。那么，为了能够实现“碳中和”，我们每个普通人在日常生活中能做些什么呢？下面这几条小事我们随手就能做到。

选择非电动牙刷，少排放近 48 克的二氧化碳；

烤面包机代替烤箱，少排放近 170 克的二氧化碳；

节能灯代替 60 瓦灯泡，可以将产生的二氧化碳排放减少 4 倍；

晾晒衣物代替滚筒式干衣机，每天可以少排放 2.3 千克的二氧化碳。

现在国际倡导降低碳排放量，各个国家有各自的碳排放量，就是允许排放碳的数量，相当于配额（即碳排放权）。有些国家实际的碳排放量可能低于分到的配额，或者由于环保做得好的国家实际的碳排放量低于配额，这些国家可以把自己用不完的碳排放量卖给那些实际碳排放量大于分到的配额的国家，因此产生了碳交易市场（也称碳排放权交易市场）。

目前世界上著名的碳交易所共有四个：欧盟的欧盟排放权交易制（European Union Greenhouse Gas Emission Trading Scheme，EUETS）、英国的英国排放权交易制（UK Emissions Trading Group，ETG）、美国的芝加哥气候交易所（Chicago Climate Exchange，CCX）、澳大利亚的澳大利亚国家信托（National Trust of Australia，NSW）。由于美国及澳大利亚均非《京都议定书》成员国，因此只有欧盟排放权交易制及英国排放权交易制是国际性的交易所，美澳的两个交易所只有象征性意义。

2011 年以来，北京、天津、上海等地开展了碳排放权交易试点工作。2017 年底，我国启动碳排放权交易。2021 年元旦起，全国碳市场发电行业第一个履约周期正式启动。2021 年 7 月 16 日，全国碳排放权交易市场开市。

（资料来源：北京日报，2021-03-15.）

本章小结

市场失灵是指市场机制不能按人们的意愿而有效地配置资源。市场失灵的原因主要在于市场的不完全性，垄断、外部性、公共物品及信息不对称导致经济活动的边际社会成本和边际社会收益不一致。对垄断的管制一是价格管制，二是制定反垄断法或反托拉斯法。解决外部性的对策主要有征税和补偿、企业合并、明确产权等。其中著名的科斯定理就是经济学家科斯提出通过产权制度的调整,将商品的有害外部性内部化,从而将有害外部性降低到最低限度的理论。公共物品是指在消费和使用上具有非竞争性和非排他性特征的物品。由于公共物品具有非排他性,因此难免产生“搭便车”的问题。所谓“搭便车”,是指某些个人虽然参与了公共物品的消费,却不愿意支付公共产品的生产成本的现象。为了解决这种问题,公共物品通常由政府来提供。信息不对称指经济活动主体不能充分了解所需要的一切信息,或者是经济交易的双方对有关信息了解和掌握得不一样多。信息不对称会导致逆向选择、道德风险及委托—代理问题。

关键概念

市场失灵　政府干预　外部性　公共物品　信息不对称

问题讨论与分享

1. 外部影响的存在是如何干扰市场对资源的配置的?解决外部性的公共政策有哪些?

2. 学校禁止教师给学生及格或不及格的成绩,学校对自己行为辩解时说:学生在没有因不及格而退学的压力时,他们的表现会超过平均水平,希望所有的学生都得到优和良。如果目标是把总成绩提高到良或以上水平,学校这一做法是不是一项好决策?结合道德风险进行分析?

自学自测

一、单项选择题

1. 下面哪一项不是市场失灵的原因?(　　)

A. 垄断　B. 外部性　C. 私人物品　D. 公共物品

2. 市场失灵是指(　　)。

A. 在私人部门和公共部门之间资源配置不均

B. 市场机制对资源的高效率配置被破坏

C. 收入分配不平等

D. 信息不对称

3. 下面存在“搭便车”问题的物品是(　　)。

A. 路灯　B. 电影院　C. 私立学校　D. 收费的高速公路

4. 下面的哪一项活动可能引起负外部性?(　　)

A. 在自家花园种花　B. 修复古建筑

C. 购买一份快餐　D. 汽车排出尾气

5. 如果一种商品相对社会最优产量来说处于供给不足的状态,这说明存在(　　)。

A. 正外部经济效应B. 负外部经济效应　C. 逆向选择　D. 道德风险

6. 解决外部不经济可以采取(　　)。

A. 征税　B. 产权界定　C. 企业合并　D. 以上各项都行

7. 科斯定理强调市场化解决外部问题的有效条件是(　　)。

A. 产权界定清晰并且交易费用较高

B. 产权界定清晰并且交易费用为零

C. 不需要初始产权界定，但交易费用为零

D. 以上都不是

8. 为了提高资源配置效率，政府对自然垄断部门的垄断行为是(　　)。

A. 尽可能支持　　B. 坚决反对　　C. 加以管制　　D. 法律制裁

9. 外部经济效应可产生于(　　)。

A. 消费行为而不是生产行为　　B. 生产行为而不是消费行为

C. 消费行为和生产行为　　D. 上述均不正确

10. 卖出比买主知道更多关于商品生产和质量信息的情况称为(　　)。

A. 道德风险　　B. “搭便车”　　C. 排他性　　D. 信息不对称

二、判断题

1. 市场失灵的存在要求由政府来取代市场价格机制。(　　)

2. 公共物品可以由私人来生产。(　　)

3. 污染具有外部不经济，政府只有通过行政手段才能禁止这种行为。(　　)

4. 解决负的外部性问题各种手段的本质是社会成本的个人化。(　　)

5. 逆向选择都是由事后的信息不对称引起的。(　　)

6. “劣币驱逐良币”属于道德风险问题。(　　)

技能操练

第 7 章自学自测参考答案

据《京华时报》报道，2013 年 7 月 14 日，因为院内水管漏水，家住北京市东城区四八条 37 号院的朱大爷在没有征得邻居同意的情况下自行请人对院内十四户居民家的自来水管线进行了检测，缴纳了检测费 100 元。为了收回每户该分摊的 7.14 元检测费，朱大爷费尽口舌没有结果，于是便告到法院。东城区法院审理后，从法理上认定朱大爷在未得到他人授权的情况下擅自主张检测水管，邻居完全有理由拒绝朱大爷分担检测费的要求。

朱大爷在没有得到他人授权的情况下“自作主张”，从而导致追索检测费败诉，在法理上是毫无疑问的。但这仅仅触及了事件的表层，从更深的层面上讲，朱大爷的败诉是由公共物品自身的性质决定的。

问题：

(1)漏水的水管是否属于公共物品？为什么？

(2)公共物品何以导致市场失灵？

(3)用经济学原理解释朱大爷败诉的原因。

小组实训项目　污染企业的治理

调研学校或者家附近的污染企业、居民和相关机构，了解污染产生的原因及当前采取的污染治理措施，询问污染治理措施开始于什么时候，是企业主动治理还是迫于外界压力，目

前的污染治理是否达到要求，了解政府干预的力度，应用所学知识分析怎样更好地减少或杜绝经济发展的外部性。

实训要求

（1）组建团队，拟订调研方案，实地走访调查。

（2）在团队协作和小组讨论的基础上写出实训报告。

（3）制作 PPT 文件进行调研成果汇报。

第 8 章　宏观经济理论与政策

【知识目标】了解宏观经济七大总量指标，掌握 GDP 与 GNP 的含义、特点和区别，知道国民收入核算的基本方法，理解乘数理论、失业、通货膨胀与经济周期理论的基本思想及其运用，了解常用的财政政策和货币政策工具，理解“相机抉择”的基本原理及财政政策和货币政策的使用对总需求的影响。

【技能要求】能够运用宏观经济学的基本知识，对现实经济活动作简单的分析研究。

【课程思政目标】培养学生用经济学的思维逻辑解读中国的宏观经济运行，能够透彻理解经济形势和政策，把握国家发展大势，更好地将个人发展与国家发展紧密结合起来。

【思维导图】

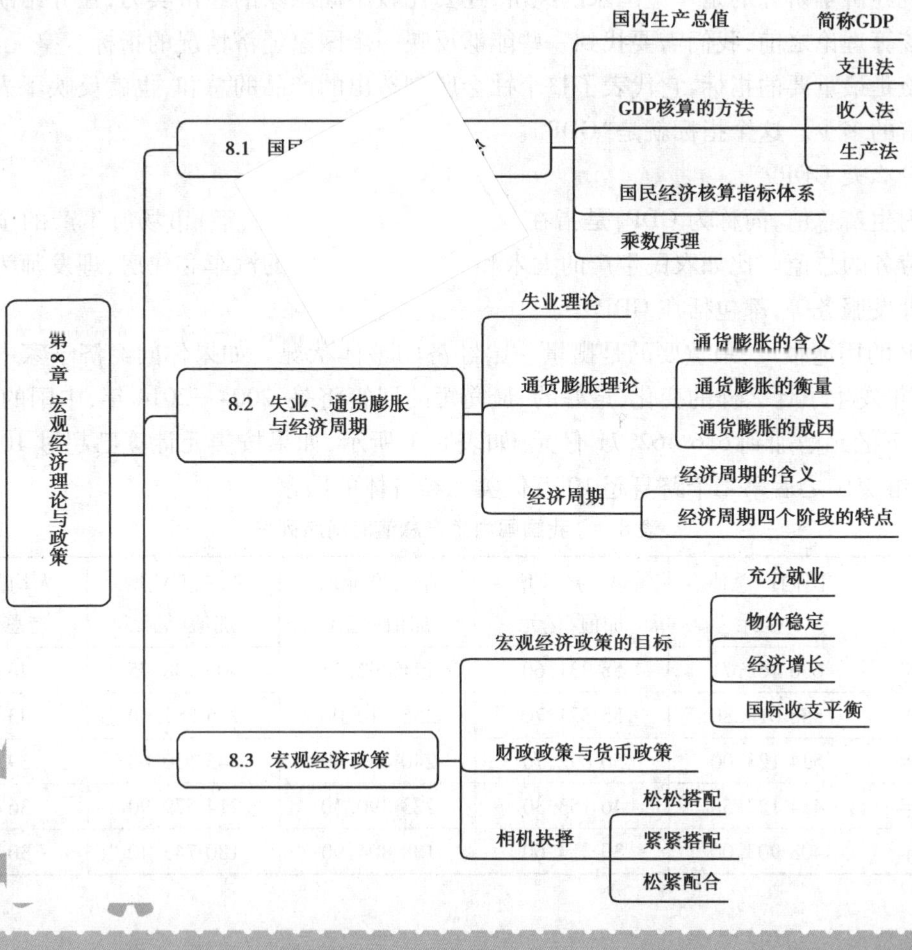

【课程导入】

中国经济韧性强，基本面长期向好

4 月 18 日，中国经济首季报“出炉”。初步核算，一季度国内生产总值 270 178 亿元，按不变价格计算，同比增长 4.8%，比 2021 年四季度环比增长 1.3%。主要宏观指标保持在合理区间，其中 CPI 同比上涨 1.1%，全国居民人均可支配收入同比名义增长 6.3%，全国城镇调查失业率平均值为 5.5%，货物进出口总额 9 4151 亿元，同比增长 10.7%。面对百年变局与世纪疫情交织叠加，在以习近平同志为核心的党中央的坚强领导下，各地区各部门统筹做好疫情防控和经济社会发展，坚持稳字当头、稳中求进，国民经济延续恢复发展态势，经济运行总体平稳。一季度经济“开门稳”，再次证明了“中国经济韧性强、潜力足、长期向好的基本面没有改变”，我们仍要坚定不移地做好自己的事情，不断做强经济基础。

（资料来源：人民日报，2022-04-22.）

8.1 国民收入核算与决定理论

8.1.1 国内生产总值

宏观经济学研究的是一个国家的经济，还要比较不同国家的经济实力，在介绍凯恩斯国民收入核算理论之前，我们需要找到一些能够反映一个国家经济情况的指标。毫无疑问，总产量应该是最重要的指标，它代表了整个社会所创造出的产品的总和，也就反映了人们所拥有的财富的多少。这个指标就是“GDP”。

1）什么是 GDP

国内生产总值，简称为 GDP，是指在一定时期内（通常为一年）市场所生产的全部最终产品和劳务的总值。比如农民生产的大米和鸡蛋、工人生产的汽车和住房、理发师为你提供的一项理发服务等，都包括在 GDP 中。

GDP 的用途很广，最重要的是衡量一国经济的整体状况。如果你问经济学家中国经济最近 10 年发生了什么样的变化，最好的、最简短的回答将是：2004—2014 年，中国的 GDP 从 160 289.7 亿元增加到 636 462.71 亿元，如表 8.1 所示，如果按美元计算已超过 10 万亿美元，成为继美国之后第二个跻身超 10 万亿美元经济体的国家。

表 8.1 我国国内生产总值时间序列表

时间	国内产总值/亿元	第一产业增加值/亿元	第二产业增加值/亿元	第三产业增加值/亿元	人均国内生产总值/元
2014 年	636 462.71	58 331.60	271 392.36	306 738.75	46 531
2013 年	588 018.80	55 321.70	256 810.00	275 887.00	43 320
2012 年	534 123.00	50 892.70	240 200.40	243 030.00	39 544
2011 年	484 123.50	46 153.30	223 390.30	214 579.90	36 018
2010 年	408 903.00	39 354.60	188 804.90	180 743.40	30 567

续表

时间	国内产总值/亿元	第一产业增加值/亿元	第二产业增加值/亿元	第三产业增加值/亿元	人均国内生产总值/元
2009 年	345 629.20	34 154.00	157 850.10	153 625.10	25 963
2008 年	316 751.70	32 747.00	148 097.90	135 906.90	23 912
2007 年	268 019.40	27 783.00	125 145.40	115 090.90	20 337
2006 年	217 656.60	23 313.00	103 163.50	91 180.10	16 602
2005 年	185 895.80	21 803.50	87 127.30	76 964.90	14 259
2004 年	160 714.40	20 901.80	73 529.80	66 282.80	12 400

2）对 GDP 定义的详细解释

①GDP 计算的是一个时期内的国民收入，即它是一个流量。既然收入本身是流量，那国民收入自然也是流量。图 8.1 中，水龙头中流出来的水的量是流量，而浴盆中水的量是存量。我们要做的就是在一定时期内（通常用季度或年度）来统计 GDP，统计这个流量的变化。

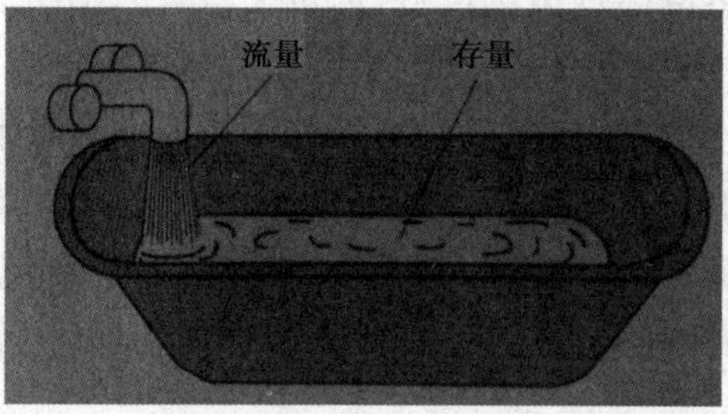

图 8.1　流量与存量图

②GDP 是市场价值，即以货币表示的市场交易的价值。把不同商品的数量乘以其对应的货币价格，就是某商品的 GDP。将所有商品的 GDP 加总起来，就是我们全社会的 GDP 总值。因此，GDP 的计算与统计，离不开货币这个因素，这就是名义 GDP。货币这个概念，在本书中虽然没有详细讲解，但脱离货币本身，是无法对宏观经济问题展开讨论的。

与名义 GDP 对应的是实际 GDP，经济学家使用实际 GDP 来衡量不变价格下的产品与服务的价值。也就是说实际 GDP 反映的是当价格没有发生变化时，数量变化对社会总产出的影响。

【知识拓展 8.1】

名义 GDP 与实际 GDP 的计算

例如：2018 年，衬衣的价格是 180 元/件，产量是 3 件；苹果的价格是 4 元/个，产量是 7 个。而 2019 年，衬衣的价格是 200 元/件，产量是 4 件；苹果的价格是 5 元/个，产量是 9 个。那么：

2019 年名义 GDP = 2019 年衬衣的价格 × 2019 年衬衣的数量 + 2019 年苹果的价格 ×

2019 年苹果的数量

$$=200\text{ 元}\times 4+5\text{ 元}\times 9=845\text{ 元}$$

2019 年实际 GDP = 2018 年衬衣的价格 × 2019 年衬衣的数量 + 2018 年苹果的价格 × 2019 年苹果的数量

$$=180\text{ 元}\times 4+4\text{ 元}\times 9=756\text{ 元}$$

③GDP 核算的是最终产品的价值。我们会把生产过程中出现的中间产品剔除,从而避免重复计算的问题。假设生产面粉的价格是 100 元,如果这堆面粉最终变成了超市货架或者面包店里的面包,假设面包价格为 200 元,在这里,就只能将面包的 200 元计入 GDP 中。反之,有些面粉会被消费者买回家用于各种用途(比如自己做面包),面粉就不是中间产品,要算进 GDP。

在面粉的例子里,我们发现,即便面粉最终被做成了面包,但超市货架或面包店里的面包会被计入 GDP,而自己做给自己的面包则不被计入 GDP。这说明了在 GDP 的计算和统计中,一定需要一个载体,这个载体就是市场的交易行为。反过来说,有一些人类活动,即便产生了价值,但没有市场这个载体,是无法纳入 GDP 计算的。比如一个全职母亲,她的家庭活动是有价值的,但无法计算 GDP。而支付保姆工资,因为有了市场交易,就要计入 GDP 中。此外,非法、黑市等交易虽然也通过市场进行,但也无法计入 GDP。大家要明白,GDP 的计算与统计,并非绝对精确。

④GDP 核算的是生产出来的产品。在会计学上,有存货这个概念,但由于是生产出来的产品,也要计入 GDP。换句话说,与商品是否实现销售无关,只和生产本身有关。

⑤产品和服务都要核算在内。英文的语句中提到商品,通常会用"good and service"来表达,即产品和服务。比如教师上课,是要领取工资和课时费的,它就形成了一种服务,要被计入 GDP 中。

8.1.2 国民经济核算的方法

在实际统计活动中,GDP 的核算方法有 3 种:支出法、收入法和生产法。三者在理论上应该得到相同的数据,但在实际中难免存在偏差。这里,我们只介绍凯恩斯国民收入决定理论的核心计算方法收入法,它也是政府在实际经济活动中计算 GDP 的方法。

经济学家和政策的制定者不仅关心经济中产品与服务的总产出,而且关心产出在不同途中的配置。支出法,又叫产品流动法、最终产品法。该方法是从产品使用去向出发,把一年内用于购买最终产品和劳务所支出的货币价值加总起来计算出该年国民生产总值的方法。

国民收入核算把 GDP 分为四大类支出:消费(C)、投资(I)、政府购买(G)、净出口(NX)

用 Y 代表 GDP,则 $Y=C+I+G+\text{NX}=C+I+G+(X-M)$

①消费(Consumption)即个人支出,由家庭购买的产品与服务构成,它又分为 3 个子类别:耐用品、非耐用品和服务。耐用品,指电脑、轿车、电冰箱等使用寿命比较长的消费品;非耐用品指化妆品、报刊等使用期较短的商品;服务包括个体和企业为消费者所做的工作,例如听音乐会、导医疗、家政服务、律师费等。

②投资(Investment)由为未来使用而购买的产品与服务组成。投资也分为 3 个子类别,

即企业固定投资、住房固定投资及存货投资。企业固定投资是企业对新工厂和设备的购买，住房投资是家庭和房东对新住房的购买，存货投资是企业产品存货的增加。

③政府购买(Government Purchases)。政府购买是指政府在商品和劳务上的支出，包括政府在科学研究、教育、卫生、国防、警察、公益事业上的支出及其他经常性支出。这些政府购买都作为最终产品计入国民收入。一些支出并不能计入GDP，如转移性支付和政府对个人支付的利息，因为并没有相应的产品与劳务的交换，收入就由一个经济单位转移到了另一个经济单位，所以这些不能计入GDP中，而应该计入个人可支配收入中。再如政府给失业人员发放的失业救济金，是因为他们失去了工作，没有经济来源，要靠救济生活。

④净出口(NX)。净出口是指出口与进口之间的差额，可以用公式表示为 $NX = X - M$。

其中 X 表示出口，M 表示进口。因为出口表示收入从国外流入本国，是用于购买本国产品的支出，所以出口应算入本国GDP；而进口表示收入流入国外，不是用于购买本国产品的支出，所以应从GDP中减去进口。如果 $NX > 0$，即 $X > M$，则表示对外贸易有盈余，使GDP增加。反之，$NX < 0$，$X < M$，对外贸赤字，使GDP减少。

综上所述，C 是个人或家庭的支出，I 是企业的支出，G 是政府的支出，NX是外国人对本国人产品的净支出，以上四大部门的支出就买下一国生产出来的所有产品。我们常提到拉动经济增长的"三驾马车"，其实就是除去政府支出以外的支出部分，它是由市场竞争决定的，能够较为客观地反映一国的经济生存力和竞争力。

8.1.3　宏观经济活动的过程

1)简单的两部门国民经济循环过程，以支出法为例

不妨先设想，有这样一个极其简化的社会，这个社会中不存在政府和外贸部门，也没有投资。这个小经济暂时只生产消费品，比如面包、计算机等，各个家庭都要购买这些消费品，从而形成家庭的支出。如图8.2中环形流动图的上部所示，将所有花费在这些消费品上的货币价值加总，就得到了支出法下的GDP。

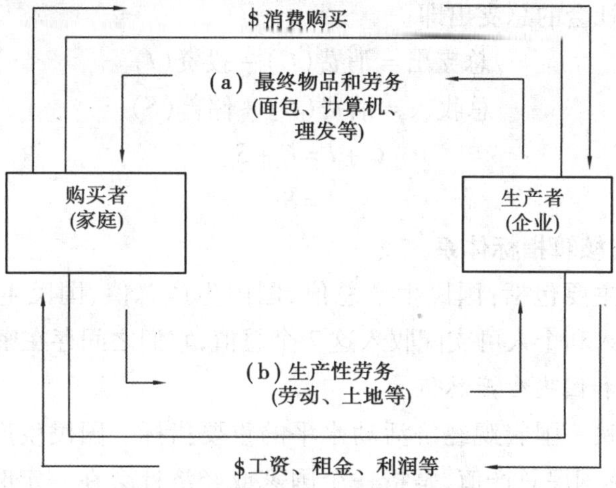

图8.2　宏观经济活动的环形流动图

2)两部门的国民经济流程

刚才探讨的是一种最简单的情况，这种情况下居民的全部收入用于生活消费。但现实

并不是这样的，我们知道，在家庭收入中，总是有一部分用于消费，另一部分则是被储蓄起来的。而储蓄的部分通过银行等金融系统，又构成了企业投资资金的来源。

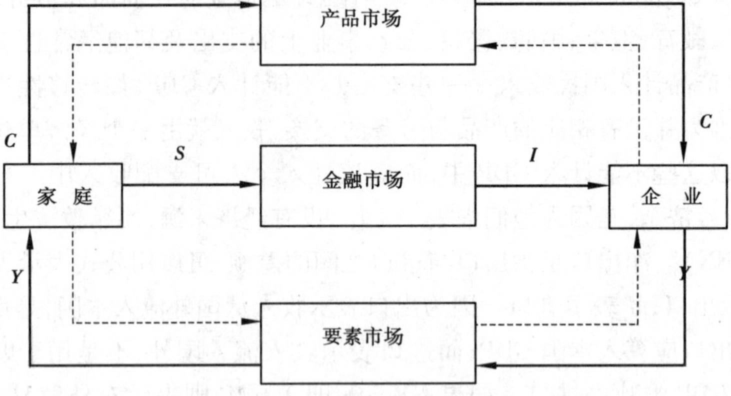

图 8.3 宏观经济活动流程(两部门)

注：图中箭头所指的方向为货币的循环方向，而商品的循环方向则刚好是与之相反的。

在图 8.3 中，用 Y 表示国民收入，C 表示家庭的消费，S 表示家庭储蓄，I 表示投资。投资和储蓄本质没有区别，都是放弃现在的消费以换取未来的消费。家庭的储蓄会通过金融市场以投资的形式再次进入企业，企业的产出会形成未来的消费，对整个社会来说，家庭储蓄和企业的投资是相等的，社会的供需会相等。

引入储蓄和投资之后，国民收入的生产和使用均发生了变化。一方面，从收入的角度来看，家庭通过给企业提供劳动等方式从企业获得了收入，而这部分收入一部分用于消费，另一部分被储蓄起来。另一方面，从支出的角度来看，在有储蓄的情况下，整个社会的支出就分解为居民的消费支出和企业的投资支出。

由于每一笔交易都会形成一笔收入和另一笔支出，为保证国民经济均衡地运行下去，国民的总收入必须等于社会的总支出即

$$总支出 = 消费(C) + 投资(I)$$

$$总收入 = 消费(C) + 储蓄(S)$$

$$C + I = C + S$$

$$I = S$$

8.1.4 国民经济核算指标体系

国民收入核算中主要包括：国民生产总值、国内生产总值、国民生产净值、国内生产净值、国民收入、个人收入和个人可支配收入这 7 个总值，它们之间存在密切联系。

1)国民生产总值和国内生产总值

这两个总量是反映一国宏观经济活动水平的重要指标。国民生产总值(Gross National Production，GNP)，又称国民总产值，是指一个国家或经济社会在一定时期内(通常为一年)所生产的最终产品和劳务的市场价值总和。国内生产总值(Gross Domestic Production，GDP)，又称国内总产值，是指在一定时期内(通常为一年)在一国领土上生产的最终产品和劳务的市场价值总和。

二者的差异主要是由生产要素在国际间流动造成的。GNP采取国民原则,凡是本国国民创造的收入,无论他是在国内还是在国外,其收入都应该计入GNP;而外国居民在本国创造的收入则不能计算。例如美国公司的中国子公司的利润就不能计入中国的GNP。GDP采用国土原则,统计对象是一国领土而无论创造价值者是谁。

【知识拓展8.2】

GDP与GNP的竞争力意义

市场占有率是衡量产业竞争力最常用的指标,以此来计量,20多年来,中国的产业国际竞争力有了显著提高。最有说服力的事实是,标有"Made in China"的产品在世界出口额中的比重迅速提高,1990年以来翻了一番。不过,在"Made in China"的产品中有很大一部分是外商投资企业所生产的。

我们知道,"Made in China"(在中国制造)决定的是国内生产总值(GDP),而"Made by China"(由中国制造)决定中国的国民生产总值(GNP)。也就是说,外商投诉(外国国民)在中国的产出极计入中国的GDP,却不是中国的GNP。因此,外商投资大规模进入中国的必然结果是,中国的GNP将明显小于GDP,GNP的增长率也会低于GDP。

而跨国公司进入中国,得到更大的市场占有率和更多的利润,增强了企业的竞争力。资本输出当然会导致输出国GDP的减少,但GNP并不会相应减少,相反还有可能增加,所以资本输出国的GNP > GDP。

据日本投资银行和大藏省的统计,到2000年底,日本的海外总资产约合32 046亿美元,相当于其GDP总额的67.42%。当年,日本海外企业的销售总额为13 162亿美元。据分析,日本海外总资产的收益率平均每年可使日本的经济增长率提高4~7个百分点,即使扣除海外负债,仅计算海外净收益,也可以使其经济增长率每年平均拉高2.4个百分点。也就是说,日本的GNP增长率显著高于其GDP。这就是海外投资带来的利益。

这就产生一个值得研究的问题:统计上所显示的中国产业国际竞争力的提高,是否可以表明中国企业的国际竞争力也有了同样的提高?由于大量的出口产品是作为跨国公司的产品而生产和销售的,获益最大的是跨国公司。因此,在很多情况下,真正有国际竞争力的企业是跨国公司,而不是中国企业。换句话说,"Made in China"产品的较高占有率,可能在很大程度上反映的是跨国公司的国际竞争力。

中国的国民生产总值 < 国内生产总值,资本输出国的国民生产总值 > 国内生产总值,这无论是对于中国经济还是中国企业界,都是一个意义巨大的课题:如果长期存在这一现象,中国经济的前途和社会福利将受到长远深刻的影响;如果中国自己企业的竞争力没有随着中国经济的增长和中国经济规模的扩大而持续提高,而只是单纯地依靠比较成本优势,甚至只是向跨国公司提供我们的比较优势资源,那么即使中国的制造业规模有很大的扩张,也将在更大程度上只是"世界工场",而不是"世界工厂"。

2)国民生产净值和国内生产净值

国民生产净值(Net National Production,NNP),是一国一年内新增加的最终商品和劳务的市场价值总和,等于国民生产总值减去折旧。国内生产净值(Net Domestic Production, NDP),是一定时期内(通常为一年)在本国领土内新创造的价值总和。它等于国内生产总值减去折旧。国民(或国内)生产总值中"总"字,意指在计算各个生产单位产出时,未扣除当期的资本耗费,如果扣除资本耗费(即折旧),就是国民(或国内)生产净值。可以用公式表示为

$$NNP = GNP - 折旧$$

$$NDP = GDP - 折旧$$

3)国民收入

这里的国民收入是指狭义的国民收入(National income, NI),是指一个国家在一定时期内(通常为一年)投入生产产品和提供劳务的各种生产要素所获的报酬总和。

从 NI 与 NNP(或 NDP)的区别上看

$$NI = NNP(或\ NDP) - 间接税$$

从生产要素投入生产获得报酬的角度考查

$$NI = 劳动收入 + 公司利润 + 净利息收入 + 租金收入$$

在上述公式中:间接税是消费者支付的产品价格与企业所得收入之间的差额。它是对商品和服务计征的,只是间接地以人为征税对象,表面上看是由企业承担,但实际上企业售出产品后,间接税也随之转嫁出去了,因此间接税只是产品价格的附加,在计算国民收入时要扣除。劳动收入包括工资、补贴及公司向社会保险机构缴纳的保险金;公司利润是指从公司的销售收入中扣除工资、租金及其他成本项目后的利润;净利息是指个人因资金借贷关系而从企业中获得的利息;租金收入是指个人在出租土地、房屋,出让专利技术、版权等时所获得的收入。

工资、利息、租金、利润分别是劳动、资本、土地和企业家才能这四种生产要素所获得的报酬;政府津贴是国家对某些企业售价低于生产成本的商品给予的补贴,这种补贴是一种负税,类似要素收入,因此在计算国民经济收入时应加上。

4)个人收入

个人收入(Personal Income, PI)是一个国家或地区,在一定时期内(通常为一年),所有个人得到的收入总和。个人收入这个概念是用来表示个人实际得到的收入,并以此区别于国民收入。为获得个人收入指标,必须对国民收入作如下调整:

①需要从国民收入减去公司利润和缴纳的保险费。这里的公司利润指的是税前利润,这部分可能不完全是个人收入,因此减去。缴纳社会保险费会使企业和个人的收入都减少,因此也要减去。

②需要加上一些未被列入国民收入而个人实际上获得的收入。这部分收入包括:政府或企业的转移支付,即对个人支付的退休金、失业保险金、社会救济金等。红利,指公司税后利润中作为红利分配给个人的收入部分。利息调整,指个人总的利息收入减去净利息后的收入。经过以上调整就可以得到如下收入公式

$$个人收入 = NI - 公司利润 - 社会保险费 + 转移支付 + 红利 + 利息调整$$

5）个人可支配收入

个人可支配收入（Disposable Personal Income，DPI）是一个国家在一定时期内（通常为一年）所有的个人可支配的收入总和。从个人收入中减去个人所得税和非税支出就是个人可支配收入。个人所得税主要包括个人所得税、房地税、遗失税、财产税等；个人非税支出是指教育经费、保险费、医疗费和罚款等。另外，个人可支配收入主要用于两个途径，即消费（C）或储蓄（S）。因此，个人可支配收入可以用公式分别表示为

$$\text{DPI} = \text{PI} - (\text{个人所得税} + \text{非税支出})$$

$$\text{DPI} = C + S$$

表 8.2 国民经济核算体系总量指标关系示意

从 GDP 到 NI 再到 DPI

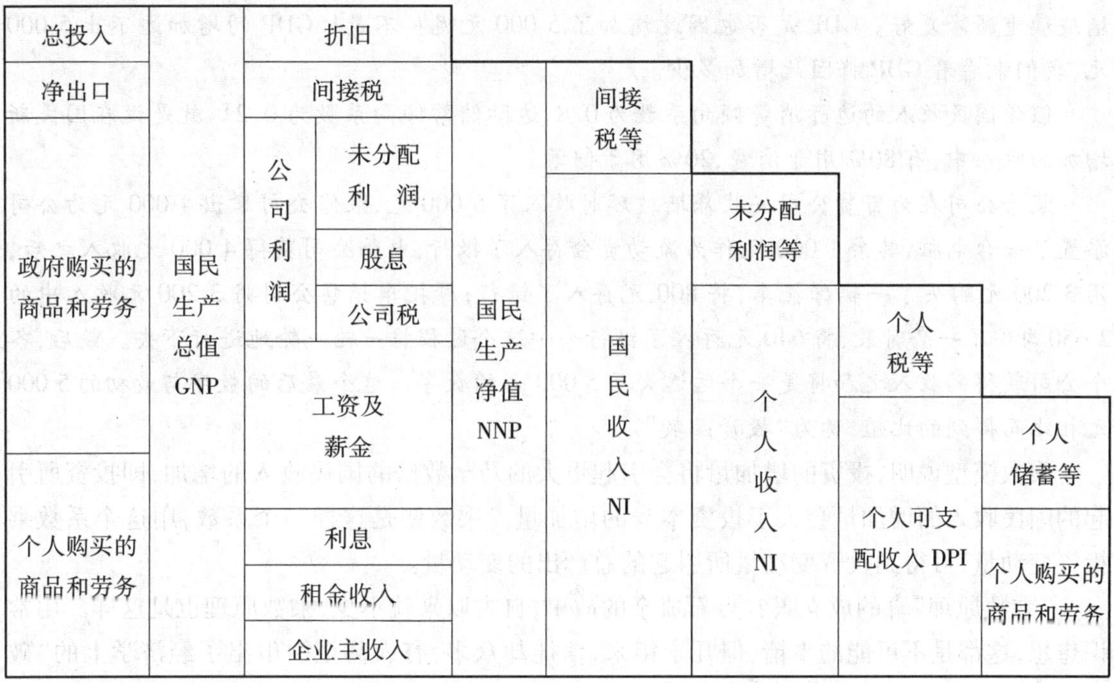

8.1.5 乘数原理

乘数又称倍数，是西方经济学中的一个重要概念。乘数原理研究和分析社会经济活动中某个变量的变化对整个社会经济活动的影响程度的理论，是凯恩斯国民收入决定理论的核心组成部分之一。

1931 年，凯恩斯的学生英国经济学家卡恩（R. F. Kahn，1905—1989）在《经济学杂志》上的《国内投资与失业关系》一文中首先提出了乘数原理。卡恩在论文中引进“消费函数”这个概念，描述了乘数效应发生作用的实际过程，并且可以在一些简化的假设下计算出“乘数”的数值。之后，凯恩斯在《通论》中，把卡恩文章涉及的内容，规范为“形式化”的“乘数”原理，并且与其“三大基本心理法则”和货币供应量共同成为凯恩斯国民收入决定理论或就业理论的两大支柱。这些理论在以后西方经济学文献中得到广泛的应用和发展。

简单地说，所谓乘数原理，就是假设一个国家增加一笔投资（以 ΔI 表示），那么，由此引起的或国民收入的增加量（以 ΔY 表示），将是原来这笔投资的若干倍，即 $\Delta Y = K\Delta I$。其中 K 被称为“投资乘数”，K 值通常是大于 1 的正数，故有乘数（倍数）原理之称。该原理是在涉及一项具体政策的争论中，对现实的经济运行机制进行抽象的理论概括的过程中产生和发展起来的。应用于不同的领域就有不同的乘数，在前面的简单国民收入决定模型中，我们知道投资、政府支出、税收和出口额的变化都会引起均衡国民收入的变化，由此乘数可以分为投资乘数、政府支出乘数、税收乘数、平衡预算乘数和外贸乘数。

【知识拓展 8.3】

一场狂风暴雨之后，一家百货公司的几块幕墙玻璃被吹破了。公司投资了 5 000 元将幕墙玻璃重新修复好。GDP 是否也因此增加了 5 000 元呢？不是！GDP 的增加远不止 5 000 元，我们来看看 GDP 将因此增加多少。

假设国民收入的边际消费倾向系数为 0.8，边际储蓄倾向系数为 0.2。就是说在国民新增加的收入中，有 80% 用于消费，20% 用于储蓄。

装修公司在为百货公司安装幕墙玻璃时收入了 5 000 元，装修公司拿出 4 000 元为公司添置了一台电脑，其余 1 000 元作为流动资金存入了银行；电脑公司获得 4 000 元收入之后，用 3 200 元购买了一辆摩托车，将 800 元存入了银行；摩托车销售公司将 3 200 元收入中的 2 650购买了一套时装，将640 元存入了银行……这个过程将一轮一轮地进行下去。最后，各个公司获得的收入之和将是一个远远大于 5 000 元的数字。这个最后的数字与最初的 5 000 元相比而得到的比值，称为“投资函数”。

乘数模型说明，投资的增加量将会引起更大的乃至数倍的国民收入的增加，即投资所引起的国民收入的增加量会大于投资本身的增加量。乘数便是这样一个系数，用这个系数乘投资变动量，可得到投资变动量所引起的总产出的变动量。

“乘数原理”真的成立吗？点石成金的故事，自古以来就不少，乘数原理也是这样。用常识想想，这都是不可能的事情，但几十年来，信徒却众多，有人甚至引申出了经济学上的“破窗理论”，主张不断通过破坏—重建—再破坏—再重建的循环方式来提高 GDP 收入。

【知识拓展 8.4】

破窗理论

美国斯坦福大学心理学家菲利普 · 津巴多（Philip Zimbardo）于 1969 年进行了一项实验，他找来两辆一模一样的汽车，把其中一辆停在加利福尼亚洲帕洛阿尔托的中产阶级社区，而另一辆停在相对杂乱的纽约布朗克斯区。他摘掉车牌，把顶棚打开，结果记录设备都还没陈设好，停在纽约布朗克斯的跑车就已经出现第一组“破坏者”，并且想私吞这辆跑车。爸爸吩咐妈妈清理车厢，自己则动手拆电瓶，不忘提醒儿子查看置物箱。来来往往的不论开车或行走的路人，都停下来在这个拆除大赛中抢走车子上任何值钱的东西。紧接着重头戏来了，一位“破坏者”在有系统地拆卸后，成功扒走这辆置于纽约的跑车。而放在帕洛阿尔托的那一辆，人们路过、开车经过它，看着它，整整一个星期，竟然没有任何人对它“下手”。

以这项实验为基础，政治学家威尔逊和犯罪学家凯琳提出了一个“破窗理论”，认为：如果有人打坏了一幢建筑物的窗户玻璃，而这扇窗户又得不到及时维修，别人就可能受到某些示范性的纵容去打烂更多的窗户。久而久之，这些破窗户就给人造成一种无序的感觉，结果在这种公众麻木不仁的氛围中，犯罪就会滋生、猖獗。

8.2 失业、通货膨胀与经济周期

【相关链接8.1】

关注大学生就业难

每到一年毕业季，大学生就业率就会成为社会关注的焦点，人们越来越意识到青年就业问题的严峻。用国际劳工组织专家简·斯图亚特的话说：“我们正在浪费人类有史以来受教育程度最高的一代年轻人的才华和精力。当中有一半人能够就业，他们的创造会相当于2003年全球生产总值的4%。青年不是社会的包袱，而是社会的财富。”年轻人就业，需要一个支点。

在我国，本科以上学历青年的失业主要是结构性失业。我们应该看到的是，从业人口中具有各类大专以上学历的人员仅占5%，而1998年工业发达国家的这一数据为26%。显而易见，我国还需要大力发展高等教育，以培养更多的高学历、高素质劳动者。从总量上来说，我国目前还不至于会出现大量大学生失业。青年中出现的大学本科以上学历人才的失业并不是就业机会不够造成的，而是他们的素质结构、操作技能不适应市场需求，在择业上存在观念认识上的问题等造成的。调查表明，有的大学生宁愿等待，也不愿到与自己期望差距较大的部门、单位、地方工作。这正是结构性失业的突出特点。

结构性失业主要是由于经济结构（包括产业结构、产品结构、地区结构等）发生了变化，现有劳动力的知识、技能、观念、区域分布等不适应这种变化，与市场需求不匹配而引发的失业，失业的时间较长，通常在6个月以上。由于劳动力供需出现了错位，有的岗位找不到合适的劳动者，职位空缺与失业并存，这是结构性失业的最显著特点。

有关资料显示，近年来我国高校毕业生在大中城市就业者占总数的80.8%，在县镇和农村就业者仅占19.2%。在我国的一些大城市已出现人才高消费现象，但在大量的中小城市、县城，特别是西部地区，却面临人才特别是高学历人才的严重短缺。我国的地域性结构失业较为突出。

观念性结构失业，是指劳动者的就业观念不正确、对岗位的期望值脱离实际而造成的失业。前几年的调查表明，许多下岗工人失业就是观念不能适应劳动力市场配置的需要，存在“等、靠、要”思想，不愿自主择业，拒绝灵活就业。目前大学生失业很大程度上也跟就业观念有关。目前，在我国的应届大学生中普遍存在对工资期望值过高的情况。另外，有关调查还表明，大学毕业生普遍希望在相对稳定的国家机关、各类事业单位和收入相对较好的三资企业、高新技术企业就业。显然，他们对工资待遇、工作环境、福利条件的要求与劳动力市场的实际情况有较大的差距。

技能性结构失业是指由于产业升级换代、经济结构调整、新技术应用于生产等因素，对劳动力的技能提出了新的要求，现有劳动力不能适应这种要求而失业。我国青年存在着较为突出的技能性结构失业。以技术工人为例，我国现有技术工人7 000多万，其中初级工占61.5%，中级工占35%，高级工、技师、高级技师仅占3.5%，并且高级工还大多为年龄较大的工人。发达国家的结构是高级技工以上占35%、中级技工占50%、初级工占15%。随着我国制造业的生机和扩张，技能人才不足已经成为我国制造业进一步发展的瓶颈。

8.2.1 失业理论

造成失业的根本原因并没有经济学的阐述复杂，通过价格理论中供给与需求的关系，我们就知道，失业的原因就一个——工资太高，高于了均衡条件下的工资。这里其实涉及价格理论中的一系列问题，比如政策、工会、社会保险和福利等，因此，对失业的讨论，成为宏观经济学中一个争议较大的方面。

1）自愿失业与非自愿失业

自愿失业指因不接受现行工资率而不愿意工作的失业，而非自愿失业则指虽然接受现行工资率（表现为积极寻找工作）但仍未受雇用的失业。显然，自愿失业的规模较小，对经济和社会的影响也不大。我们将消灭了非自愿失业的就业状态称为充分就业。充分就业条件下的失业都是自愿失业。大量的统计表明，自愿失业率与自然失业率非常相近，因此，人们经常将自然失业率看作充分就业条件下的失业率。也就是说，一旦经济中的失业率等于自然失业率，就认为这个经济已经达到了充分就业，那些失业者都是自愿失业的。经济学只讨论非自愿失业的状态，即充分就业状态，而不讨论自愿失业。简单地说，经济学讨论的是想找工作而找不到的情况，而不讨论啃老族的问题。

2）失业的三种类型

失业是指有劳动能力的人找不到工作的社会现象。就业者和失业者的总和，称为劳动力总数。失业者占劳动力总数百分比称为失业率。

一般说来，失业按其原因可分以下几类。

（1）摩擦性失业

工人找到适合自己的工作岗位是需要一些时间的。首先，工人有不同的偏好和能力，而工作又有不同的性质。其次，有关寻找工作者和空缺职位的信息交流并不完全。最后，工人在不同地区间也不能迅速流动。因此，找一份合适的工作需要一些时间，寻找工作者在这一时间段内就处于失业状态。我们将由需要时间寻找工作而引起的失业称为摩擦性失业。

即使经济处在充分就业水平，也总会发生一些职业调整。例如，辞去现有的工作而寻找更合适的工作。学生刚从学校毕业时需要寻找工作。母亲在生育孩子以后，可能又要重归劳动者队伍。由于摩擦性失业的劳动力经常是在变换工作岗位，或者是正在寻找更好的工作，因此人们经常认为这是一种自愿失业。这从另一方面也反映出摩擦性失业是不可避免的。更重要的是，完全竞争理论指出，要素的自由流动是高效率资源配置的必要条件。既然摩擦性失业是不可避免的甚至是必要的，经济学家和政治家们当然就不会将过多的注意力放在这一方面。

(2)结构性失业

如果对一种劳动的需求上升,对另一种劳动的需求下降,而劳动的供给又未能及时地做出调整,这时就会出现劳动力的供给与劳动力的需求不匹配的情况,由此产生的失业称为结构性失业。常见的情况是,产业的兴衰所引起的职业间或地区间的结构性调整。近二十年来伴随着计算器制造行业的扩张,算盘制造行业不断萎缩。这就意味着各种生产要素不断从算盘制造行业撤出并投入到计算器制造行业。但是,一个算盘制造师傅并不能马上适应计算器的生产工作。经过一段时间的学习,他可能成为一个计算器制造工人,也有可能他一辈子也不能适应计算器的生产工作。在 20 世纪 80 年代中期,由于老年人口增加和其他因素,美国对护士的需求急剧上升,但同一时期护士数量的增长却相对缓慢,于是导致这一时期护士严重短缺。等到护士的薪金上升、供给调整完成之后,这一结构性短缺才能得到缓解。另外,我国 20 世纪末 21 世纪初也出现过类似情形。由于高新技术产业在中国政府大力支持下蓬勃发展,给电子设备行业注入了很大活力,此时便出现了计算机方面人才短缺的现象,全社会掀起了一股学习计算机的热潮。但随后的几年对计算机人才需求出现了饱和,大批计算机专业的学生失业或转而从事其他工作。在过去的 10 年中,欧洲一些国家的高实际工资、高社会福利和高税收都导致了较高水平的结构性失业。结构性失业的一个基本特征是失业人数与空置的工作岗位数大致相等。

因为经济结构的变革是经济增长的必要形式,所以结构性失业也是不可避免的甚至也是必要的。这种失业也不是经济学家和政治家所关注的重点。

(3)周期性失业

总产出下降时失业率明显上升。美国在 1982 年衰退时期,50 个州中有 48 个州的失业率都有较大幅度的上升。这种多个市场的失业率同时上升是一个信号,体现了失业率上升具有明显的周期性。从经济衰退低谷的 1991 年到经济繁荣高峰的 2000 年,美国各个州的失业率都在不断下降。

3)失业问题是宏观政策的主要问题

失业是现实经济活动中绕不开的问题,能够集中反映人类社会群体的博弈行为,因此,解决失业成了宏观经济政策不可避免的主要目标之一。最低工资法、社会保险及福利、工会组织、合同方式、员工培训等,都是为了达到充分就业所做出的各种努力。但就像价格管制一样,对失业问题的政策往往也会带来不确定性,尽管出发点通常都非常好。

【相关链接 8.2】

韩国的泡菜危机

韩国有一种特产危机——泡菜危机。每隔几年,韩国的大白菜就会价格飞涨。2020 年 10 月,韩国一棵大白菜涨到了合人民币 79 元。大白菜是泡菜的原材料,白菜贵,导致泡菜也贵。

以 2016 年为例,韩国产泡菜的出口价格为每千克 3.36 美元,而进口泡菜(绝大部分来自中国)的单价仅为每千克 0.5 美元。大白菜贵的原因有很多,耕地面积少,超长梅雨季节。

不过即使气候正常，韩国的农作物也很贵，一棵大白菜即使在正常时节也要约 3 000 韩元(约合人民币 18 元)。韩国农产品价格居高不下，是因为韩国有一个神秘的组织——农协，在极力维护农民的利益。韩国有近 300 万农民，99% 都是农协成员，农协全面组织韩国农产品的销售、农民贷款，制定农产品指导价。

2016 年，韩国农协中央会会长金柄源通过书信向全国发送“农产品价格新手指南”，指南“以农民年收入 5 千万韩元(约合人民币 29 万元)为目标”。金柄源会长表示：农民收入可分为农业收入和非农业收入，在农业收入中占比重最大的是农产品的收取价格，为提高农民收入，农产品价格必须好好制定。

就这样，韩国农民仍不满足，时不时地团结起来，抵制农产品进口，维持农产品的高价格。

目前，韩国农民的平均年收入已经达到了 4 000 万韩元，折合人民币 24 万/年。一样是种地，在韩国种地和在中国种地的待遇却截然不同。

菜贱伤农，菜贵伤民。

韩国人吃不起本国大白菜时，只能大批量从青岛进口，青岛白菜不仅养活了青岛人，还养活了一大批韩国人。

(资料来源：老斯基财经《韩国人又生气了》)

8.2.2 通货膨胀理论

通货膨胀是宏观经济运行中经常出现的一种现象，它是宏观经济运行的一种病态表现。20 世纪 70 年代，美国总统福特称其为国家的“头号公敌”。因此，正确地定义和测量通货膨胀，不仅是科学地分析通货膨胀的成因及有效地防止和控制通货膨胀的前提，更是各国政府和经济学界普遍关心的问题。

【相关链接 8.3】

阿根廷的恶性通货膨胀

在 20 世纪 80 年代，阿根廷年通胀率平均达到 450%，1990 年初之前的 12 个月其通胀率更飙升至 20 000%。在这种情况下，经济活动的主要目的只是避免通胀吞噬一切。一位阿根廷商人约格这样描述道：

通胀使你终日战战兢兢。我们公司所在的产业只能给你 4 到 5 天的赊账。人们不再关心生产力乃至技术，保护你的流动资产比包括技术在内的长期目标更重要，尽管你希望两者兼顾。这是通货膨胀不可避免的恶果，即货币疾病。你的钱分崩离析，就像癌症。

你得过且过。当通货膨胀率超过每天 1%，你别无选择。你放弃计划，只要可以支撑到周末就会感到满足。然后我就会待在公寓里阅读有关古代板球比赛的书籍。

人均而言，目前我们比 1975 年贫穷 25%。真正的受害者是你看不见的穷人、老人和年轻人。他们被赶出大型火车站……那些人是阿根廷生活中的弃儿，像大海的浪花。阿根廷的高通胀终于出现一个充满希望的转机。1989 年刚刚当选总统的梅内姆宣布了反通胀计划。此外，它还支持许多以市场为导向的经济改革，包括在 1991 年初任命由哈佛大学培养的经济学家卡瓦洛为经济大臣。在 20 世纪 90 年代初,阿根廷的通胀已降为每年 30% 左右。

那么,什么是通货膨胀？它会给经济生活带来什么样的危害？

1)通货膨胀的定义

关于通货膨胀的定义,有多种多样的观点,但现代对通货膨胀定义基本保持一致。美国经济学家萨谬尔森认为:“通货膨胀即意味着各种物价在一般水平上发生上涨。”货币主义代表人物弗里德曼认为:“物价的普遍上涨就叫通货膨胀。”新自由主义者哈耶克则认为:“通货膨胀一词的原意和真意是指货币数量的过度增长,这种增长会合乎规律地导致物价的上涨。”上述定义从不同的角度定义和表述了人们对通货膨胀的理解。综合以上观点,目前经济学界普遍使用的定义是:通货膨胀是指在一段时间内一般物价水平持续而显著地上涨。

2)通货膨胀的衡量

在宏观经济分析中,我们用物价指数来表示一般价格水平,即表示各种商品和劳务交易价格总额的加权平均数。衡量通货膨胀率的价格指数一般有三种,这里重点解释 CPI 与 PPI。

(1)消费价格指数(Consumer Price Index,CPI)

消费价格指数又称生活费用指数或消费者物价指数、零售物价指数,是计算城镇居民日常消费品的价格水平变动而得到的指标。

$$消费价格指数 = \frac{本期物价指数}{基期物价指数} \times 100\%$$

消费价格指数通常是通过抽样调查的方式得到的。很多国家选取一揽子消费品和劳务,以它们在消费者支出中的比重为权数来衡量市场价格指数。例如在美国,劳动统计局每个月在五十几个城市进行抽样调查,范围包括 400 多种商品和劳务,并以此来测算 CPI。具体方法是

$$CPI = \frac{本期 A 的价格 \times 基期 A 的产量 + 本期 B 的价格 \times 基期 B 的产量}{基期 A 的价格 \times 基期 A 的产量 + 本期 B 的价格 \times 基期 B 的产量} \times 100\%$$

通货膨胀与市场经济一样古老,图 8.4 表示美国 20 世纪后半叶用消费价格指数计量的通货膨胀。从图中可以清楚地看到美国的通货膨胀率一直很不稳定,20 世纪 80 年代初的通货膨胀率达到令人难以接受的高水平,而 90 年代由于美联储的有效控制和较小的供给冲击,通货膨胀率一直稳定地保持在低水平。

(2)生产者价格指数(Producer Price Index ,PPI)

生产者价格指数又称批发价格指数,是指通过计算生产者在生产环节所有阶段上所获得的产品的价格水平变动而得的指标,主要反映生产企业销售产品的价格变动情况。这些产品包括原材料和产成品。在美国它包括了 3 400 多种产品,但它不把劳务包含在内。

3)通货膨胀的成因

传统经济学理论把通胀成因进行了分类,可以分为需求拉动的通货膨胀、成本推进的通货膨胀、结构性通货膨胀、供求混合型通货膨胀等。但失业的根本原因只有一个,通货膨胀的根本原因也只有一个,就是货币价值与物品价值的脱离。传统的通货膨胀是指在纸币流通的条件下,由于纸币的过度发行,而引起的纸币贬值和一般物价水平持续上涨的经济现

象。很明显，传统理论的定义并不正确。通货膨胀并不只限于纸币条件下，人类早期的实物货币时代，通胀同样会发生。只不过实物货币时代通胀发生的次数、频率和烈度，要远远小于纸币时代。货币是一把尺子，具有度量价值的功能。当这把尺子的长度变来变去，货币价值与物品价值脱离时，通货膨胀就会发生。顺便说一句，对内的通货膨胀跟对外的货币贬值（即汇率问题）是一回事，都是货币价值的下降。当一国的货币价值不变，另外一国的货币价值下降，就是在汇率上贬值。

8.2.3 经济周期

在宏观经济学中，短期的经济变化是商业周期，长期的经济变化是经济增长，但其实都是指国民收入或社会财富的变化。正如之前的内容所述，宏观经济离不开货币，而货币价值的不稳定，是经济周期越发频繁和不稳定的根源。古代也有经济周期，但实物货币的存在，使得经济周期的波动及破坏力要远远低于当代社会。

【相关链接8.4】

历史的韵脚

历史不会重复自己，但总是押着相同的韵脚。

在过去的起起伏伏中，我们或许能从中有所借鉴。

如果你在2008年左右时投资了房地产，那么如今的你大概率已经实现了基本的财富自由。北京中心地区的房价涨了十几倍，这样的财富增值，可能用十几年的工资也无法积累，它并不是因为你日常工作有多勤奋、努力，只是因为你刚好赶上了房地产的这一波上升周期。巴菲特的造富神话很难被复制，一定程度是因为巴菲特出生的年代刚好让他足以赶上康波的回升期。

中国煤老板的造富神话同样难以复制，因为当时正值大宗商品价格暴增期。

海尔的CEO张瑞敏说的一句话再贴切不过：没有成功的企业，只有时代的企业。

时代真的会成就一批人。但更多发生的是：如果把时局变化和机会都摆在人们面前，也不是所有人都能抓住，大多数的普通人依然会在懵懂中聊着八卦、工资、电视剧。

一个我很喜欢的作者常说："悲观者往往正确，但乐观者往往成功。"

如果结合周期浪潮中的人事变迁来讲，我想再加上一句："悲观者往往正确，但乐观者往往成功，而成功者往往幸运。"

"幸运"两个字可以解释很多努力和勤奋之外的因素，有时是运势眷顾了幸运儿，有时是成功者主动抓住了运势。

1）经济周期的含义

什么是经济周期？经济学家给经济周期下了这样一个定义："经济活动水平的一种波动（通常以国民收入来代表），它形成一种规律性模式，即先是经济活动的扩展，随后是收缩，接着是进一步扩张。这类周期随着产量的长期趋势进程而出现。"美国著名经济学家萨缪尔森对资本主义经济的发展做了这样的描述："在繁荣之后，可以有恐慌与暴跌。经济扩张让位于衰退，国民收入、就业和生产下降。价格与利润跌落，工人失业。当最终到达最低点以后，复苏开始出现。复苏可以是缓慢的,也可以是快速的。新的高涨可以表现为长期持续的旺盛的需求、充足的就业机会以及增长的生活标准。它也可以表现为短暂的价格膨胀和投机活动,紧接而至的是又一次灾难性的萧条。简单说来,这就是所谓'经济周期'。"

从萨缪尔森的这种描述中可以看出,经济周期就是国民收入及经济活动的周期性波动。经济学家在解释这一定义时强调:第一,经济周期的中心是国民收入的波动,由于这种波动而引起了失业率、物价水平、利率、对外贸易等活动的波动。因此,研究经济周期的关键是研究国民收入波动的规律与根源。第二,经济周期是经济中不可避免的波动。第三,虽然每次经济周期并不完全相同,但它们却有共同之点,即每个周期都是繁荣与萧条的交替。

2)经济周期的阶段及演变

经济周期可以分为两个阶段:扩张阶段与收缩阶段。收缩阶段常常短于扩张阶段,其振幅可能是收敛性的、发散性的或稳定性的。如果更细一些,则把经济周期分为4个阶段:繁荣、衰退、萧条、复苏。其中繁荣与萧条是两个主要阶段,衰退与复苏是两个过渡性阶段。

这4个阶段的特点用图8.4表示。

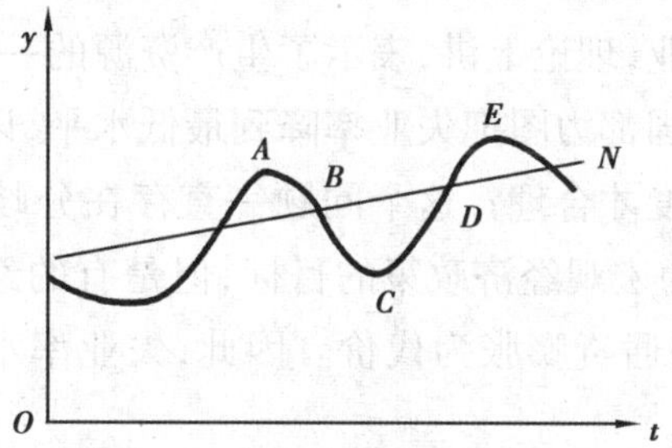

图8.4　经济周期的4个阶段

图中纵轴 y 代表国民收入,横轴 t 代表时间(年份),向右上方倾斜的直线 N 代表正常的经济活动水平。A 为顶峰,$A—B$ 为衰退,$B—C$ 为萧条,C 为谷底,$C—D$ 为复苏,$D—E$ 为繁荣,E 为顶峰。从 $A—E$ 即为一个周期。$A—C$,即衰退与萧条,就是收缩阶段,$C—E$,即复苏与繁荣,就是扩张阶段。收缩阶段总的经济趋势是下降,扩张阶段总的经济趋势是上升。

经济周期的4个阶段各有自己的特点:

繁荣。国民收入与经济活动高于正常水平的一个阶段。其特征为生产迅速增加,投资增加,信用扩张,价格水平上升,就业增加,公众对未来乐观。繁荣的最高点称为顶峰,这时就业与产量水平达到最高,但股票与商品的价格开始下跌,存货水平高,公众的情绪正由乐观转为悲观。这是繁荣的极盛时期,也是由繁荣转向衰退的开始,顶峰一般为1~2个月。

萧条。国民收入与经济活动低于正常水平的一个阶段。其特征为生产急剧减少,投资减少,信用紧缩,价格水平下跌,失业严重,公众对未来悲观。萧条的最低点称为谷底,这时就业与产量跌至最低,但股票与商品的价格开始回升,存货减少,公众的情绪正由悲观转为乐观。这是萧条的最严重时期,也是由萧条转向复苏的开始。谷底一般为1~2个月。

衰退。从繁荣到萧条的过渡时期,这时经济开始从顶峰下降,但仍未低于正常水平。

复苏。从萧条到繁荣的过渡时期,这时经济开始从谷底回升,但仍未达到正常水平。

在经济分析中,根据经济周期不同阶段的特点和经济统计资料,就可以确定经济处于周期的哪一个阶段,以便采用相应的政策来进行调节。

8.3 宏观经济政策

宏观经济政策是一国政府为实现一定的总体目标而制订的相关指导原则和措施。宏观经济调控则是政府运用一定的宏观经济政策对各种宏观经济总量的变动进行调节和控制,使之达到总体经济目标要求。

8.3.1 宏观经济政策的目标

1)充分就业

所谓充分就业,就是要保持一个较高的、稳定的水平。在充分就业的情况下,凡是有能力并自愿参加工作者,都能在较合理的条件下随时找到适当的工作。

充分就业,是针对所有可利用资源的利用程度而言的。但要测定各种经济资源的利用程度是非常困难的,一般以劳动力的就业程度为基准,即以失业率指标来衡量劳动力的就业程度。所谓失业率,指社会的失业人数与愿意就业的劳动力之比,失业率的大小,也就代表了社会的充分就业程度。失业,理论上讲,表示了生产资源的一种浪费,失业率越高,对社会经济增长越是不利,因此,各国都力图把失业率降到最低水平,以实现其经济增长的目标。

失业率究竟低到什么程度才合理?这个问题一直存在分歧。1962 年,美国经济顾问委员会提出以 4% 的失业率作为宏观经济政策的目标,但是有的经济学家认为,把失业率降到如此低的水平,必须以严重的通货膨胀为代价。因此,失业率水平只有和其他目标协调,才能真正起到稳定经济的作为。

2)稳定物价

物价稳定的实质是币值的稳定。所谓币值,原指单位货币的含金量,在现代信用货币流通条件下,衡量币值稳定与否,已经不再是根据单位货币的含金量,而是根据单位货币的购买力,即在一定条件下单位货币购买商品的能力。它通常以一揽子商品的物价指数,或综合物价指数来表示。

在动态的经济社会里,要将物价冻结在一个绝对的水平上是不可能的,问题在于能否把物价控制在经济增长允许的限度内。这个限度的确定,各个国家不尽相同,主要取决于各国经济发展情况。另外,传统习惯也有很大的影响。有人认为,物价水平最好是不增不减,或者只能允许在 1% 的幅度内波动,这就是物价稳定;也有人认为,物价水平不增不减是不可能的,只要能把物价的上涨幅度控制在 1% ~2% 就算稳定了;还有人认为,物价每年上涨在 3% 左右就可以称之为物价稳定。

稳定物价的意义:

一是通货膨胀导致社会分配不公,使社会矛盾尖锐。

二是借贷风险增大。通货膨胀突然加速时贷出资金的人将受到额外损失;通货膨胀突然减速时借入资金的人受到额外损失。

三是相对价格体系受到破坏,价格信号作为有效配置资源的市场机制失灵。

四是严重的通货膨胀导致货币的严重贬值,可能使其货币体系崩溃。

3）经济增长

经济增长就是指国民生产总值的增长必须保持合理的、较高的速度。如果经济增长过快可能失去控制，导致经济体系内部结构性失衡，从而引发社会问题，因此，经济增长适度才是好的。如果经济过热，国家就需要采取一些措施给经济降温。

货币政策应当追求多高的经济增长速度，取决于经济增长利益和经济增长成本之间的权衡与比较。按西方经济学家所述，社会要实现一定速度的经济增长，必须先付出一定的成本和代价，社会公众必须忍受目前消费减少的痛苦及储蓄和投资，企业必须培训工人，改造生产技术设备，以提高劳动生产率。经济增长的最大利益就是增加社会公众的未来福利。从理论上来说，最适度的经济增长率应当是经济增长的边际成本和边际利益相等时的经济增长率。然而，这样的经济增长率是难以确定的，因为不仅经济增长的成本和利益无法测试，而且成本和利益之间也无法进行比较，盲目增长而造成的空气污染等人类生存环境的恶化对人类利益的损害就根本无法测度。所以，一些生态学家和环境保护主义者声称人类经济增长已经到了极限，极力主张追求经济的零增长。弗里德曼认为，在一个自由的社会里，不能事先断定经济增长率为多少，也不能说增长率高就比增长率低为好。依他之意，只要经济增长能够提高社会公众的干劲，使社会资源得到充分的利用，那么这个经济增长率就是合理的、适度的。增长经济学家多马提得比较明确。他通过经济增长模型测算一个国家至少能够实现3%～4%的经济增长率。当然，这些都只是理论分析上的不同见解。实际上，各国政府为了政治、经济和军事上的需要，总是力求实现一定速度的经济增长，具体要求则视各个时期的政治、经济形势而定。

目前各国衡量经济增长的指标一般采用人均实际国民生产总值的年增长率，即用人均名义国民生产总值年增长率剔除物价上涨率后的人均实际国民生产总值年增长率来衡量。政府一般对计划期的实际GNP增长幅度定出指标，用百分比表示，中央银行即以此作为货币政策的目标。

虽然目前世界上大多数国家的中央银行普遍将经济增长列为货币政策目标之一，但由于它在各国货币政策目标中所处的地位不同，其重要程度不尽相同，就一国而言，在各个历史时期也并不一样。从美国来看，高度重视经济增长是在20世纪30—50年代，因为当时美国面临第二次世界大战之后的生产能力严重下降，以及随后出现的50年代初的经济衰退。自20世纪70年代以来，尤其是1981年里根担任总统之后，货币政策目标则以反通货膨胀为重点。日本在第二次世界大战后也同样提出了发展经济的目标，但那是基于战后的生产极度衰退而言，实际上，在经济增长与稳定物价这两个目标的重点选择上，日本始终以稳定物价为主。德国由于吸取两次世界大战之后爆发恶性通货膨胀的惨痛教训，因此虽把经济增长也列入政策目标之一，但在实际执行中宁愿以牺牲经济增长来换取马克的稳定。

4）国际收支平衡

判断一国的国际收支平衡与否，就是看自主性交易平衡与否，是否需要调节性交易来弥补。如果不需要调节性交易来弥补，则称之为国际收支平衡；反之，如果需要调节性交易来弥补，则称为国际收支失衡。

平衡国际收支目标，简言之，就是采取各种措施纠正国际收支差额，使其趋于平衡。因为一国国际收支出现失衡,无论是顺差或逆差,都会对本国经济造成不利影响,长时期的巨额逆差会使本国外汇储备急剧下降,并承受沉重的债务和利息负担;而长时期的巨额顺差,又会造成本国资源使用上的浪费,使一部分外汇闲置,特别是如果因大量购进外汇而增发本国货币,则可能引起或加剧国内通货膨胀。当然,相比之下,逆差的危害尤甚,因此各国调节国际收支失衡一般着力于减少以致消除逆差。

从各国平衡国际收支目标的建立来看,一般都与该国国际收支出现问题有关。美国开始并未将平衡国际收支列入政策目标,直到 20 世纪 60 年代初,美国国际收支出现长期逆差。1969—1971 年,国际收支逆差累计达到 400 亿美元,黄金储备大量流失,这时平衡国际收支才成为货币政策的第四个目标。日本的情况与美国类似。20 世纪 50 年代以后,日本对外贸易和国际收支经常出现逆差,严重影响国内经济的发展,因此,才将平衡国际收支列为政策目标。1965 年以前,日本银行在国际收支方面主要解决逆差问题,此后日本国际收支呈现出完全顺差的趋势。当时日本因致力于国内物价稳定而忽视了对顺差的关注,结果导致顺差进一步扩大,并由此引起了 1971 年 12 月的日元升值,之后,日本银行转而解决国际收支顺差长期化问题。英国的情况有所不同,因其国内资源比较缺乏,对外经济在整个国民经济中占有较大的比重,所以国际收支状况对国内经济发展影响很大,特别是国际收支失衡会使国内经济和货币流通产生较大的波动,因此,第二次世界大战战后英国一直把国际收支平衡列为货币政策的重要目标。

8.3.2 财政政策与货币政策

1)财政政策

财政政策是政府根据所确定的宏观经济目标,通过财政收入和财政支出的变动调节总需求,影响宏观经济运行状况的经济政策。财政政策是政府最主要、最常用的宏观经济政策之一。财政政策包括财政收入政策和财政支出政策两部分。

财政收入政策就是税收政策。税收是国家财政收入的重要来源之一,也是政府调节总需求的重要手段。在税收中包括所得税(如个人所得税、公司所得税)和流转税(如营业税、消费税、关税等)。其中最重要的是个人所得税和公司所得税。在经济萧条时期,由于总需求不足,为了刺激总需求,政府往往采取减税措施,使企业与个人可支配收入增加,这样居民更有能力进行消费,企业更有能力进行投资,社会的消费需求和投资和需求增加,总需求也就随之增加;而在经济繁荣时期,政府采取增加税收的办法,来限制企业的投资与居民的消费,从而减少社会总需求,抑制经济过热,使经济恢复到比较正常的状态。

财政支出政策包括一个国家各级政府的全部支出。根据支出的性质,可以将其分为三大类:一类是政府公共工程的支出,表现为政府对道路、水利设施、医院、学校等设施的建设;另一类是政府购买,表现为政府对商品和劳务的需求,如政府对国防物资、办公用品的购买,对各类人员的雇用;第三类是政府的转移性支出,包括了失业救济金、养老金、退休金等各种社会福利保障支出及政府对居民的其他各类补贴。无论是哪一类支出,都会对社会总需求产生影响。在经济萧条时,政府可以增加财政支出,向企业进行大规模的采购,以刺激民间的投资增加;也可以兴建更多的公共工程,在创造出更多的就业机会和社会需求的同时,为经济发展奠定基础;此外;政府还可以增加转移支付,增加对居民的各种补贴,使他们有更大的能力进行消费，从而带动劳动消费需求。总之，增加政府支出，可以增加总需求，这样有助于经济克服萧条，向充分就业方向发展。与此相反，当经济过度繁荣时，政府就通过减少财政支出，来抑制总需求，以减少通货膨胀的压力，使经济正常发展。

在现实中，政府的收入政策与支出政策往往会相互配合，同时发生变化，以使财政政策达到更理想的效果。在经济萧条时，政府在增加支出的同时会采取减税措施；而在繁荣时期，政府在减少支出时会增加税收，以进一步抑制社会总需求，最大限度缓解通货膨胀的压力。

2）货币政策

货币政策是政府根据宏观经济调控目标，通过中央银行运用起政策工具，调节货币供给量和利息率，以影响宏观经济运行状况的经济政策。

货币政策的目的是，在经济萧条时期，扩大货币供给量，以降低利息率，刺激总需求；在经济繁荣时期，缩小货币供给量，以提高利息率，抑制总需求。主要运用的政策措施有公开市场业务、贴现率政策、存款准备金率政策。

（1）公开市场业务

公开市场业务是指中央银行在金融市场上买进或卖出政府债券，以调节货币供给量。具体做法是：

在萧条时期，中央银行买进政府债券，把货币投入市场。这样，一方面出售债券的厂商或居民得到货币，把这些货币存入商业银行，于是银行的存款增加，并可以通过银行创造货币的作用使市场上的货币流通量增加，利息率下降，总需求扩大。另一方面，中央银行买进政府债券，还会导致债券价格上升，根据债券价格与利息率成反比例变动的关系，债券价格上升也会引起利息率下降。

在膨胀时期，中央银行卖出政府债券，是货币回笼。这样，一方面购买债券的厂商与居民户会从商业银行提取存款，使银行减少放款或收回贷款，同样也可以通过银行创造货币的作用使市场上货币流通量减少，利息率上升，总需求缩小；另一方面，中央银行卖出政府债券，还会导致债券价格下跌，根据债券价格与利息率成反比例变动关系，债券价格下跌也会引起利息率上升。

（2）贴现率政策

中央银行将钱借给商业银行，这种贷款称为贴现。贷款要付利息，其利率就是贴现率。贴现率是商业银行向中央银行借款时的利息率。贴现率政策是指中央银行变动贴现率以调节货币供给量与利息率，间接影响投资和消费需求，调控宏观经济政策。具体做法是：

在萧条时期，中央银行降低贴现率（包括放宽贴现条件），这样商业银行就向中央银行增加借款，以增加商业银行的准备金，扩大放款，并通过银行创造货币的作用增加货币供给量，降低利息率。同时，随着中央银行贴现率的降低，商业银行的利息率也随之降低。

在膨胀时期，中央银行提高贴现率（包括紧缩贴现条件），这样商业银行就会减少向中央银行的借款，商业银行的准备金减少，信用将紧缩，货币供给量减少，利息率上升。同时，随着中央银行贴斜率的提高，商业银行的利息率也随之提高。

(3)存款准备金率政策

法定存款准备金政策是指中央银行在法律规定的权力范围内,通过规定或调整金融机构缴存中央银行的法定存款准备金比率,以改变金融机构的准备金数量和货币扩张乘数,从而达到控制金融机构的信用创造能力和货币供应量的目的。在萧条时期,降低法定存款准备金率,使银行能创造出更多的货币,从而增加货币供给量,降低利息率。在膨胀时期,提高法定存款准备金率,使银行减少所能创造的货币,从而减少货币供给量,提高利息率。

通常在下列情况下使用此政策工具:一是需要大量吸收或补充银行体系的超额准备金时;二是需要对货币政策作重大调整时。

【知识拓展8.5】

法定存款准备金政策的作用机制、特点及局限性

法定存款准备金政策的作用机制,一是通过直接影响商业银行手持超额准备金的数量,调节其信用创造能力,间接调控社会货币供应量。法定准备金率的变动同商业银行现有的超额准备金、货币供应量呈负相关变动关系;同货币市场利率、资本市场利率呈正相关变动关系。二是通过改变货币乘数,使货币供应量成倍地收缩或扩张,达到调控目的。

法定存款准备金政策作用特点突出表现在以下两点:

(1)法定存款准备金率的调整有较强的告示效应。法定存款准备金比率升降是中央银行货币政策的预示器,中央银行调整准备金比率是公开的、家喻户晓的行动,并立即影响各商业银行的准备金头寸。因此,调整准备金比率实际上是中央银行的一种有效宣言:"这是政策所采取的方向,我们确实是要这样做的。"

(2)法定准备金率的调整具有强制性的影响,对货币供应量的调整效果显著。

法定存款准备金比率的调整对经济产生强烈的震荡,使之缺乏应有的灵活性和弹性,不能成为一项日常的调节工具。因此,作为一种货币政策工具,中央银行并不经常运用它,只有当中央银行打算大规模地调整货币供给,并且尽可能少地扰乱政府的有价证券市场时,法定存款准备金率的改变才是较为理想的方法。

(4)其他措施

货币政策除了上述3种主要的措施,还有5种次要措施。

①道义上的劝告。这又称"打招呼",即中央银行对商业银行在放款、投资等方面应采取的措施给以知道或告诫,以取得商业银行的配合。这种措施虽然没有法律上的约束力,但对商业银行的行动也有一定的约束作用。

②局部的控制。垫头规定,即规定购买有价证券必须付出的"垫头"。例如,如果可以规定垫头为60%,则购买证券时必须拿出60%的现款,其余的40%可以用向经济人的借款来支付。这项措施是为了控制金融市场的活动,使之不至于影响信用的一般条件,并影响货币供给量与利息率。具体做法是:在萧条时期,降低垫头规定,以便放松信用,增加货币供给量,降低利息率;在膨胀时期,提高垫头规定,以便紧缩信用,减少货币供给量,提高利息率。

③利息率的上限。控制商业银行对定期存款所支付的最高利息率,这样可以减少定期

存款,使存款更多地转向易于控制的债券与短期存款。

④控制分期付款的条件。中央银行规定消费者购买耐用消费品分期付款的条件,如规定应付现款的最低限与付清贷款的最长期限。这一措施的目的是调节信贷在消费信贷和其他用处之间的分配,并鼓励或限制消费。

⑤控制抵押贷款的条件。这种措施对控制住宅建造是一件有力的武器。例如,减少购买住宅应立即支付的现款并延长付清房款的年限可以刺激人们用抵押贷款来购买住宅,从而刺激建筑业,扩大总需求;反之,提高购买时应立即支付的现款并缩短付清房款的年限可以限制人们用抵押贷款来购买住宅,从而限制建筑业的发展。

8.3.3 相机抉择

经济学家认为,在进行国民经济调节时,政府应采取哪项政策,采用哪些具体措施或者怎样对不同的政策手段进行搭配使用,并没有固定不变的模式,重要的是政府应"逆对经济风向",根据不同的情况,机动灵活地决定和选择某项或某几项政策措施进行调节,使各项措施有效地配合,成为首尾一贯的宏观经济政策,达到宏观调控的目标,这就是所谓的"相机抉择"的政策协调。我国在上年底和新年初都会对国家的财政政策和货币政策定调,这反映了国家对下一年经济走势的总体态度,一般认为有以下几种可能的搭配。

1)松松搭配

当总需求不足时,把扩张性财政政策与扩张性货币政策相配合,在增加政府支出和减少税收的同时增加货币供给,降低利息率,从而更有效地刺激总需求的增加。

2)紧紧搭配

如果出现了通货膨胀,则应同时采取紧缩性的财政政策和紧缩性货币政策,在减少政府支付和增加税收的同时,减少货币供给,提高利率,以更有效地减少总需求。

3)松紧配合

如果政府要刺激总需求而又要谨防通货膨胀的恶化,则要把扩张性的财政政策与紧缩性的货币政策结合起来,利用财政政策扩大总需求,同时用货币政策抑制通货膨胀;也可以把扩张性的货币政策同紧缩性的财政政策结合起来,以使既可以降低利息率刺激投资,又可以减少政府支出以稳定物价。

另外,各项政策措施配合使用时,还要看经济形势及发展趋势,根据萧条或膨胀发展的不同程度而定。在经济发生严重衰退时,就不能运用作用缓慢的政策,而要运用作用较猛烈的政策,如扩大政府支出、由政府举办公共工程等;在经济开始出现衰退的苗头时,不能用作用力太强的政策,而要采用一些温和的刺激政策,比如有计划地在金融市场上收购债券,以便缓慢地增加货币供给量,降低利息率。在通货膨胀严重时,应采取强烈的紧缩措施,如中央银行提高法定准备金率,紧缩银根,有效地控制、缩小政府支出;在通货膨胀较低时,应采取缓和的紧缩性措施。

【课后阅读】

宏观政策不转急弯

2020 年 12 月 16 至 18 日,中央经济工作会议在北京举行,总结 2020 年经济工作,分析当前经济形势，部署2021年经济工作。会议指出，明年宏观政策要保持连续性、稳定性、可持续性。要继续实施积极的财政政策和稳健的货币政策，保持对经济恢复的必要支持力度，政策操作上要更加精准有效，不急转弯，把握好政策时度效。要用好宝贵时间窗口，集中精力推进改革创新，以高质量发展为"十四五"开好局。

会议要求，构建新发展格局明年要迈好第一步，见到新气象。加快构建以国内大循环为主体、国内国际双循环相互促进的新发展格局，要紧紧扭住供给侧结构性改革这条主线，注重需求侧管理，打通堵点，补齐短板，贯通生产、分配、流通、消费各环节，形成需求牵引供给、供给创造需求的更高水平动态平衡，提升国民经济体系整体效能。要更加注重以深化改革开放增强发展内生动力，在一些关键点上发力见效，起到牵一发而动全身的效果。

会议明确了明年的八大重点任务，一是强化国家战略科技力量，二是增强产业链供应链自主可控能力，三是坚持扩大内需这个战略基点，四是全面推进改革开放，五是解决好种子和耕地问题，六是强化反垄断和防止资本无序扩张，七是解决好大城市住房突出问题，八是做好碳达峰、碳中和工作。

今年积极财政政策也要求在调节收入分配上主动作为。

（资料来源：详解中央经济工作会议：2021年怎么干，21世纪经济报道）

本章小结

国民收入决定理论是宏观经济学的核心理论，它是经济学家和各国政府分析宏观经济的重要工具，也是其他宏观经济理论的基础。国民国内生产总值简称为GDP，是宏观经济学的最重要的总量指标。失业与通货膨胀是宏观经济运行中的两个主要问题。经济学家研究失业是为了确定失业的原因，并为政府的有关公共政策提供理论依据。通货膨胀有三种衡量标准：消费价格指数、生产者价格指数、国内生产总值折算指数。宏观经济政策的目标一般包括充分就业、稳定物价、经济增长和国际收支平衡。财政政策是政府最主要、最常用的宏观经济政策之一。财政政策包括财政收入政策和财政支出政策两部分。货币政策工具包括公开市场业务、调整再贴现率和改变法定存款准备金率。宏观财政政策和宏观货币政策各有自己的特点，在不同的情况下效果也各不相同。因此，政府在调节政策干预经济活动时，应相机抉择。

关键概念

国内生产总值　失业　通货膨胀　财政政策　货币政策

问题讨论与分享

1. 凯恩斯国民收入决定理论有哪些缺陷？为什么当下反对凯恩斯理论的经济学家越来越多？

2. 什么是自愿失业和非自愿失业？你对未来的职业规划是什么？

3. 宏观经济政策的目标有哪些？请就当前的宏观经济前景提出你的观点。

自学自测

一、单项选择题

1. 假设在生产小汽车时售价是 10 万元，轮胎是 2 000 元，橡胶是 800 元，那么最后的国民生产总值是(　　)。

A. 10 万元　　B. 12 000 元　　C. 120 800 元　　D. 11 万元

2. 总产出的核算指标最主要的是(　　)。

A. 国民消费指数和国内生产总值　　B. 国民平均收入和国内生产总值

C. 国民生产总值和国民消费指数　　D. 国民生产总值和国内生产总值

3. 个人可支配收入是(　　)。

A. DPI　　B. PI　　C. CPI　　D. NI

4. GDP 减去折旧，等于(　　)。

A. NI　　B. NDP　　C. PI　　D. DPI

5. GNP 和 GDP 统计原则的区别是(　　)。

A. GNP 是按照国土原则，GDP 按照国民原则

B. GNP 是按照本国国土上居民原则，GDP 按照国土原则

C. GNP 是按照国民原则，GDP 按照国土原则

D. GNP 是按照本国国民原则，GDP 按照本国国土所有居民原则

6. 宏观经济中影响消费最重要的原因是(　　)。

A. 消费者个人偏好　　B. 消费者对未来收入的预期

C. 消费信贷及其利率　　D. 居民个人或家庭的收入水平

7. 宏观经济学的中心理论是(　　)。

A. 失业与通货膨胀　　B. 经济周期与经济增长

C. 价格理论　　D. 国民收入决定理论

8. 有劳动能力且愿意接受现行工资水平或工作条件但仍然找不到工作叫作(　　)。

A. 非自愿失业　　B. 劳动性失业　　C. 摩擦性失业　　D. 阶级性失业

9. 西方国家央行几乎每天都在使用的货币政策是什么？(　　)

A. 调整银行准备金率　　B. 公开市场业务

C. 司法介入　　D. 道义劝告

10. 财政政策和货币政策应该(　　)。

A. 单独使用，保证政策效果

B. 配合使用，保证政策效果

C. 配合使用，但针对不同经济情况，政策主导和侧重有所不同

D. 以上都对

11. 在其他条件相同的情况下，下列(　　)情况对扩张经济的作用最小。

A. 降低贴现率　　B. 央行购买政府债券

C. 增加货币需求　　D. 降低法定准备金率

12. 宏观经济政策的目标(　　)。

A. 充分就业　B. 物价稳定　C. 经济持续、稳定地增长　D. 以上都是

13. 财政政策的工具有(　　)。

A. 政府购买　B. 政府转移支付　C. 税收和公债　D. 以上都是

14. 以下哪个选项不属于财政政策？(　　)

A. 国债　B. 转移支付　C. 税收　D. 公开市场业务

15. 一个完整的周期是由萧条、复苏、繁荣和(　　)组成。

A. 顶峰　B. 谷底　C. 退化　D. 衰退

二、判断题

1. 自愿失业是政府和经济学在解决失业问题时首要考虑的方面。(　　)

2. 当经济处于繁荣周期时，我们应该使用积极的宏观经济政策。(　　)

3. 国内生产总值包括自产自用的粮食。(　　)

4. 人类在漫长的货币实践历史中，大多数时间是以金银本位为主体。(　　)

5. 如果出现了通货膨胀，则应同时采取紧缩性的财政政策和紧缩性货币政策，在减少政府支付和增加税收的同时，减少货币供给，提高利率，以更有效地减少总需求。(　　)

技能操练

第8章自学自测参考答案

如果某一年份某国的最终消费为8 000亿美元，国内私人投资的总额为5 000亿美元(其中1 000亿美元为弥补当年消耗的固定资产)，政府税收为3 000亿美(其中间接税为2 000亿美元)，政府支出为3 000亿美元(其中政府购买为2 500亿美元、政府转移支付为500亿美元)，出口为2 000亿美元，进口为1 500亿美元；根据以上数据计算该国的GDP，NDP，NI，PI。

小组实训项目　我国当前的宏观调控政策分析

材料：中国人民银行货币政策委员会2021年第三季度(总第94次)例会于9月24日在北京召开，会议分析了国内外经济金融形势。会议认为，今年以来我国统筹推进疫情防控和经济社会发展工作，有效实施宏观政策，经济总体延续恢复态势。稳健的货币政策保持连续性、稳定性、可持续性，科学管理市场预期，努力服务实体经济，有效防控金融风险。贷款市场报价利率改革红利持续释放，货币政策传导效率增强，贷款利率稳中有降，人民币汇率预期平稳，双向浮动弹性增强，发挥了宏观经济稳定器功能。

会议指出，当前全球疫情仍在持续演变，外部环境更趋严峻复杂，国内经济恢复仍然不稳固、不均衡。要加强国内外经济形势边际变化的研判分析，加强国际宏观经济政策协调，防范外部冲击，集中精力办好自己的事，搞好跨周期政策设计，统筹做好今明两年宏观政策衔接，支持经济高质量发展。稳健的货币政策要灵活精准、合理适度，保持流动性合理充裕，增强信贷总量增长的稳定性，保持货币供应量和社会融资规模增速同名义经济增速基本匹配，保持宏观杠杆率基本稳定。坚持把服务实体经济放到更加突出的位置，维护经济大局总体平稳，增强经济发展韧性。进一步发挥好再贷款、再贴现和直达实体经济货币政策工具等

措施的牵引带动作用,用好新增3 000亿元支小再贷款额度,支持增加小微企业和个体工商户贷款,落实好普惠小微企业贷款延期还本付息政策和信用贷款支持计划延期工作,综合施策支持区域协调发展。深化金融供给侧结构性改革,引导大银行服务重心下沉,推动中小银行聚焦主责主业,增强金融市场的活力和韧性,健全具有高度适应性、竞争力、普惠性的现代金融体系。支持银行补充资本,提高服务实体经济和防范金融风险的能力。健全市场化利率形成和传导机制,完善央行政策利率体系,优化存款利率监管,继续释放贷款市场报价利率改革潜力,推动实际贷款利率进一步降低。深化汇率市场化改革,增强人民币汇率弹性,引导企业和金融机构坚持"风险中性"理念,加强预期管理,把握好内部均衡和外部均衡的平衡,保持人民币汇率在合理均衡水平上的基本稳定。构建金融有效支持实体经济的体制机制,完善金融支持创新体系,引导金融机构增加制造业中长期贷款,努力做到金融对民营企业的支持与民营企业对经济社会发展的贡献相适应,有序推动碳减排支持工具落地生效,以促进实现碳达峰、碳中和为目标完善绿色金融体系。维护房地产市场的健康发展,维护住房消费者的合法权益。推进金融高水平双向开放,提高开放条件下经济金融管理能力和防控风险能力。

会议强调,要以习近平新时代中国特色社会主义思想为指导,认真贯彻落实党的十九届五中全会、中央经济工作会议和《政府工作报告》精神,按照党中央、国务院的决策部署,坚持稳中求进工作总基调,稳字当头,完整、准确、全面贯彻新发展理念,深化供给侧结构性改革,加快构建新发展格局,坚持扩大内需战略,扎实做好"六稳"工作,全面落实"六保"任务,灵活精准实施货币政策,加强与财政、产业、监管政策之间的协调,统筹金融支持实体经济与防风险,保持经济运行在合理区间,推动经济高质量发展。

本次会议由中国人民银行行长兼货币政策委员会主席易纲主持,货币政策委员会委员连维良、刘国强、宁吉喆、郭树清、易会满、潘功胜、田国立、刘世锦、蔡昉、王一鸣出席会议。丁学东、邹加怡、陈雨露因公务请假。中国人民银行南京分行、武汉分行、西安分行负责同志列席会议。

实训要求

(1)登录中国人民银行网站查询并阅读我国当前的货币政策。

(2)登录财政部网站查询我国当前财政政策。

(3)登录统计局网站查询近期经济数据。

(4)根据以上搜集的资料,分析上述政策出台的背景及其对宏观经济的影响。

经济学原理模拟试题

一、单项选择题（本大题共25小题，每小题1分，共25分）

1. 经济学所说的稀缺性是指(　　)。

A. 资源数量的有限性

B. 人类欲望的无限性

C. 人类需要的层次性和无限性

D. 相对于人类社会的无限欲望而言，资源总是不足的

2. 下列问题不属于微观经济学考察对象的是(　　)。

A. 钢铁行业雇用的工人人数　　B. 某厂商的产出水平

C. 中国去年的GDP增长率　　D. 某学生的月消费情况

3. 宏观经济学的中心理论是(　　)。

A. 失业与通货膨胀　　B. 经济周期与经济增长

C. 价格理论　　D. 国民收入决定理论

4. 生产可能性曲线以内的一点表示(　　)。

A. 资源没有得到充分利用　　B. 现有资源不够

C. 资源刚好充分利用　　D. 通货膨胀

5. 其他条件保持不变，当猪肉价格上升时，人们对鸡肉的需求(　　)。

A. 增加　　B. 减少　　C. 不变　　D. 无法确定

6. 若一种商品的消费量随着消费者收入的增加而减少，该商品是(　　)。

A. 正常品　　B. 奢侈品　　C. 必需品　　D. 低档品

7. 需求法则是说，在其他条件相同的情况下，一种商品需求量的变动发生在(　　)。

A. 商品自身的价格发生变动时　　B. 消费者的收入发生变动时

C. 其他商品的价格发生变动时　　D. 消费者的偏好发生变动时

8. 假定生产某种产品的原材料价格上升，则这种产品(　　)。

A. 需求曲线向左移动　　B. 需求曲线向右移动

C. 供给曲线向左移动　　D. 供给曲线向右移动

9. 消费者从某种商品中获得的边际效用降低为0时，意味着(　　)。

A. 总效用达到了最大值　　B. 总效用降到了最小

C. 总效用等于0　　D. 总效用还可以增加

10. 根据边际效用递减规律，企业为了克服商品销售量的下降，最可采取的措施是(　　)。

A. 多做广告　　B. 降低成本

C. 产品不断创新　　D. 促销

11. 某消费者愿意为第一个面包支付10元，为第二个面包支付8元，为第三个面包支付6元，为第四个面包支付4元。如果每个面包的价格为4元，则他从消费这四个面包中得到的消费者剩余是(　　)。

A. 12元　　B. 10元　　C. 8元　　D. 6元

12. 消费者均衡是研究消费者在既定收入条件下，如何实现（　　）。

A. 欲望最大化　　B. 效用最大化

C. 利润最大化　　D. 购买商品的数量最大化

13. 经济学分析中的短期是指（　　）。

A. 一年之内

B. 6 个月以内

C. 全部生产要素都可以随产量而调整的时期

D. 只能根据产量调整可变要素的时期

14. 以下哪个等式是正确的？（　　）

A. 经济利润 = 总收入 - 会计利润

B. 经济利润 = 总收入 - 显性成本 - 会计利润

C. 经济利润 = 总收入 - 显性成本 - 隐性成本

D. 经济利润 = 机会成本 + 会计成本

15. 某厂商生产 A 产品，单价为 10 元，月产量为 100 单位，每单位产品的平均可变成本为 5 元，平均固定成本为 4 元，则厂商的经济利润为（　　）。

A. 500 元　　B. 600 元　　C. 100 元　　D. 0 元

16. 已知产量为 8 单位时，总成本为 170 元，产量增加到 9 单位时平均成本为 20 元，由此可知边际成本为（　　）。

A. 5 元　　B. 3 元　　C. 10 元　　D. 15 元

17. 寡头垄断厂商的产品是（　　）。

A. 同质的　　B. 有差异的

C. 既可以是同质的也可以是有差异的

D. 以上都不对

18. 博弈论的方法分析寡头行为的结果说明了（　　）。

A. 每个寡头在做出决策时，都不考虑其竞争对手的反应

B. 每个寡头都能得到最好的结果

C. 每个寡头为避免最差的结果，将可能不能得到最好的结果

D. 一家寡头做出的决策不会对其他寡头产生影响

19. 使土地价格不断上涨的原因是（　　）。

A. 土地的需求与供给共同增加

B. 土地的需求不变，供给不断增加

C. 土地的需求不断增加，供给不变

D. 土地的供给与需求共同减少

20. 工资率上升引起的收入效应是指（　　）。

A. 工作同样长的时间可以得到更多的收入

B. 工作较短的时间也可以得到相同的收入

C. 工人宁愿工作更长的时间，用收入带来的效用替代闲暇的效用

D. 工人宁愿工作更短的时间，用闲暇带来的效用替代收入的效用

21. 资本这种生产要素的价格是(　　)。

A. 利息　　B. 地租　　C. 工资　　D. 利润

22. 下面(　　)项不是市场失灵的原因。

A. 垄断　　B. 外部性　　C. 私人物品　　D. 公共物品

23. 下面存在"搭便车"问题的物品是(　　)。

A. 路灯　　B. 电影院　　C. 私立学校　　D. 收费的高速公路

24. 下面的哪一项活动可能引起负外部性？(　　)

A. 在自家花园种花　　B. 汽车排出尾气

C. 购买一份快餐　　D. 修复古建筑

25. 宏观经济政策的目标是(　　)。

A. 充分就业　　B. 稳定物价

C. 经济持续稳定增长　　D. 以上都是

二、判断正误题(本大题共 10 小题，每小题 1 分，共 10 分)

1. "收入差距大一点好还是小一点好"属于实证经济学问题。(　　)
2. "薄利多销"的商品，其需求价格弹性大于 1。(　　)
3. 如果两种商品的需求交叉弹性系数为负值，意味着这两种商品之间存在着替代关系。(　　)
4. "萝卜青菜，各有所爱"体现了效用的客观性。(　　)
5. 虽然很高的固定成本是厂商亏损的原因，但永远不会是厂商关门的原因。(　　)
6. 在短期生产中，厂商的产量越大则利润越大。(　　)
7. 完全竞争市场是最需要进行广告宣传的市场。(　　)
8. 基尼系数的提高，表示收入分配的不均等程度增加。(　　)
9. 按照支出法计算国内生产总值(GDP)的公式是 $GDP = C + I + G + X$。(　　)
10. 通过明晰产权可以克服信息不对称所引起的市场失灵。(　　)

三、名词解释题(本大题共 4 小题，每小题 4 分，共 16 分)

1. 机会成本

2. 需求价格弹性

3. 边际效用递减规律

4. 国内生产总值(GDP)

四、简答题(本大题共 2 小题,每小题 10 分,共 20 分)

1. 影响需求的因素有哪些?需求量的变动与需求的变动有何区别?

2. 完全竞争厂商的短期均衡会不会出现亏损?为什么?

五、应用分析题(本大题共 3 小题,共 29 分)

1. 已知某种商品的市场需求曲线 $Q_d = 200 - 2P$,市场供给曲线 $Q_s = -40 + 2P$。

计算分析:

(1)市场均衡价格是多少?(3 分)

(2)市场均衡数量是多少?(3 分)

(3)如果政府限定产品价格为 25 元,可能造成供不应求还是供过于求?(3 分)

2. 刘某打算放弃年薪 30 000 元的工作创办自己的公司。为此,他需要投资 50 000 元,附带损失每年 5% 的利息收入;他还必须收回一套每月能带来 1 500 元租金收入的自有房屋作为公司的办公场所。预计公司的年收入为 117 000 元,年度开支有:广告费 5 000 元,水电及通信费 5 000 元,保险费 5 000 元,雇员薪水 40 000 元,其他支出 10 000 元。计算分析:

(1)公司的年度会计利润是多少?(3 分)

(2)公司的年度经济利润是多少?(3 分)

(3)如果仅从经济决策的角度分析,刘某辞职创业是否合算?(4 分)

3. 在短期生产中,劳动的总产量、平均产量、边际产量的变动规律及关系是怎样的,如何确定劳动要素的合理投入区间?请结合图形进行分析说明。

(1)正确绘制图形。(3 分)

(2)用文字描述总产量、平均产量、边际产量的变动规律及其关系。(3 分)

(3)用文字说明生产三个阶段的划分和劳动要素的合理投入区间。(4 分)

模拟试题参考答案

参考文献

[1] 人力资源和社会保障部人事考试中心. 经济基础知识:中级[M]. 北京:中国人事出版社,2020.

[2] 全国经济专业技术资格考试辅导用书编委会. 经济基础知识(中级)同步训练:2020[M]. 北京:中国人事出版社,2020.

[3] 缪代文. 微观经济学与宏观经济学 [M]. 7 版. 北京:高等教育出版社,2021.

[4] 马骏,李果香. 新农村实用经济学案例解读[M]. 北京:高等教育出版社,2011.

[5] 尹伯成. 西方经济学说史:从市场经济视角的考察[M]. 上海:复旦大学出版社,2005.

[6] 姜涛,庞开山. 经济学基础[M]. 北京:高等教育出版社,2016.

[7] 张晓华,王秀繁. 经济学基础[M]. 北京:机械工业出版社,2006.

[8] 王建民. 管理经济学[M]. 北京:北京交通大学出版社,2009.

[9] 曼昆. 经济学原理:微观经济学分册[M]. 梁小民,梁砾,译. 5 版. 北京:北京大学出版社,2009.

[10] 曼昆. 经济学原理:宏观经济学分册[M]. 梁小民,梁砾,译. 5 版. 北京:北京大学出版社,2009.

[11] 史忠健,韩伟东. 经济学基础[M]. 4 版. 北京:高等教育出版社,2014.

[12] 蔡国栋,赖文燕. 经济学基础[M]. 北京:经济科学出版社,2009.

[13] 邓先娥,汪芳. 经济学基础[M]. 3 版. 北京:人民邮电出版社,2019.

[14] 冯瑞. 经济学基础 [M]. 2 版. 北京:高等教育出版社,2019.